KB060554

웹툰 작가에게
변호사 친구가
생겼다

웹툰 작가에게 변호사 친구가 생겼다 개정증보판

**계약서에 사인하기 전에
알아야 할 것들**

윤영환, 임애리, 김성주, 신하나 지음

바다출판사

추천사

저작자가 절대 양보해서는 안 될 자존심

신일숙(한국만화가협회 회장)

법무법인 덕수 부속 문화예술법률그룹 '아트로'의 변호사님들은 오 랫동안 한국만화가협회의 고문변호사로 활약해주고 있습니다. 아트 로는 한국 만화 및 웹툰 업계에서 일어나는 저작권 관련 여러 문제들 을 해결하기 위해 함께 싸우고 토론하고 고민해왔습니다.

저작권은 저작자의 당연한 권리이지만, 저작권에 대한 일반인이 나 법조계의 인식 수준은 매우 낮은 편입니다. 저 역시도 한 사람의 저작자로서, 또 저작권 문제로 소송을 해본 당사자로서 이 점을 매우 한탄해왔습니다.

그럼에도 저작자들은 저작권을 유형의 자산과 같은 재산이라고 생 각해야 합니다. 저작권이 눈에 보이지 않는 재산이라고 해서 가볍게 여기면 오랜 시간 고뇌하여 창작해낸 작품으로 얻은 자신만의 권리 를 침해당하기 쉽고, 자유로운 창작 정신마저 잃어버릴 수 있습니다. 저작권은 저작자로서 절대 양보해서는 안 될 자존심입니다.

그런 점에서 창작자의 저작권을 보호하기 위한 방법을 하나부터 열까지 상세히 알려주는 아트로의 이 책의 출간이 참으로 반갑고 기 쁩니다. 이 책은 우리 창작자는 물론 법조계에도 하나의 분명한 부표 가 되어줄 것입니다.

앞으로도 한국만화가협회는 새로운 형태의 저작권 침해 사건을 경험하게 될 테고 그때마다 피해 창작자가 나올 것입니다. 우리는 언제나 피해 창작자들과 손잡고 아트로와 함께 어려움을 이겨내겠습니다. 그리고 그 사례들을 정리하고 노하우를 축적하여 만화 및 웹툰 작가들의 저작권 보호를 위해 힘쓰겠습니다.

우리 창작자들이 겪는 여러 고난을 한국만화가협회와 함께 헤쳐 나가는 전우이자 친구인 아트로의 이번 책 출간을 축하합니다.

진심 어린 감사와 우정의 인사를 드립니다.

계약서에 사인을 한다는 것의 의미

윤태호(만화가, 누룩미디어 대표이사)

출판만화에서 디지털만화('웹툰')로 넘어올 때 나는 수많은 유형의 계약서를 만났다. 난생처음 보는 용어들을 헤집으며 계약서를 이해하려 애썼지만 나로서는 역부족이었다. 허술하고 조악한 계약서가 지금도 내 서랍에 한가득 있다(물론 계약 기간은 지났다).

'디지털전송권'이란 말은 수없이 잘개 쪼개져야 하는 개념임에도 수년간 계약서에는 한 줄로만 처리되었다. 하지만 그 위력은 대단한 것이어서 모든 디지털과 관련한 일은 그 한 줄의 한계 안에 놓여야 했다. 그런 한계를 극복하고 작가의 권리를 보호하기 위해 뜻이 맞는 친구들과 누룩미디어라는 작가 매니지먼트 회사를 세우게 되었다.

누룩미디어를 창업하고 첫 번째로 했던 것은 업계의 용어를 공부하여 이해하는 일이었다. 처음에는 업계에서 자주 쓰는 외래어를 적극적으로 받아들이려 했다. 그 외래어들이 무엇을 의미하는지 정확히 알지 못했지만, 내 입으로도 말하고 나면 왠지 알 것 같다는 착각에 빠졌고 그럴싸한 쾌감마저 들었다. 하지만 꽤 시간이 지나서야 그런 용어는 전혀 쓸 데가 없음을 깨달았다. 오히려 어설프게 흉내 내는 것보다 작가는 투박하게 자신의 언어습관을 유지하는 편이 좋다. 작가에게 정말 필요한 일은 계약서에 들어가는 용어를 이해하는 일이다. 저작권, 판권, 상표권 등 다양한 법률용어가 가득한 계약서를 읽어내는 일은 참으로 쉽지 않았다. 그렇지만 이해가 될 때까지 공부해야 했다. 그것이 작가의 권리를 지키는 기본이기 때문이다.

우리가 했던 두 번째 일은 계약서의 논리구조를 읽어내는 것이었다. 계약서는 나름의 논리적 서사를 지닌다. 계약의 목적과 범위(한계), 그리고 쌍방의 요구가 요철처럼 어느 항목은 업체에게 유리하고, 또 어느 항목은 작가에게 더 유리한 것들로 채워진다. 그렇게 주고받는 것이 서로에게 공정하다고 합의하고 나면 계약을 위반했을 경우에 대한 내용이 나오고 계약서는 마무리된다. 그러나 이 업계에는 작가에게 불리한 계약서가 너무 많다. 어처구니없고 이율배반적인 모순된 내용의 계약서라도 사인을 하고 나면 법적으로 인정되어 이후에 불공정함을 따져봤자 소용이 없다. 계약서에 사인을 하는 순간 작가와 업체는 동일한 수준에서 이해하고 합의했다는 것으로 인정된다. 문제가 있다면 사인 전에 따져야 하고 사인을 하고 난 이후엔 책임을 져야 한다.

내가 사단법인 한국만화가협회 회장이 되고 나서 정말 주력했던 일 중 하나는 법적 논쟁이 생기면 전문가의 동석 하에서만 이사회를 진행하려고 노력한 것이다. 법적 이슈가 터질 때마다 이사회에는 이사진 각자가 개인적으로 습득한 법률적 상식들을 나열하며 끝날 줄 모르던 '전통'이 있었다. 같은 용어를 서로 다르게 해석해 논쟁이 벌어지기 일쑤였다. 핵심은 용어를 정확하게 파악하고 대책을 세우는 것이지만, 만화계의 이슈는 우리의 이해를 넘어서서 빠른 속도로, 또 복잡다양한 방식으로 터져나왔다. 법적 논쟁이 생기면 우리는 언제나 법무법인 덕수의 문화예술법률그룹 '아트로'에 문의했다. 2015년에 발족한 아트로의 변호사님들은 수차례 이사회에 참여하여 여러 현안에 관한 조언을 해주셨다. 그 정수가 이번《웹툰 작가에게 변호사 친구가 생겼다》란 책으로 나오게 되었다.

소통의 기본은 서로 동일한 의미를 담은 용어의 교환이라고 생각한다. 계약이란 남을 죽이면서 내가 얻는 최대의 이익이 아니라 서로가 공동선을 찾아가려는 약속이다. 그러므로 이 책은 웹툰 작가에게만 한정할 것도 아니다. 외부에서 부러워하는 만큼 우리 웹툰 업계가 내적으로도 단단해지면 좋겠다. 그러기 위해서는 법적인 권리에 대한 기본 이해가 필수이다.

자신의 권리를 보호받으려면
알아야 한다

정희섭(한국예술인복지재단 대표)

우리 만화는 100년이 넘는 세월 동안 아이부터 어른까지 모든 세대에게 사랑을 받아왔다. 더불어 예술로서의 가치도 인정받아 2013년에 문화예술진흥법 개정을 통해 예술의 한 장르로 포함되었다.

만화는 디지털 시대를 맞아 '웹툰'으로 진화했고, 그 어떤 예술 장르보다 원 저작물이 다양하게 변주되고 있다. 영화, 애니메이션, TV 드라마, 캐릭터 등 주요 문화산업으로 뻗어나가며 산업화되고 있다. 또한 국내뿐 아니라 해외의 플랫폼을 통해서도 연재되며 전 세계적으로 주목받고 있는 K-문화의 중요한 한 주축이 되었다.

하지만 원 저작물의 활용도가 무궁무진한 만큼 저작권에 대한 다양한 쟁점들이 발생하고 있다. 연재 플랫폼과의 직접 계약, 중간 에이전시를 통한 계약, 2차적저작물의 저작권계약 등 계약 종류와 내용이 다양해졌고, 계약서를 작성할 때 고려해야 할 사항들이 많아졌다. 이에 따라 작가들의 고민도 깊어지고 있다.

우리 한국예술인복지재단에서는 '예술인을 위한 계약 및 저작권 교육'을 실시하고 있다. 문화예술계 전문 변호사가 재단에 상주하면서 계약과 저작권 등에 관한 무료 법률상담을 제공한다. 이 법률상담에서 가장 많이 다루어지는 분야가 저작권에 대한 것이다. 관련 용어가 어렵고 저작권 활용 범위가 세분화되어 있어서, 계약서에 나와 있는 조항들을 이해하기 어렵기 때문이다. 신진 예술인들은 계약서 내용을 꼼꼼히 따지는 것을 부담스러워 하는 경우도 많다고 한다.

하지만 '계약'은 한번 체결하면 내용을 바꾸거나 무효화시키는 것이 상당히 어렵다(상호 협의가 안 되는 경우 소송을 진행해야 하고, 소송 결과 또한 장담할 수 없다). 그렇기에 계약서에 서명하기 전에 반드시 내용을 꼼꼼히 보고 명확하지 않은 부분은 수정하고 보완해야 한다.

저작권과 계약에 대한 예술인들의 인식이 점차 높아지는 상황에서《웹툰 작가에게 변호사 친구가 생겼다》가 나와 반갑다. 웹툰 작가라면 한번쯤 궁금해하고 어려움을 겪었을 법한 부분들을 정확히 짚어주며 알기 쉽게 설명해주고 있다. 예술 현장에 실질적인 도움을 줄 수 있는 책을 집필한 저자들에게 감사의 마음을 전한다. 이 책의 저자 중 한 분이 현재 우리 재단에서 예술인들의 법률상담을 담당하고 있기도 하다.

'예술인'은 '예술'만 알면 된다는 이야기도 있었지만, 이제는 통하지 않는 말이라고 생각한다. 자신의 권리를 보호받으려면 알아야 한다. 예술 활동을 안정적으로 유지해나가면서 자신의 예술 활동에 대한 정당한 대가를 받기 위해서는 '무엇'을 '어떻게' 지켜야 하는지 알아야 한다.

부디 많은 웹툰 작가들이 이 책을 통해 저작권에 대해 폭넓은 지식을 쌓고, 적극적으로 자신의 권리를 행사할 수 있기를 바란다.

웹툰 작가의 변호사 친구들이 만든 쓸모 많은 해설서

박인하(만화평론가)

대중들의 가장 가까운 곳에서 사랑받은 만화는 공공재처럼 사용되었다. 고바우 호프, 둘리 분식, 까치 포장마차가 버젓이 영업했다. 최근에도 '짤'이란 이름으로 만화 컷을 무단으로 활용한다. 작품의 핵심 아이디어를 도둑질하는 경우도 많았다. 드라마나 영화를 보니 생각나는 만화가 떠오른 적도 몇 번 있다. 심지어 드라마 잘 봤다며 축하 인사를 받은 작가도 있다. 설정이 동일하니 당연히 만화를 원작으로 하여 제작한 거라 생각했단다. 이런 문제를 해결하고 싶어도 어디서부터 시작해야 할지 막막했다. 인터넷에 검색해봐도 소송에서 진 뉴스만 나온다. 《내게 너무 사랑스러운 뚱땡이》(이희정), 《바람의 나라》(김진), 《설희》(강경옥) 사례가 그러하다.

만화가의 설움이 어디 이뿐일까. 사진을 참조해 그렸는데 느닷없이 표절작으로 몰리기도 한다. 예전 만화가들은 사진을 참고해서 그렸다고 하던데, 왜 나는 표절작가가 될까? 전혀 다른 만화인데 스타일이 비슷하다며 소셜 네트워크 서비스(SNS)와 커뮤니티 게시판에 비교한 게시물이 올라올 때도 있다. "이건 자주 사용하는 기법"이라 반론을 해봐도 소용없다. 표절과 참조와 인용의 차이는 무엇일까?

저작권 관련 문제가 생길 때 바로 연락해 도움을 받을 변호사 친구가 한 명 있으면 얼마나 좋을까? 다행히 우리에겐 변호사 친구가 있다. 1971년, 공익과 인권을 옹호하는 로펌으로 출범한 법무법인 덕수 소속인 문화예술법률그룹 '아트로'는 2015년 11월 3일 만화의 날 한국만화가협회와 업무 협약을 맺었다. 이후 아트로는 불공정계약, 저작권 침해, 명예훼손 등 만화가들이 겪는 다양한 사건 과정에서 법률 지식을 알려주고 조언해주며 만화가의 든든한 친구가 되어주고 있다. 지난 몇 년간 다양한 활동을 기반으로 현실에서 벌어지는 저작권 문제를 정리한 책이 바로 이《웹툰 작가에게 변호사 친구가 생겼다》이다.

저작권은 간단하고도 명확한 원칙이다. 저작물의 권리는 저작자에게 있다. 하지만 저작자(작가)의 권리가 어떻게 지켜지는가는 다른 문제다. 저작물의 범위도 넓고, 작가가 여럿인 경우도 있다. 여기서부터 복잡한 현실과 법이 만나는 영역이 펼쳐진다. '작가 → 제작 → 유통'의 체계로 구성된 전통적인 만화 생태계에서는 만화부수를 속이지 않고 판매한 만큼 정산하면 저작권이 지켜졌다. 저작권이 잘 지켜지는가 보기 위해 책을 만들 때 작가가 직접 찍은 도장으로 '인지'를 제작해 붙이기도 했다. 1990년대 중반 이후 캐릭터나 애니메이션 제작이 진행된 경우도 있지만 극소수 사례에 지나지 않았다.

웹툰의 시대가 되면서 저작물의 권리 관계가 복잡해졌다. 작가 한 명이 일대일로 출판사와 계약하는 예전과 달리 '복수의 작가 → 에이전시 → 복수의 플랫폼' 같은 사례도 많아졌다. 한 작품이 여러 플랫폼에 동시에 연재되는 경우도 있거니와 한국은 물론 해외까지 유통범위가 넓은 경우도 있다. 웹툰 하나만 기획하는 게 아니라 영화나 드라마 등을 동시에 기획하는 경우도 생겼다. 많은 사람과 회사가 참여하니 당연하게도 저작권 문제는 더 중요해졌다. 어디 그뿐일까. 작가가 콘텐츠가 되기도 한다. 이말년 작가는 유튜브를 통해 '침착맨'으로 부캐릭터(일명 '부캐')를 만들어 활동 중이다. 침착맨 캐릭터로 광고도 찍었다. 당연히 여기서도 저작권 문제가 발생한다. 이제 웹툰은 단일 콘텐츠가 아니라 IP(Intellectual Property, 지식재산)다. 동시다발적으로 사업이 전개되고 확장된다. 기획, 제작, 유통 단계 생태계의 모든 순간마다 저작권 이슈가 발생한다.

어느 날 트위터 피드에 '#○○○작가표절'이라는 해시태그가 뜬다. 내 이름과 표절이라는 단어가 조합되다니. 어떻게 반응해야 할지 모르겠고 머리가 새하얗게 된다. 비유적 표현이 아니라 물리적 변화다. 호흡이 가빠지고 땀도 흐른다. 잘못하면 공황장애가 올 수도 있다. 악의적인 댓글이나 커뮤니티나 SNS에서 이어지는 현대판 조리돌림으로 병원을 찾는 작가들이 적지 않다. 정신을 부여잡고 뭔가 해결해보려고 한다. 표절, 저작권 등을 검색해봐도 별다른 정보가 나오지 않는다. 그러는 사이에 사람들은 더 난리가 났다. 사진을 보고 그렸으니 표절이다, 캐릭터가 비슷하니 표절이다, 내 스타일처럼 그렸으니 표절이다. 다른 작품의 캐릭터, 포즈를 그대로 베낀 경우는 논란의 여지가 없다. 표절이 맞다. 하지만 '표절 시비'가 붙은 작품의 경우 애매한 경우가 많다. 정확한 판단 기준이 없다. 반대 경우도 마찬가지다. 우연히 어느 작품을 봤는데 내 작품의 메인 아이디어를 그대로 사용하고 있다. 심지어 드라마로 원작 제의가 들어왔다가 계약하지 못한 작품인데, 시간이 지나 비슷한 드라마가 방영되고 있다. 그 드라마의 핵심 설정은 내가 만든 순수창작이니 더욱 답답하다. '#○

○○드라마표절'이라는 해시태그를 걸고 증거를 올린다.

저작권은 간단하고 명확한 원칙이지만, 저작권을 보호하기 위한 저작권법은 모든 사례를 규정한 백과사전이 아니다. 이럴 때 필요한 건 변호사 친구다. 그리고 우리에게는 아트로가 있고, 아트로의 변호사 친구들이 쓴 해설서 《웹툰 작가에게 변호사 친구가 생겼다》가 있다. 이 책은 시험교재가 아니다. 지난 몇 년간 만화가 친구로 활동한 아트로의 경험을 바탕으로 우리 주변에서 벌어지는 다양한 사례를 끌어와 맞춤식으로 설명한 책이다.

개인의 저작물과 회사에 소속되어 만든 저작물, 공동저작물과 결합저작물을 구분한다. 기획과 제작의 단계에 많은 인력이 참여하는 웹툰 생태계에서 작가라면 꼭 이해하고 있어야 하는 중요한 사항이다. '내 아이디어인데 내 저작물 아닌가?'라는 질문에 '아니오'라고 단호하게 말한다. 이는 많은 작가가 오해하고 있는 점이다. 저작권법에서 '아이디어'는 저작물로 인정받지 못하고 있다.

기획과 창작 단계에 걸쳐 '표절'에 대한 이슈가 생긴다. 인터넷에 올라온 이미지 파일을 사용해도 되나? 사진을 보고 그리는 것 혹은 그대로 베껴 그리는 것은 합법인가? 현실에 존재하는 건축물을 작품에 사용해도 될까? 매번 나오는 이런 질문에 대한 대답이 시원하게 정리되어 있다. 안전이 최우선이다. 친구의 애매한 조언보다 변호사 친구의 조언을 따르자.

창작이 끝나면 유통을 해야 한다. 웹툰 작가는 플랫폼과 계약할 수도 있고, 에이전시와 계약하기도 한다. 원고료, RS(Revenues Share, 수익배분), MG(Minimum Guarantee, 최소수입보장)와 같은 용어가 등장한다. 제대로 계약하기 위해서는 내 저작물의 저작권이 어떻게 구성되고, 내가 저작자로 저작권의 사용을 어디까지 허가할지가 쟁점이다. '웹툰 연재계약 실전편'에서 계약할 때 작가들에게 필요한 조언이 등장한다. 용어의 정의를 최대한 정확하게 하도록 신경 쓰자, 상대방의 권리 범위가 얼마나 되는지 확인하자, 마감 기한과 대금 지급 기한을 확인하자, 연재 기간 중 최소한의 인간다운 생활이 보장되는 조건으로 계약하자, 계약의 종료, 해제·해지, 위약금, 손해배상 관련 조항을 신중히 검토하자, 비밀유지 조항을 신중히 확인하자! 뺄 것 없이 구구절절 옳은 이야기다. 지금은 그래도 많이 상황이 좋아졌지만, 여전히 젊은 웹툰 작가들에게 달콤한 사탕발림으로 말도 안 되는 계약서를 내미는 회사가 있다. 웹툰계약뿐 아니라 출판계약과 에이전시계약도 다루고 있으니 안심이다.

기획만화, 공모전과 지원사업, 2차적저작물 등 관련 내용도 폭넓게 다루고 있다. 본문을 읽으며 '우리 변호사 친구들 찐인데!'라고 생각한 건, '외주나 커미션의 경우에도 계약 조건을 명확히 정하자'라는 글을 보면서였다. 주로 동인 그룹이나 SNS에서 캐릭터나 한두 컷의 창작물을 발주하는 커미션도 저작권법으로 해설한다. "커미션은 보통 개인이 작가 개인에게 사적 이용을 목적으로 창작물을 발주하는 계약이다. 커미션의 경우 별도의 약정이 없는 한 저작재산권까지 발주자에게 양도한다고 보지는 않고, 발주자는 창작물을 의뢰한 목적 범위 내에서 이용할 수 있을 뿐이다."(191쪽)라고 규정한다. 이렇게 커미션과 관련하여 어떻게 작가가 대처해야 하는가에 대해서도 조언해준다.

이렇듯 만화 창작 전 영역에서 이 책은 무척 쓸모가 많은 해설서다. 저자인 아트로 변호사들은 만화가들과 같은 시대를 살고, 같은 만화를 보며 성장했기 때문에 만화, 만화가에 대한 이해가 높아 본문도 명쾌하다. 주요 사례도 함께 수록하고 있으니 주의해야 할 점, 유의사항, 대처법에 밑줄을 긋자. 웹툰을 중심으로 시장이 확대되고, 생태계에 다양한 참여자가 들어오면서 법률 분야에서도 새로운 이슈가 등장하고 있다. 아트로는 지난 5년 동안 여러 분쟁에 만화가들과 함께했다. 이 책은 연대의 첫 결과물이다. 생각해보면 우리 모두의 성과이니 뿌듯하다. 《웹툰 작가에게 변호사 친구가 생겼다》가 더 많은 작가의 책상에서 우리 만화가들을 지켜주기를 기대한다.

차례

추천사   저작자가 절대로 양보해서는 안 될 자존심 • 신일숙   5

계약서에 사인을 한다는 것의 의미 • 윤태호   7

자신의 권리를 보호받으려면 알아야 한다 • 정희섭   10

웹툰 작가의 변호사 친구들이 만든 쓸모 많은 해설서 • 박인하   12

서론   • 윤영환   24

1부
웹툰의 창작
김성주, 신하나

1 창작할 때 조심해야 할 것은 무엇일까?   39

1) 표절과 저작권 침해   39

(1) 표절과 저작권 침해의 차이를 구분하자

(2) 저작권의 기본적인 성격을 이해하자

(3) 저작권법의 보호 대상인 저작물은 무엇을 의미할까?

(4) 저작자란 누구일까?

2) 표절을 피하는 방법   72

(1) 인터넷에 올라온 이미지 파일을 '캡처'해서 사용해도 될까?

(2) 사진 이미지를 만화에 사용해도 될까?: 트레이싱(tracing)의 경우

(3) 현실에 존재하는 건축물이나 배경을 작품에 사용해도 될까?

3) 폰트를 사용할 때 주의해야 할 점   83

4) 특정 인물을 작품에 표현하는 경우: 초상권 침해 문제   86

5) 웹툰 심의와 창작의 자유   87

2 **저작권을 꼭 등록해야 할까?**
   : 저작권 등록의 필요성과 절차   89

3 **분업하여 창작하는 경우: 창작 과정에서 동업하기**   90

   1) 계약의 목적과 효력 범위를 명시하자   92

   2) 업무의 권한과 책임을 명시하자   93

   3) 수익 배분 방법을 명확하게 규정하자   94

   4) 동업계약의 해지절차와 방법을 미리 정해두자   95

2부 ───

웹툰의 연재와 초기 유통   김성주, 임애리
───

1 **내 웹툰을 플랫폼에 연재해보자: 웹툰 연재계약**   109

   1) 웹툰 제작 환경의 변화에 따른 계약 유형의 다변화   109

   2) 계약서에 날인하기 전에 미리 체크해야 할 사항   111

2 **이용허락과 양도의 차이를 구분하자**   114

   1) 웹툰 연재의 대가 산정 방법과 지급 방식을 이해하자   118

      (1) 원고료

      (2) MG(Minimum Guarantee, 최소수입보장)

      (3) RS(Revenues Share, 수익 분배)

      (4) 단행본 인세, 2차적저작권료, 외주 등 부가수입

   2) 웹툰 연재계약 실전편   121

      (1) 용어의 정의를 최대한 정확하게 하도록 신경 쓰자

      (2) 상대방의 권리 범위가 얼마나 되는지 확인하자

      (3) 마감 기한과 대금 지급 기한을 확인하자

      (4) 연재 기간 중 최소한의 인간다운 생활이 보장되는 조건으로 계약하자

(5) 계약의 종료, 해제·해지, 위약금, 손해배상 관련 조항을 신중히 검토하자

(6) 비밀유지 조항을 신중히 확인하자

3) '배타적발행권 설정계약' 방식의 연재계약　　　136

3 출판계약　　　137

1) 출판료(저작권 사용료)는 어떻게 산정될까?　　　138

2) 출판계약 실전편　　　143

(1) 출판권의 설정인지, 출판허락인지 확실히 이해하고 넘어가자

(2) 완전원고의 판단 기준과 공동저작물 여부에 대한 합의 조건을 확인하자

(3) 출판물의 중쇄 또는 중판요청권을 계약서에 명시하자

(4) 출판권의 존속 기간은 3년 내외로 약정하자

(5) 계약 종료 이후 원고 반환, 출판권 등록 말소, 출판료 즉시 지급, 재고 처리 등 조건을 놓치지 말고 체크하자

4 전자책(E-Book) 발행계약(배타적 발행권 설정계약)　　　149

1) 전자책의 출판료는 어떻게 산정될까?　　　149

2) 전자책 발행계약 실전편　　　151

(1) 플랫폼 사전 조사를 하고 계약 내용을 더욱 세밀하게 규정하자

(2) 해외불법판매는 완벽히 차단하기 어렵지만 번역에 관한 사항만은 명확하게 정해두자

(3) 저작권 침해를 방지하기 위한 적극적인 조치를 요구하자

5 에이전시와의 계약　　　153

1) 플랫폼과 에이전시, 작가의 관계를 이해하자　　　156

(1) 플랫폼과 직접 계약하는 경우

(2) 에이전시와의 계약을 통해 플랫폼과 연결되는 경우

(3) 저작재산권을 직접 양도받거나 이용허락을 받는 에이전시와 계약하는 경우

2) 에이전시와의 계약에서 주의해야 할 점　　　159

(1) 공동제작 형태로 계약하지 말자

(2) '공동저작권' 계약의 의미를 제대로 확인하자

(3) 플랫폼 연재가 예상보다 어려워질 수 있으니 주의하자

(4) 작가가 플랫폼과의 계약 관계를 확인할 수 있는 장치를 마련하자

(5) 에이전시에 의한 저작권 침해를 주의하자

6   기획만화계약   170

7   스튜디오 제작(업무상저작물) 계약   173

1) 웹툰 작가와 사업자의 계약 관계의 특수성   174

8   공모전, 지원사업 응모 시 유의사항   185

1) 응모를 피해야 하는 공고 조항   186

9   외주나 커미션의 경우에도 계약 조건을 명확히 정하자   190

10   웹툰을 창작하고 사업화하는 비용을 조달하는 다른 방법들   192

11   노블코믹스 계약   194

1) 노블코믹스 계약 시 주의할 점   195

2) 제작사와의 관계   197

3) 공동창작자와의 관계   201

4) 계약의 중도 해지(탈퇴)와 저자 인격권의 보장   203

3부

웹툰의 부가가치 창출: 2차적저작물의 계약   김성주

1   2차적저작물 관련 계약(권리 이용허락)의 구조   208

1) '용어의 정의' 조항을 잘 살펴야 한다   209

2) '이용허락' 관련 세부 조항을 꼼꼼히 검토하자   211

3) 2차적저작물 사업화가 되면 원저작자는 대가를
얼마나 어떻게 받을 수 있을까   213

4) 2차적저작물 권리는 누구에게 있을까   213

5) 더 추가해야 하는 기타 조항   216

2 **2차적저작물 계약 시 주의할 점**   219

1) 웹툰 연재계약에 포함시키지 말고 별도의 계약을 체결하자   219

2) 2차적저작물의 분야별로 별건의 계약을 체결하자   226

3) 수익 정산에 대한 근거자료를 반드시 요구하자   226

4) 웹툰 연재계약 시, 2차적저작물 우선협상권 조항이 있는지
확인해보자   228

4부

분쟁 해결절차

신하나, 임애리

1 **계약 관계에서 발생하는 불공정행위 대처법**   233

1) 자주 일어나는 불공정행위, 어떻게 대처할 것인가   233

2) 구제방법   236

   (1) 민법 제104조에 해당해 무효임을 주장

   (2) 약관규제법 위반임을 주장

   (3) 사전조치의 중요성

3) 계약 위반   239

4) 예술인복지법에서 정하는 불공정행위가 따로 있다   240

2 **다른 저작자가 내 작품의 저작권을 침해한 경우**   247

1) 불법유통 영상 '링크'의 공유가
저작권법 위반의 방조죄에 해당할까?   248

2) 한국저작권위원회 저작권 분쟁조정 제도를 이용하는 방법   253

3) 형사고소를 하는 방법 253

4) 민사상 손해배상을 청구하는 방법 254

5) 부정경쟁방지법에 위반되는 경우 256

6) 지식재산권 침해금지 가처분 신청을 하는 방법 256

7) 저작권 등록과 관련하여 유의해야 할 사항 257

3 저작인격권을 침해당한 경우
(작품 훼손 및 작품 폐기, 크레디트 누락 등) 258

1) 저작인격권의 뜻을 알아보자 258

2) 저작인격권 침해 유형에는 무엇이 있을까? 259

(1) 작품 훼손

(2) 크레디트 누락

3) 저작인격권을 침해당했을 때 구제받을 방법은 무엇일까? 260

4 웹툰 불법복제사이트의 등장과 대응 262

5 작가가 불법행위를 당한 경우 267

1) 명예훼손죄 268

2) 모욕죄 269

3) 사이버명예훼손죄 270

4) 프라이버시권(성명권, 초상권, 개인정보 주체로서의 권리) 침해 272

5) 폭행 및 성폭력에 대처하는 방법 274

(1) 폭행 및 협박 등 범죄행위

(2) 성희롱 및 성폭력범죄

결론 • 윤영환 281

찾아보기 283

축전 287

서론

1.

여기 만화 그리기를 좋아하는 A씨가 있다. A씨는 학창시절 친구들이 자신의 만화를 돌려보던 기억을 떠올리며 자주 보는 인터넷 게시판에 자신이 그린 짧은 작품을 스캔해서 올렸다. 사람들이 '좋아요'를 많이 눌러주었고, 다른 작품도 더 보고 싶다는 댓글이 달리자 A씨는 신이 났다. 그러다 본격적으로 웹툰을 그려보기로 작정했고, 웹툰 그리기에 좋다는 태블릿 피시도 구매했다. A씨는 스토리를 짜는 과정에서 많이 고민했다. 주변 친구들이 이러저러하게 조언을 해주었다. A씨는 현장감을 살리기 위해 특정 동네를 자신의 작품 배경지로 선정했다. 여러 장의 사진을 찍으며 그림의 배경으로 넣을 만한 곳을 찾아다녔다.

사람들의 반응이 점차 좋아지자 작품을 본격적으로 연재할 곳을 찾아보기로 했다. A씨는 플랫폼을 찾아 나섰다. 몇 군데 눈여겨보던 사이트에 연락을 해보았지만 별다른 반응이 없었다. 그러던 중 한 에이전시에서 A씨에게 연락을 해왔다. 그 에이전시는 A씨가 유명 플랫폼에 작품을 연재할 수 있게 도와주고 여러 면에서 지원해주겠다고 했다. A씨도 아는 몇몇 유명 작가도 그 에이전시 소속 작가라고 했다.

너무 고마웠다. A씨는 '비빌 언덕'이 생긴 것 같다는 느낌을 받았다. 고민도 잠시, 곧장 에이전시와 계약을 체결하기로 했다. 계약서를 쓰기 전에 준비해야 할 것들이 있을까? 어떤 '독소 조항'이 있지는 않을까? 조금 두려운 마음이 들었지만 A씨는 일단 사무실을 찾아갔다. 인사를 나누고 대략적인 설명을 들었다. 에이전시에서는 작은 글자들이 빼곡한 계약서 한 부를 내밀었다. 사회경험이 별로 없던 A씨는 계약서를 쓰니 어른이 된 것 같은 기분에 들떴다. 이야기를 하다 보니 계약서를 자세히 들여다볼 시간은 없었다. 통상적인 관행에 따른 계약서라는 말에 일단 사인을 했다. 무엇보다 정식으로 데뷔할 수 있을지 없을지도 모르는 상황에서 자신을 불러준 곳이 있다는 사실만으로도 가슴이 벅차올랐다.

다행히 에이전시에서 A씨 작품을 연재할 플랫폼을 찾아주었다. A씨는 그동안 준비해뒀던 몇 개의 '세이브원고'를 가지고 연재를 시작했다. 그러나 처음 다짐만큼 마감을 매주 지키는 일은 너무 힘들었다. 매주 다음 편이 업데이트되기 이틀 전인 마감시간을 어길 때도 있었다. 그와중에 A씨의 담당자는 수정을 너무 많이 요구해왔다. 어떤 때는 네 번이나 수정 작업을 거쳐 내용 전체를 고쳤으나, 결국에는 거의 처음과 결국 크게 달라지지 않은 적도 있었다. A씨는 자신의 작품을 마음대로 자르고 편집하려드는 담당자 때문에 화가 나기도 했지만, 결과적으로 조회수는 나쁘지 않았다. 그러나 A씨는 점점 지쳐가고 있었다.

중간에 사정이 생겨 세이브원고 몇 개를 소진하고 딱 두 개가 남았을 무렵부터 A씨는 정말 매주 긴장했다. 마감시간이 다가오면 물한 모금도 제대로 마시지 못할 정도로 바짝바짝 타들어갔다. 다행히 시즌 1은 연재를 잘 마쳤지만 건강에 이상신호가 오는 듯했다. 시즌 2를 시작하기 전에 여유를 갖고 싶었지만 플랫폼에서는 여세를 몰아붙여야 한다며 곧바로 시즌 2를 시작하길 원한다고 했다. 건강을 해치면서까지 또 피 말리는 마감을 해야 하나. 하지만 결국 A씨는 플랫폼과 에이전시의 설득으로 한 달도 채 쉬지 못하고 시즌 2 연재에 들어갔다.

운이 좋았는지, 시즌 2가 끝날 무렵에 한 유명 연예인이 A씨의 웹툰을 좋아한다고 텔레비전 인터뷰에서 말해주었다. 그러자 그 전까지와는 전혀 다른 양상으로 A씨 작품은 사람들에게 폭발적인 관심을 받게 되었다. 그리고 얼마 후 한 영화감독이 A씨의 작품을 영화화하고 싶다고 말한 기사를 보게 되었다. A씨는 원저작자로서 얼마 정도의 계약금을 받게 될까? 기대감에 부풀어 올랐다. 어떻게 계약을 맺어야 하지? 주변 사람들에게 조언을 구했다. 그런데 아뿔싸, 에이전시가 플랫폼과 계약을 했을 때 A씨의 작품에 대한 영화화나 출판에 대한 계약권리까지 플랫폼에게 넘겼다는 조항이 있었다는 사실을 이 일을 겪고 나서야 알았다. A씨는 자신의 작품이 영화로 만들어진다는데, 원저작자가 어떻게 한 푼도 손에 못 받는단 말인지 믿을 수 없었다. 에이전시에 문의해보았으나 플랫폼에서 해당 내용을 고지할 의무가 없다는 조항을 들며 A씨에게 어떤 정보도 주려고 하지 않았다.

그러다가 A씨는 자신의 작품이 해외에 번역되어 해외사이트에 연재되고 있다는 사실도 알게 되었다. 더는 참을 수 없었다. 에이전시와의 계약을 파기하려고 연락했다. 그러나 마침 얼마 전 계약 기간이 갱신되어 계약을 곧바로 파기할 수조차 없다고 했다. A씨는 그제야 법의 힘을 빌릴 생각이 들었다. 여태까지의 상황에서 A씨는 법의 구제를 받을 수 있을 것인가? 물론 A씨가 이렇게까지 성장할 수 있었던 데에는 에이전시와 플랫폼의 영향이 크다는 사실을 부인할 수 없다. 하지만 이제 에이전시와의 계약은 A씨를 더 뻗어나가지 못하게 하는 족쇄가 되었다.

2.

이 A씨의 이야기는 어느 무명작가가 나름의 유명세를 얻고 작품 인지도를 높여가는 과정에서 있을 법한 상황을 그린 것이다. A씨가 작품을 그릴 때부터 플랫폼이든 에이전시든 최초의 계약을 맺을 때의 상황, 연재 과정에서 자꾸 요구되는 수정 요청에 대처하는 방법, 영화화나 출판 등의 2차적저작권에 대한 문제, 해외판권에 대한 내용까지 작가들이 실제로 겪을 법한 일들을 정리해본 이야기이다.

A씨가 작품의 배경으로 길가에 전시되어 있는 유명 작품을 그리면 저작권법에 위반될까? 실제 인물을 패러디하여 작품에 넣으면 초상권을 침해하는 것은 아닐까? 다른 작품을 '트레이싱'할 때 유의해야 할 점은 무엇일까?

연재계약서에 사인하기 전 반드시 확인해야 할 사항은 무엇일까? 무리하게 수정을 요청해오는 담당자에게 대처하는 법은 없을까? 2차적저작권 계약을 할 때 주의해야 할 점은 무엇일까? 공정하게 수익을 배분받으려면 어떻게 계약을 체결해야 할까? 플랫폼에 수익 배분에 관한 근거자료를 보여달라고 요구할 수 있을까? 수익 정산이 지연되는 경우에는 어떻게 해야 할까? 해외판권계약을 맺을 때는 무엇에 유의해야 할까? 출판계약을 할 때 인세나 수익 배당과 관련해서 주의할 점은 없을까? 부당하게 연재를 중단당하는 경우에는 어떻게 대응할 것인가? 저작권을 침해당했을 때 어떻게 권리를 지키고 손해를 어떻게 배상받을 것인가? 불법으로 작품을 도용하는 사이트에는 어떻게 대응할까? 악플러가 주는 고통에서 벗어나려면 어떻게 해야 할까?

이 책은 사실상 '을'의 위치에 있는 무명 웹툰 작가가 작품을 창작하는 순간에서부터 플랫폼 혹은 에이전시와 계약을 맺을 때, 정당한 수익을 받고 작품을 안정적으로 연재하여 독자들과 소통할 때 등 필요한 거의 모든 법적 쟁점을 다루는 책이다.

3.

우리는 법무법인 덕수 부설 문화예술법률그룹 '아트로'의 소속 변호사로서, A씨와 같이 법적 분쟁을 겪는 작가들과 여러 해 동안 함께해 왔다. 실제로 작가들이 우리에게 문의해오는 내용은 A씨의 경험과 유사하다. 만화 및 웹툰 업계에는 대중적으로 인기 있는 작가가 소수이고 대다수는 작가지망생과 신인 창작자이다. 우리는 이 다수의 창작자가 가까운 미래에 법적 불이익을 당하지 않고 자신의 콘텐츠를 대중에게 유통하고 경제적으로 자립하여 마음껏 창작의 나래를 펼치기를 바라는 마음으로 이 책을 썼다. 그리하여 국내외 독자들에게 즐거움을 안겨주기를 바란다.

4.

우리는 만화를 사랑하고 탐독해온 저마다의 개인사를 가지고 있다. 우리 아트로에는 만화방에서 부모님과 선생님 몰래 숨어서 길창덕, 박수동, 이현세, 허영만, 이상무, 이두호, 이재학, 천제황, 하승남, 신일숙, 김혜린 등의 만화책을 탐독하던 장년 변호사도 있고, 디지털 웹툰 시대의 청년 변호사도 있다. 그러나 어릴 적부터 만화를 통해 상상력을 키웠고 새로운 경험을 했으며 이로써 삶의 에너지를 얻고 하루하루 고단한 삶을 위로받았다는 점은 세대를 막론하고 같다. 30대, 40대, 50대가 된 우리는 여전히 만화를 즐긴다. '기다리면 무료'를 참지 못하고 유료결제를 해서라도 다음 화의 내용을 미리 보고, 어떤 작품은 '소장'하고 싶어 단행본을 구입하기도 한다.

만화는 20세기를 지나는 동안 한국 대중문화의 한 분야로 자리 잡았고, 남녀와 세대를 불문하고 사람들의 일상에 활력소가 되어주고 있다. 한국 사회의 근대화와 경제성장, 민주화는 한국 만화의 양적인 성장과 질적인 도약을 일으켰고, 인터넷 디지털 시대가 도래하면서 현재는 웹툰 주도의 문화산업으로 급성장했다. 한국 웹툰은 국내를 넘어 해외에서도 한류의 일부로서 빠르게 전파되고 영향력을 높여가고 있다. 만화와 웹툰은 창작 콘텐츠 판매 및 유통에 한정되지 않고 영화, 드라마, 게임, 굿즈 등을 통한 다른 문화콘텐츠 산업과 연결되고 확대되고 있다.

만화창작 환경도 과거 소수의 작가 지망생과 화실 중심으로 이루어지던 형태에서 인터넷 디지털 환경에 기반을 둔 형태로 대폭 바뀌었다. 작가들이 데뷔하는 형태도 바뀌었다. 만화창작학과가 신설되어 작가지망생들이 배출되고 있고, 누구나 인터넷 포털사이트나 플넷폼을 통해 창작물을 연재하고 경쟁할 수 있게 되었다. 각종 공모전이 신설되어 이를 통해 데뷔하는 작가들도 있다.

만화의 소비 형태도 바뀌었다. 독자들은 만화방 시대와 도서대여점 시대를 지나 현재는 인터넷 포털사이트나 웹툰 제공 전문 사이트에서 만화를 소비한다. 또 작품을 전자책으로 구매하는 등 디지털 공간에서의 소비가 주류가 되었다. 그중에서도 일부가 종이로 출간되는 단행본으로 나오는 식으로 온라인에서의 소비가 오프라인에서의 소비보다 선행되는 경우가 많다. 만화와 웹툰 산업의 이러한 성장과 환경 변화로 인하여 저작권법 및 문화예술 관련 법률 분야의 이론과 실무 또한 복잡화·다변화되고 있다. 이에 따라 법률분쟁도 새로운 형식으로 등장하고 있다.

5.

우리 아트로는 2015년부터 한국만화가협회의 자문을 수행하면서 한국 만화와 웹툰의 급격한 성장과 발전, 창작자와 플랫폼, 정부와 지자체, 각종 지원 기관의 고민을 지켜보고 과제들을 풀어내는 과정을 함께해왔다. 한국 만화와 웹툰의 해외진출을 위한 제도화 및 법적 과제들을 해결하기 위한 논의, 만화와 웹툰에 대한 국가의 통제에 반해 자율규제를 도입하는 과정에서의 토론, 플랫폼들과 창작자들의 갈등과 문제해결 과정에 참여했다. 우리는 이제 막 창작을 시작하는 작가부터 이미 사회적 공인의 위치에 오른 중견작가까지 다양한 창작자들이 당면한 법적 문제들을 상담하고 지원했다. 우리는 웹툰자율규제위원회 위원으로 참여하고 있고, 한국예술인복지재단에서 많은 만화·웹툰 창작자들이 겪는 법적 문제와 불공정행위에 대해 상담하고 지원하기도 했다. 2019년에 발행된 만화·웹툰 공정계약 가이드 발행에도 참여해 법률자문을 수행했다. 또 레진코믹스, 코미카, 케이툰 등 플랫폼들과 작가들 사이의 계약이 '불공정계약'인지 아닌지 여부를 두고 다툰 2018년~2019년에 진행된 법적 분쟁에서 우리는 작가들 편에 서서 자문해왔다. 이렇게 우리는 일상적인 법률문제부터 제도적인 문제까지 만화·웹툰과 관련된 다양한 내용을 상담하고 대안을 제시하고 직접 분쟁에 관여해왔다.

이 책은 우리 아트로 변호사들의 수년간의 경험과 고민을 집약한 결과물이다. 우리는 만화·웹툰 관련 법률문제에 대한 업무 수행 경험을 유형별로 정리하고 출판하는 것이 만화·웹툰 업계에 종사하는 분들에게 미력이나마 도움이 되리라는 기대를 가지고 의기투합했다. 이 책은 우리가 직접 경험하고 상담하고 조언한 만화·웹툰 창작자들의 사례에 기초를 두고 있다. 만화·웹툰 창작자라면 언젠가는 겪을 수밖에 없는 내용들이 대부분이므로 작가들에게 실질적인 도움을 줄 수 있으리라 기대한다.

6.

우리는 창작자의 입장에서 창작자의 권리를 보호하겠다는 일관된 방향을 가지고 이 책을 썼다. 만화와 웹툰 산업의 급격한 성장 및 변화와 더불어 그와 관련된 법률문제 또한 다양하게 변화해왔다. 과거에는 창작자의 저작권이나 출판 시 발생하는 문제, 화실의 불평등한 고용 관계 등이 주요 이슈였다면, 최근에 이르러서는 웹툰 플랫폼과 작가의 관계, 에이전시와 작가의 관계, 기획만화계약 및 공모전 지원사업과 관련된 문제, 전자책 발행계약과 관련된 문제, 해외판권 및 2차적저작물과 관련된 문제, 온라인에서의 명예훼손, 프라이버시권과 관련된 문제, 창작 공간에서의 근로 관계와 성폭력 문제 등으로 이슈가 다변화되고 확대되었다.

우리는 이와 같은 복잡하고 새로운 제반 쟁점들까지 포함해 작가의 권리와 이익을 중심에 놓고 예상되는 법률문제들이 무엇이고, 어떤 내용을 꼭 알아야 하는지, 판례 등에 기초한 법적 판단의 근거는 무엇인지, 법적으로 대응할 방법은 무엇인지 등에 대해 상세하게 제시한다. 더불어 실제 사례들을 법적 쟁점들 사이에 배치해 해설함으로써 독자의 이해를 높이고자 했다. 창작 단계, 계약 단계, 유통 단계 등의 시간 순서를 따르면서 핵심 법적 쟁점들을 다루고, 권리의 침해와 법적 분쟁 발생 시 해결절차에 대해서도 상세하게 기술해두었다.

제1부에서는 작가들이 창작할 때 꼭 알아야 하는 점을 다루었다. 표절과 관련된 문제, 폰트와 배경사진 등 타인에게 권리가 있는 저작물의 이용 방법, 웹툰 심의와 관련된 문제 등을 다루었다. 창작 단계에서 유의하지 않으면 나중에 문제가 되어 손해배상을 청구받거나 불이익을 당할 수 있으므로, 그와 관련된 핵심 이슈들을 정리했다. 연재를 준비하는 창작자들이 이 부분을 잘 숙지하면 실질적인 도움을 받을 것이다.

제2부에서는 만화·웹툰의 연재와 초기 유통과 관련된 내용을 정리했다. 계약은 분쟁 발생 시 책임이 누구에게 있는지를 판단하는 핵심근거가 된다. 창작 활동을 시작하는 초기에 창작자들은 보통 플랫폼과의 관계에서 이른바 '을'의 지위에 있고, 계약 체결 경험이 부족

하여 지나치게 불리하거나 불공정한 계약서에 서명하기도 한다. 작가 집단의 단결과 문제 시정을 위한 노력, 공정거래위원회나 문화체육관광부, 한국만화가협회 등의 작가 단체와 문화예술 시민단체 등의 협력으로 표준계약서가 제시되고 업계의 관행이 개선되는 등 많은 진전이 있지만, 여전히 창작자들은 권리를 제대로 보호받지 못하고 있다. 따라서 계약 체결 단계에서의 법적 지원이 절실하다. 제2부에서는 연재와 초기 유통과정에서 여러 유형의 계약과 관련된 사례들과 쟁점을 고찰해 창작자들에게 도움을 주고자 했다. 창작자가 인고의 시간과 노력을 통해 결과물로 산출한 작화를 통해 그에 상응하는 대가와 열매를 수확하는 데 있어서 계약 체결은 그 무엇보다 중요하다. 계약 체결 단계에서 일어나는 법적 쟁점을 잘 이해하는 일은 미룰 수 없는 과제이다. 그러나 법을 잘 이해하고 있고 분쟁을 먼저 피할 수 있는 사람이 많지 않은 것이 현실이다. 작가들이 소속된 협회나 국가의 지원이 꼭 필요한 영역이 이 단계이기도 한다. 제2부는 이런 문제의식을 가지고 창작자가 만화·웹툰을 플랫폼에 연재하려고 할 때 계약을 어떻게 체결해야 최대한 공정하면서도 권리를 지킬 수 있는지에 관해 상세하게 설명한다. 웹툰 연재 시 대가 지급 방식에 대한 이해, 웹툰 연재계약서 체결 시 필수적인 유의사항, 저작권 매니지먼트 위임계약 체결 시 주의사항, 기획만화계약, 출판계약, 전자책 발행계약 체결 시 유의사항 등을 실제 분쟁이 있었거나 문제가 되었던 사례와 함께 다루었다.

제3부는 웹툰의 부가가치 창출로 급속히 떠오르고 있는 2차적저작물의 계약과 관련한 내용을 정리했다. 만화·웹툰을 원작으로 하는 영화가 여러 편이 있고, 온라인 게임 중에도 그런 사례가 늘어나

고 있다. 해외진출 강화와 함께 이와 같은 추세는 더 확대될 것이다. 2차적저작물과 관련된 계약은 산업의 규모가 미미할 때는 크게 문제되지 않았지만 최근에는 창작자가 유념하고 계약 체결 시 챙겨야 하는 핵심 내용으로 부각되고 있다. 이에 따라 제3부에서는 2차적저작물 이용허락과 유통, 수익 배분 등에 관련된 계약 체결 시 핵심 내용을 상세하게 설명한다.

제4부는 창작자의 핵심 권리인 저작권을 침해받았을 때, 계약이 불공정하게 체결되었을 때, 플랫폼 등과의 민형사상 분쟁(고료를 받지 못하거나, 부당하게 연재가 중단되는 등)이 발생했을 때, 창작자와의 근로관계에서 문제를 겪을 때, 독자들로부터 인터넷 등을 통해 명예훼손, 모욕 등의 피해를 입었을 때, 성폭력과 관련된 이슈가 발생했을 때 어떻게 분쟁을 해결하고 피해를 최소화하고 법적 구제절차를 밟을 것인지에 대해 상세하게 정리했다. 분쟁이 발생하면 우선적으로 전문가의 도움을 받아야 하겠지만 이 책의 해당 부분을 펼쳐서 먼저 그 내용을 살펴보는 것이 큰 도움이 되리라 확신한다.

7.

우리는 창작 작업이 자신의 모든 것을 던질 정도로 의미 있지만 때로는 고독하고 고통스러운 과정이라는 것을 지금까지 만난 작가들을 통해서 어렴풋이나마 알고 있다. 우리는 어렵게 탄생한 작품이 무리 없이 세상에 잘 안착해 여러 독자와 만나게 되길 바라는 마음에서 이 책을 썼다. 우리는 만화·웹툰 창작자들이 부딪힐 수밖에 없는 계약 관련된 문제들이나 창작자들이 자신의 콘텐츠와 관련해 가지고 있는 저작권 및 기타 권리를 보호하고 활용하는 데 있어서 꼭 알아야 할 내용들을 정리했다. 자신의 권리를 침해당했을 때 어떻게 자신의 권리와 이익을 지키고 회복할 수 있는지 등 실제 여러 작가가 부딪히고 있고 앞으로 맞닥뜨리게 될 중요한 문제들을 최대한 망라해 수록했다. 작가들이 문제가 생겼을 때 이 책을 펼치면 문제의 핵심이 무엇인지, 어떻게 해결할 수 있는지에 관한 단서를 찾을 수 있으리라 생각한다. 창작자들의 든든한 조언자로 이 책이 기여하기를 바란다.

더불어 이 책은 만화·웹툰 시장의 성장과 함께 다양하게 발생하는 법률문제를 망라해 실제 사례를 중심으로 해결책을 도모하고 있다. 따라서 만화·웹툰과 관련된 저작권 기타 법률문제에 관심이 있는 법률 분야 종사 전문가들과 만화·웹툰 업계에서 창작자들과 함께 희망을 만들어가고 있는 포털사이트 및 플랫폼 관련 종사자들에게도 도움이 될 것이다.

1부

웹툰의 창작

김성주, 신하나

1. 창작할 때 조심해야 할 것은 무엇일까?

1) 표절과 저작권 침해

웹툰은 인터넷을 통해 불특정 다수의 독자들에게 유통된다. 빨리 퍼지고 쉽게 읽힌다. 입소문도 순식간이다. 재미있는 작품이라고 입소문이 퍼지면 구독 상위권을 순식간에 차지한다. 보는 눈과 듣는 귀가 사방에 있는 세상. 많은 웹툰 작가들이 소셜 네트워크 서비스(SNS)로 독자들과 소통하고, 반응을 예의주시하는 이유다.

그런데 작가들이 가장 피하고 싶은 입소문이 있다. 바로 '표절' 의혹이다. "어, 이거 다른 작품 베낀 거 아냐?"라는 댓글 하나에 곧 수백 수천 개의 반응들이 나오고, 표절 의혹은 순식간에 퍼져나간다. 표절 의혹으로 때로는 실제 표절 행위가 밝혀지기도 한다. 그러나 사람들이 표절이라고 부르는 모든 행위가 저작권법에 위반되는 것은 아니다. 그렇다면 어떤 행위는 저작권법에 위반되지 않고, 어떤 행위는 저작권법 위반일까?

(1) 표절과 저작권 침해의 차이를 구분하자

여기 두 장의 사진을 보자.[1]

왼쪽 사진은 2007년도에 마이클 케나라는 영국의 사진작가가 촬영한 '솔섬(Pine trees)'이라는 제목의 사진이다. 그리고 오른쪽 사진은 2011년도 대한항공 여행 사진 공모전에서 입선한 한 아마추어 사진작가의 '아침을 기다리며'라는 제목의 사진이다.

위 두 사진을 비교했을 때, 직관적으로 보기에 너무나도 비슷하다고 생각하는 사람들이 많을 것이다. 풍경을 바라보는 위치, 섬과 주변 환경의 비율, 물에 투영되는 솔섬의 그림자 라인 등, 비슷한 구석이 한두 군데가 아닌 것 같다. 그 때문에 위 사진이 공개되었을 당시, 세간에는 어김없이 '표절' 논란이 일었다.

실제 왼쪽 사진의 주인인 케나라는 작가는 위 대한항공 공모전 출품작이 자신의 작품을 허락 없이 모방했다고 하면서, 대한항공을 상대로 저작권 침해에 따른 3억 원 상당의 손해배상을 청구했다. 결과

---

1   해당 사진들은 서울고등법원 2014. 12. 4. 선고 2014나2011480 판결문의 별지에 삽입된 사진을 인용하였음을 밝힙니다.

는 어떻게 되었을까?

위 작가도 승소를 자신했고, 승소를 점치는 여론도 상당했다. 그러나 위 사건을 심리한 서울중앙지방법원은, "자연 경관은 만인에게 공유되는 창작의 소재로서 촬영자가 피사체에 어떠한 변경을 가하는 것이 사실상 불가능하다는 점을 고려할 때 다양한 표현 가능성이 있다고 보기 어려우므로, 전체적인 콘셉트(Concept) 등이 유사하다고 하더라도 그 자체만으로는 저작권의 보호 대상이 된다고 보기 어렵고, 양 사진이 각기 다른 계절과 시각에 촬영된 것으로 보이는 점 등에 비추어 이를 실질적으로 유사하다고 할 수 없다"면서, 위 케나 작가의 저작권 침해 주장을 인정하지 않고 대한항공의 손을 들어주었다(서울중앙지법 2014. 3. 27. 선고, 2013가합527718 판결).

피해를 주장하던 케나 작가 입장에서는 매우 억울할 수 있는 결과다. 그러나 법원은 위와 같이 작가에 대한 저작권 침해를 인정하지 않았다. 반면 위 공모전 출품 사진을 촬영한 아마추어 작가나 공모작을 광고에 사용한 대한항공 입장에서도, 분쟁 과정에서 '표절' 행위라고 지탄을 받으며 그 이미지가 적잖이 실추되었다.

* '표절'은 법적 개념이 아니다

만화·웹툰계 역시 언제나 표절 문제가 있었다. 웹툰 작가들이라면 누구라도 피하고 싶은 논란이 바로 "표절" 의혹이다. 요새 웹툰은 인터넷을 통해 빨리 퍼지고, 쉽게 읽힌다. 그러다 보니, 작품에 대하여 SNS상에 "어, 이거 표절인데?"라며 표절 의혹이 제기되면, 곧 수백 수천 개의 반응들이 나오고, 의혹은 삽시간에 불특정 다수에게 전파된다. 하루아침에 '스타 작가'에서 '표절 작가'로 낙인찍히는 경우도 있다.

 '표절' 논란이 계속되면, 변호사들도 바빠진다. 누군가가 자신의 작품을 표절했다거나, 표절 의혹을 제기 받았다면서 상담을 요청하는 작가들이 종종 있다. 작가들의 결론적인 궁금증은, 표절행위에 대해 민·형사 소송을 할 수 있는지(또는 당할 가능성이 있는지) 여부다. 그런데 결론부터 말하자면, '표절행위'는 민형사 소송의 대상이 되는 법적 개념이 아니다. '저작권 침해행위'가 민형사 소송의 대상이 될 수 있는 것이다.

 표절(剽竊)의 '표'는 표(票)와 도(刀)를 합친 말이다. 좀 더 풀어보자면, 도적이 칼을 들이대어서 글 등을 뺏는 행위를 의미한다. 이러한 어원 자체에서 보듯, '표절'이라는 표현에는 이미 '작품을 허락 없이 베꼈다'는 행위에 대한 도덕적인 비난이 강하게 내포되어 있다.

 반면 저작권 침해행위는 저작권법의 해석을 바탕으로 우리나라 판례 등에서 제시하는 특정 요건을 갖추어야 그 침해가 인정된다. 즉 소송에서 저작권 침해가 인정되기 위해서는, ① 침해를 주장하는 사람의 저작물이 저작권법에 의해 보호받을 만한 '창작성'이 있어야 하고, ② '의거성', 즉 상대방이 그 저작물을 이용해야 하며, ③ 상대방의 저작물과 저작권을 침해당했다 주장하는 저작물 사이에 '실질적 유사성'이 있어야 한다.

 특히 '실질적 유사성'을 판별해내는 것은 매우 어렵다. 심지어 우리 법원도 판결문에서 어려움을 호소(?)하고 있다. 드라마 〈태왕사신기〉가 만화 《바람의 나라》의 저작권을 침해했다면서 제기된 민사소송에서, 서울중앙지방법원은 "저작권 보호의 범위, 그 내용으로서 실질적 유사성의 비교가 문제 되는 사건에서 정확한 권리보호의 범위를 판단하는 것은 몹시 어려운 문제"라고 토로했다(서울중앙지방법원 2006. 6. 30. 선고, 2005가단197078 판결 참조).

그러면서도, 〈태왕사신기〉와 《바람의 나라》 두 작품 사이에 줄거리와 캐릭터 성격에 있어 일부 유사한 면이 있다고 하더라도 그러한 유사성만으로는 두 저작물이 실질적으로 유사하다고 보기 어려우므로, 〈태왕사신기〉 시놉시스에 의해 《바람의 나라》 만화 저작자의 저작권이 침해되었다고 보기 어렵다고 판단하였다. 다만, 이러한 법원의 기각 판결에도 불구하고, 위 드라마 〈태왕사신기〉 역시 한동안 《바람의 나라》를 표절했다는 논란으로부터 자유롭지 못했고 이미지에 적잖은 타격을 입었다.

이처럼, '표절'과 '저작권 침해'는 그 평가의 기준과 방향이 다르다. 사진 〈솔섬〉, 그리고 만화 《바람의 나라》 사례에서 보다시피, 작가와 사람들이 '표절'이라고 의혹을 제기하였다고 하더라도, 실제 저작권법 등을 위반하여 법적인 책임을 지는지 여부는 별개의 문제인 것이다.

＊ 창작에 더하기가 되는 기법과 침해 사이

어떠한 저작물도 완전한 무(無)에서 창조되지는 않는다. 웹툰 작가들이 그리는 이미지, 창작해내는 스토리들도 다양한 기존 창작물들, 주변 사람과 사물, 에피소드, 그리고 작가의 상상력이 더해져 창조된다. 여러 창작물들이 자유롭게 표현되고 유통되는 과정에서, 이를 기반으로 더 나은 창작물들이 탄생할 수 있다. 창작자의 권리를 보호하고 표절을 근절함으로써 작가의 창작 의지를 고취시키는 것도 중요하다. 그러나 기존 작품에 대한 보호 범위가 과도하여 그 소재 및 내용을 사용하지 못하게 되어서 더 나은 창작물이 탄생하지 못하게 되는 부작용도 경계해야 한다.

다만, 일반 독자들이 작가의 웹툰을 보고 기존 다른 저작물을 연상할 수 있을 정도의 요소가 포함된다면, 표절 시비에 휘말릴 가능성이 높다. 특히 웹툰에서는 기존 창작물의 이미지를 작가 자신의 방법으로 윤곽선을 따서 그리는 이른바 '트레이싱' 기법이 많이 이용되는데, 특히 창작자가 자신의 이름으로 공표한 저작물로서 시중에 유통되고 있는 작품을 그대로 베끼는 수준의 트레이싱이라면, 이는 '기법' 여부와 관계없이 이는 저작권 침해에 해당할 가능성이 높다.

일단 표절 또는 저작권침해 시비에 휘말린 후에는, 변호사라고 해도 모든 사태를 되돌릴 근본적인 대책을 제시하지는 못한다. 그저 앞선 침해 또는 논란 사례들을 제시하면서, 조심 또 조심해야 한다는 원론적 메시지에 불과한 경고를 반복해줄 수 있을 뿐이다.

* 끊임없는 논의와 연구가 필요하다

그럼 '표절'에 대한 의혹 제기 자체를 차단할 방법은 없을까? '표절'에 대한 의혹 제기 자체를 막을 방법은 없고, 막아서도 안 된다고 생각한다. 창작자들에게 헌법상 '표현의 자유', 조금 더 좁게 들어가면 '창작의 자유'가 폭넓게 보장되어 있듯이, 독자들 또는 다른 창작자들도 '표현의 자유'가 있다. 독자들 또는 다른 창작자들의 작품에 대한 평가는 작가가 누리는 창작의 자유의 반대급부이며, 자신의 작품을 대중에 노출시키고 널리 유통하는 것이 목적이라면 더욱이 창작자가 감수해야 할 몫이다.

다만, 근거 없는 표절 주장은 형법상 명예훼손죄로 처벌될 여지도 있다. 앞서 '솔섬' 사례에서도 보았다시피 저작권 침해에 있어서 '실질적 유사성'을 판단하는 기준은 생각 외로 복잡하고 사안마다 다르다. 때문에 '표절'을 주장하는 사람도 자신이 문제를 제기하는 행위가 반드시 진실일 것이라는 자기 확신을 경계해야 한다. 합리적인 문제 제기와 비방을 목적으로 한 허위사실 유포의 경계는 항상 모호하다. 표현의 자유에도 한계와 반대급부는 존재한다.

그렇다면 표절을 판별하는 기준을 만들어낼 수는 있을까? 사견으로는 매우 어려울 것이라는 입장이다. 왜냐하면 "표절"이라는 표현 자체에 주장하는 사람의 도덕적 가치판단에 따른 주관이 개입되기 때문이다. 표절에 관하여 누구나 납득 가능한 도덕적 기준을 합의하기란 불가능에 가깝다. 때문에 법적으로도 '표절'과 별개로 저작권 침해라는 개념을 사용하면서 별도의 판단 기준(의거성, 실질적 유사성)을 제시하고 있는 것이다.

"표절"에 대한 판단 기준은 시대와 논의의 흐름에 따라 변하기도 한다. 우리가 너무나도 잘 아는 만화인 《슬램덩크》사례가 이를 보여준다. 슬램덩크 연재가 종료된 지 약 10여 년이 지난 2005년경, 만화 《슬램덩크》의 일부 장면들이 NBA 사진기자들이 촬영한 사진을 트레이싱해서 작품에 사용했다는 논란이 일었다. 저작자인 이노우에 다케히코는 처음에 이를 부인하다가 나중에 '트레이싱이 맞다'는 취지로 사과했다. 연재 당시에는 트레이싱과 표절에 대한 문제적 인식이 없었지만, 만화 저작권리에 대한 개념과 인식이 확산되는 과정에서 명작《슬램덩크》또한 표절 논란의 심판대에 올랐던 것이다.

이처럼 만화·웹툰계에서 '표절' 논란은 언제든 계속될 것이고, 우리는 계속 '표절이냐 표절이 아니냐'는 논쟁과 마주하게 될 것이다.

때문에 창작 과정에 있어서 어디까지를 표절로 볼 것인지에 대한 여러 사례 연구들이 이루어지고, 이를 통해 작가들에게 적어도 '표절 의혹'을 피할 수 있는 최소한의 가이드라인이 마련될 수 있다면, 이 또한 유의미한 작업일 것이다.

(2) 저작권의 기본적인 성격을 이해하자

저작물은 창작됨과 동시에 자동으로 저작권이 발생하며, 저작권을 갖기 위해 어떤 절차를 밟을 필요는 없다. 그러나 한국저작권위원회를 통해 저작권을 등록하는 경우, 등록한 자를 저작자로 추정한다. 저작권은 모방을 금지하는 독점적이고 배타적인 권리이므로, 타인의 저작물을 그대로 복제하거나 이에 의거해 실질적으로 유사한 작품을 만드는 것은 저작권 침해다.

저작권은 저작자의 경제적 이익을 보호하는 저작재산권과 저작자의 인격적 이익을 보호하는 저작인격권으로 나뉜다. 저작재산권은 원칙적으로 저작자가 사망한 이후 70년까지 존속한다. 한편 저작인격권은 저작자가 생존하고 있는 동안에만 존속하고, 사망하면 바로 소멸한다.

저작권은 베른협약에 가입한 모든 국가에서 동시에 보호받을 수 있다. 우리나라는 베른협약 가입국이므로 다른 가입국인 미국, 중국 등에서도 창작자의 저작권을 보호받을 수 있다.

(3) 저작권법의 보호 대상인 저작물은 무엇을 의미할까?

작가들의 작품은 법적으로 '저작물'일 때만 저작권법에 기한 보호를 받는다. 저작권법에 따르면, '저작물'은 인간의 사상 또는 감정을 표현한 창작물을 말한다(저작권법 제2조 제1호). 따라서 ① 인간이 만든 것만 보호 대상이 될 수 있으며, ② 표현되지 않은 아이디어는 저작권법상 보호 대상이 아니고, ③ 창작성이 인정되어야만 한다.

a. 인간이 만든 것이어야 한다

태국에서는 코끼리 여덟 마리가 함께 그린 그림이 150만 바트(약 4,500만 원)에 팔렸다고 한다.[2] 정말 신기하고 대단한 코끼리다. 하지만 누군가가 코끼리가 그린 그림을 똑같이 따라 그렸다고 해서 저작권법 위반이라고 볼 수는 없다. 코끼리가 그린 그림은 '저작물'이 아니기 때문이다. 인공지능(AI)이 그린 그림이나 웹툰은 어떨까? 현행법의 명문상으로는 기계인 인공지능이 그린 그림이나 웹툰은 저작물이라고 볼 수 없다. 다만 기술이 계속 발전하고 있으니 이러한 창작물을 저작물로 볼 것인지 여부에 관해 심도 깊게 논의해야 한다.

b. 인간의 사상 또는 감정을 표현해야 한다

현행 저작권법은 '사상 또는 감정이 표현'된 것을 저작물로 보기 때문에, 표현되지 않은 단순한 아이디어는 저작권으로서 보호받지 못한다. 이것을 '아이디어와 표현의 이분법 법칙'이라고 한다. 웹툰, 드라마, 영화에서 설정이 비슷한 경우 종종 표절 시비가 일어나는데, 생각보다 저작권법 침해를 인정받기가 어렵다. 단순한 설정은 저작물로 볼 수 없기 때문이다. 예를 들어 '특별한 상황이 되면 변신하는 슈퍼히어로'는 단순한 아이디어일 뿐이다. 하지만 그 슈퍼히어로의 디자인,

---

2 《중앙일보》, 〈코끼리가 그린 그림 4500만 원에 팔려〉, 2005. 2. 20. 기사 참조.

성장 과정, 동료들을 만나는 과정과 관계, 고난, 승리 등에 대한 구체적인 표현(내용)이 인간의 사상 또는 감정을 드러냈다고 인정되는 경우 저작물이라고 볼 수 있다.

어떻게 보면 이는 당연하다. '삼각관계'라는 설정을 모두 저작물로 인정해 보호한다면, 삼각관계 설정을 쓰고 싶은 작가들은 모두 최초로 '삼각관계'를 그린 작가의 허가를 받아야 한다. 또한 〈드래곤볼〉과 같은 '배틀물'도 마찬가지이다. 비슷한 설정을 사용하는 것을 모두 제한한다면, 작가로서는 자유롭게 작품을 그릴 표현의 자유가 과도하게 줄어들 것이다. 따라서 침해된 것이 단순한 설정인지, 표현인지 잘 판단해볼 필요가 있다.

c. 창작성을 인정받아야 한다

창작물은 남의 것을 베끼지 않고 독자적으로 작성한 것을 의미한다. 우리 대법원 판례[3]에 따르면, ① 창작물이라 함은 저자 자신의 작품으로서 남의 것을 베낀 것이 아니라는 것과 최소한도의 창작성이 있다는 것을 의미한다. 창작성을 인정받기 위해 작품의 수준이 아주 높아야 할 필요는 없지만 저작권법에 의해 보호받을 가치가 있는 정도의 최소한의 창작성은 요구된다. ② 단편적인 어구나 계약서의 양식 등과 같이 누가 하더라도 같거나 비슷할 수밖에 없는 성질의 것은 최소한도의 창작성을 인정받기가 어려우며, ③ 또한 작품 안에 들어 있는 추상적인 아이디어의 내용이나 과학적인 원리, 역사적인 사실 등은 저자가 창작했다고 볼 수 없으므로, 저작권은 추상적인 아이디

---

3 대법원 1997. 11. 25. 선고 97도2227 판결 참조.

어의 내용 그 자체에는 성립되지 아니하고 그 내용을 나타내는 상세하고 구체적인 표현에만 성립된다.

간혹 어떤 표현을 할 수 있는 방법이 그 방법 하나밖에 없거나 거의 없는 경우에도 이는 '아이디어와 표현이 합체'되었다고 하여 저작물로 인정해주지 않는다. 즉 표현이 아이디어와 불가분의 관계에 있을 때 그러한 표현은 보호 대상에서 제외된다는 것이다. 이를 '합체의 원칙'이라고 한다.[4]

또한 그 주제나 내용을 구성하는 데 필요한 아이디어를 표현하기 위해서 사용할 수밖에 없는 장면은 저작권으로 보호하지 않는다. 예를 들어 일제강점기를 표현하기 위해 당시 일본 군인을 등장시키거나, 제2차 세계대전을 묘사하기 위해 히틀러의 연설 장면을 사용하는 것 등을 의미한다. 이를 '필수장면의 원칙'이라고 한다.

사례 창작물에 아이디어를 제공한 것만으로 저작자로 인정받을 수 있을까?[5]

Q) A는 어느 날 B라는 사람에게서 B가 운영하는 업체를 통해 작품을 연재해보겠느냐는 제의를 받았습니다. 그런데 B는 자신이 작품에 대한 아이디어를 제공하는 대가로 자신도 작품의 '글 작가'로 표기해줄 것을 요구했습니다. 그러면서 연재를 통해 얻는 수익 중 30%를 B 자신에게 배분해줄 것 또한 요구했습니다. B의 요구는 타

---

4   한국저작권위원회 용어사전(https://www.copyright.or.kr/information-materials/dictionary/list.do) 참조.
5   서울고등법원 2014. 1. 9. 선고 2012나104832 판결 참조.

당할까요?

A) 저작권법 제2조 제2호에 따르면 저작자는 저작물을 창작한 자를 의미합니다. 따라서 창작 과정에 기여한 자라고 하더라도, 그 기여 방법이 단순히 아이디어나 소재를 제공하는 정도에 지나지 않는다면 저작자라고 볼 수 없습니다.

우리 법원 또한 "저작물의 작성에 2인 이상의 복수의 사람이 관여한다고 하더라도 그중에서 한 사람만이 창작적인 요소에 관한 작업을 담당하고 다른 사람은 보조적인 작업을 행한 것에 지나지 않거나 아이디어나 소재를 제공하는 데 그친 때는, 창작적 작업을 담당한 사람만이 그 저작물의 저작자가 되고 다른 사람은 저작자로 되지 않는다고 보아 원고는 공동저작자가 될 수 없다."라고 판시했습니다. 이처럼 아이디어나 소재를 제공하는 정도에 그치는 것만으로는 저작물의 공동저작자로 인정하지 않고 있습니다.

사례 뮤지컬 제목은 창작물로 볼 수 있을까?

Q) 국내에서 뮤지컬을 제작하는 A업체가 〈뮤지컬 캣츠〉의 저작재산권을 가지고 있던 영국 회사와 〈캣츠〉의 저작권 이용 관련 계약을 독점적으로 체결했습니다. 그런데 한 뮤지컬 제작자 B씨가 위 업체와 계약 없이 〈어린이 캣츠〉 〈뮤지컬 어린이 캣츠〉라는 제목의 뮤지컬을 제작해 전국 도시에서 공연했습니다. 그러자 A업체는 B씨를

상대로 부정경쟁방지법을 위반했다면서 부정경쟁행위금지 청구소송을 제기했습니다. 그런데 B씨는 "뮤지컬 제목은 뮤지컬 내용을 표시하기 위한 이름일 뿐 영업의 식별 표지로 볼 수 없으므로 그 제목을 사용하는 것 자체가 위법은 아니다."라면서 반박했습니다. B씨는 기존의 뮤지컬 제목을 계속 사용할 수 있을까요?

A) 대법원은 2015년 2월 9일, 캣츠의 독점 저작권을 보유한 A회사가 "〈캣츠〉라는 표현을 사용하지 말라."며 뮤지컬 제작자 B씨를 상대로 낸 부정경쟁행위금지 청구소송 상고심(2012다13507)에서 원고 패소 판결을 내린 원심을 파기하고 서울고등법원에 다시 판단하라는 취지로 돌려보냈습니다.

재판부는 ① 〈뮤지컬 캣츠〉는 적어도 2003년부터는 그 저작권자 및 그로부터 정당하게 공연 허락을 받은 원고에 의해서만 국내에서 영어 또는 국어로 제작·공연되어 왔고, 또 그 각본·악곡·가사·안무·무대미술 등에 대한 저작권자의 엄격한 통제 아래 일정한 내용과 수준으로 회를 거듭해 계속적으로 공연이 이루어진 점, ② 영어로 된 〈뮤지컬 캣츠〉의 내한공연이 2003년부터 2008년까지 서울, 수원, 대구, 부산, 대전, 광주 등에서 이루어졌는데, 그 횟수가 2003년 191회, 2004년 58회, 2007년 140회, 2008년 172회 등이고, 한국어로 된 〈뮤지컬 캣츠〉의 공연도 전국에서 이루어졌는데 그 횟수가 2008년 146회, 2009년 59회, 2011년 수십 회 등으로 그 공연 기간과 횟수가 상당한 점, ③ 2003년부터 약 5년간 위 공연을 관람한 유료 관람객 수가 84만 9859명에 이르고, 위 공연과 관련해 주식

회사 문화방송의 텔레비전 광고 등 언론을 통한 광고·홍보도 상당한 정도로 이루어진 점 등을 볼 때, 〈캣츠〉의 영문 또는 그 한글 음역으로 된 원심 판시 이 사건 표지는 적어도 이 사건 원심 변론종결일 무렵에는 단순히 그 뮤지컬의 내용을 표시하는 명칭에 머무르지 않고, 거래자 또는 수요자에게 〈뮤지컬 캣츠〉의 공연이 갖는 차별적 특징을 표상함으로써 특정인의 뮤지컬 제작·공연임을 연상시킬 정도로 현저하게 개별화되기에 이르렀다고 할 것이므로, 부정경쟁방지법 제2조 제1호 (나)목에서 정한 '타인의 영업임을 표시한 표지'에 해당한다고 봄이 타당하다고 판시했습니다.

그러나 단순한 제목은 문구가 짧고 의미도 단순한 것은 거기에 어떤 보호할만한 독창성이 있다고 할 수는 없으므로, 창작물로 보기 어렵습니다. 법원의 판례[6] 또한 "제목 자체는 저작물의 표지에 불과하고 독립된 사상이나 감정의 창작적 표현이라고 보기 어렵다."는 이유로 창작물성을 부정하고 있으므로, 저작권법에 의한 보호를 받기는 어렵다는 점을 유의해야 합니다.

사례 만화영화에 나오는 캐릭터 역시 저작권 보호를 받을 수 있을까?[7]

이 사건은 원고회사가 저작권을 갖고 있는 저작물인 만화영화에 등장하는 캐릭터가 부착된 팽이를 피고회사가 수입했고, 원고회사가

6 서울남부지방법원 2005. 3. 18. 선고 2004가단31955 판결 참조.
7 대법원 2005. 4. 29. 선고 2005도70 판결 참조.

피고회사를 상대로 저작권 침해로 인한 손해배상을 청구한 사안입니다.

대법원은 만화영화에 등장하는 캐릭터 역시 저작권법에 의해 보호받는 저작물이라고 판단했습니다. 또한 저작물인 만화영화의 캐릭터가 특정 분야 또는 일반 대중에게 널리 알려진 것이라거나 고객 흡인력을 가졌는지 여부는 저작물의 저작권법에 의한 보호 여부를 판단함에 있어서 고려할 사항이 아니기 때문에, 유명하지 않은 캐릭터라고 하더라도 보호받을 수 있다고 판시했습니다.

이후에도 대법원 2010. 2. 11. 선고 2007다63409 판결에서 게임물에 등장하는 캐릭터의 저작물성을 인정했으므로, 캐릭터를 저작권법의 보호 대상으로 보고 있다고 할 수 있습니다.

사례 사진이 저작권법에 의해 보호되는 '저작물'에 해당하려면 어떤 요건을 갖춰야 할까?[8]

이 사건은 원고가 고주파 수술기를 이용한 수술 장면 및 환자의 환부 모습과 치료 경과 등을 촬영한 사진을 피고가 무단으로 사용한 사안입니다. 원고는 위 사진저작물이므로, 피고가 저작권을 침해했다고 주장했습니다.

대법원은 사진이 저작물에 해당하기 위해서는 문학·학술 또는 예술의 범위에 속하는 창작물이어야 하고 그 요건으로 창작성이 요

---

8 대법원 2010. 12. 23. 선고 2008다44542 판결 참조.

구되므로, 사진저작물의 경우 피사체의 선정, 구도의 설정 빛의 방향과 양의 조절, 카메라 각도의 설정, 셔터의 속도, 셔터찬스의 포착, 기타 촬영 방법, 현상 및 인화 등의 과정에서 촬영자의 개성과 창조성이 인정되어야 저작물에 해당한다고 볼 수 있다고 판시했습니다. 이 경우는 충실하게 표현해 정확하고 명확한 정보를 전달한다는 실용적 목적을 위해 촬영된 사진들이기 때문에 사진저작물로서 보호될 정도로 촬영자의 개성과 창조성이 인정되는 '저작물'에 해당한다고 보기는 어렵다고 판단했습니다.

d. 보호받지 못하는 저작물도 있을까?

공공의 이익을 위해 특정 저작물은 보호 대상에서 제외된다. 공익적 차원에서 국민에게 널리 알려져야 하고, 자유롭게 이용 가능해야 하는 저작물이 그러한 경우다. 저작권법 제7조에는 ① 헌법·법률·조약·명령·조례 및 규칙, ② 국가 또는 지방자치단체의 고시·공고·훈령 그 밖에 이와 유사한 것, ③ 법원의 판결·결정·명령 및 심판이나 행정심판절차 그 밖에 이와 유사한 절차에 의한 의결·결정 등, ④ 국가 또는 지방자치단체가 작성한 것으로서 위의 ① ② ③에 규정된 것의 편집물 또는 번역물, ⑤ 사실의 전달에 불과한 시사보도 등이 열거되어 있다. 따라서 이러한 것들은 저작권자의 이용허락이 없어도 누구나 자유롭게 이용할 수 있다.

또한 저작권법으로 보호받는 저작물이라도 저작권자의 허락을 받지 않고 자율적으로 사용할 수 있도록 저작재산권이 제한되는 경우도 있다. 재판절차 등에서의 복제, 정치적 연설 등의 이용, 학교 교육 목적 등에의 이용, 시사보도를 위한 이용, 공표된 저작물의 이용, 영리를 목적으로 하지 않은 공연·방송, 사적 이용을 위한 복제, 도서관 등에서의 복제, 시험문제로서의 복제, 시각장애인 등을 위한 복제, 방송사업가의 일시적 녹음·녹화, 미술·사진·건축저작물의 전시 또는 복제, 번역 등에 의한 이용, 시사기사 및 논설의 복제, 프로그램코드 역분석, 프로그램 정당 소지자에 의한 보존을 위한 복제 등이 그러하다(저작권법 제21조 내지 제36조). 다만 위와 같은 경우라고 하더라도 출처를 명시하고 사용해야 하는 것이 원칙이다(저작권법 제37조).

사례 '사실의 전달에 불과한 시사보도'는 저작권법의 보호 대상이 아니다[9]

저작권법은 '사실의 전달에 불과한 시사보도'를 보호 대상에서 제외하고 있습니다. 원래 저작권법의 보호 대상이 되는 것은 외부로 표현된 창작적인 표현 형식일 뿐 그 표현의 내용이 된 사상이나 사실 자체가 아닙니다. 시사보도는 여러 정보를 정확하고 신속하게 전달하기 위해 간결하고 정형적인 표현을 사용하는 것이 보통이어서 창작적인 요소가 개입될 여지가 적습니다. 따라서 독창적이고 개성 있는 표현 수준에 이르지 않고 단순히 '사실의 전달에 불과한 시사보도'의 정도에 그친 보도내용은 저작권법에 의한 보호 대상에서 제외됐습니다.

이 사건은 A뉴스통신사가 B뉴스통신사의 기사를 무단으로 전재

---

9   대법원 2009. 5. 28. 선고 2007다354 판결 참조.

해 B의 저작재산권을 침해했다고 주장한 사안이었는데, 원심은 모든 기사에 대한 저작권 침해를 인정했습니다. 그러나 대법원은 기사 중 '사실의 전달에 불과한 시사보도'를 제외하고 나머지 부분에서 저작권 침해 범위를 판단해야 한다고 판시했습니다.

(4) 저작자란 누구일까?

인간 이외의 저작자의 출현[10]

2021년 5월, 영국 디자인박물관에서 색다른 전시회가 열렸다. 최초의 인공지능(AI) 로봇 화가 '아이다(Ai-da)'가 그린 작품을 소개하는 전시회였다. 이 '로봇화가'는 단발머리를 하고 로봇 팔을 장착한 채, 거울에 비친 자신의 모습을 살펴보면서 종이에 그림을 그린다. 눈을 깜빡이고 고개를 좌우로 돌리면서, 제법 화가다운 태도(?)로 그림들을 완성한다.

이 로봇화가가 2020년도에 개최한 전시회에서는 작품 경매를 통해 100만 달러(약 11억 1,600만 원 상당)의 수익을 거두었다고 한다.[11] 2020년도 기준 국내 미술작품 경매시장에 단일 작품으로 가장 높게 기록된 낙찰가액이 15억 2,000만 원이다.[12] 2018년도에 탄생하여

---

10 이 글은 김성주 변호사가 2021. 6. 25. 디지털만화규장각에 기고한 글 〈'인간 아닌 저작자'의 출현〉의 원고를 보완하여 수록한 것임을 밝힙니다.
11 헤럴드경제, 〈거울보며 자화상 그리는 AI 화가.."작품값 억대"〉, 2021.5. 26.자 기사 참조.
12 뉴시스, 〈[2020 미술품 경매시장 결산]총 거래액 1153억·낙찰 총액 1위 이우환〉, 2020. 12. 30.자 기사 참조.

경력이 불과 2년밖에 안 된 로봇화가가, 평생을 작품 활동에 매진해 온 예술인들과 맞먹기 시작한 것이다.

그런데 여기서 의문이 드는 점이 있다. 로봇화가 '아이다'가 그린 작품은 누구의 것일까? 좀 더 전문적인 용어를 사용하면, '아이다'가 그린 자화상 작품의 저작권은 누구에게 귀속되는 것일까? 혹은, '아이다'가 그린 위 작품이 저작권법상 '저작물'에 해당할 수 있을까?

우리나라의 저작권법 규정을 보자. 저작권법 제2조 제1항에 따르면, "저작물은 인간의 사상 또는 감정을 표현한 창작물을 말한다." 또한 저작권법 제2조 제2항에 따르면, "저작자는 저작물을 창작한 자를 말한다.". 즉, 우리나라의 저작권법은 인간이 창작한 것만 저작물로 인정하고 있다.

또한 저작물은 '사상'이나 '감정'을 표현한 것이어야 한다. 영화에서야 로봇도 '사상'이나 '감정'을 가진 존재로 묘사되기도 하지만, 사상이나 감정은 기본적으로 인간을 비롯한 생명체의 전유물이다.

때문에 위 로봇화가 '아이다'와 같은 인공지능이 만든 작품의 경우, 현행 법제도에서는 저작권리의 대상으로 포섭하는 것이 어렵다. 다시 말해서 '아이다'가 그린 작품은 저작권법상 보호되는 저작물이 아니다.

우리가 누군가의 저작물을 그대로 복제하면, 현행 저작권법에 따라 저작권 침해가 인정되어 민형사상 책임을 지게 될 것이다. 그런데 만약 A라는 사람이 로봇화가 '아이다'의 작품을 그대로 베껴서 자신의 작품인 것처럼 판매했다면, 이 경우에도 A는 현행 저작권법에 따른 책임을 지는 것일까? 아니면 위 로봇화가 '아이다'를 제작한

B가 A를 상대로 저작권 침해를 주장하면서 '아이다'를 대신하여 작품의 권리를 지킬 수 있을까?

현행 법제도만을 놓고 보면, A는 저작권법 위반으로 처벌되기 어려워 보인다. A가 복제한 아이다의 작품은 저작권법상 저작물이 아니기 때문이다. 마찬가지로 로봇화가 '아이다'를 제작한 B 역시 저작권 침해를 주장하기 어려워 보인다. 작품을 그린 주체는 B가 아니라 인공지능 로봇인 '아이다'이기 때문이다.

이렇듯 인공지능의 발전은 기존 법제도로는 포섭할 수 없는 새로운 저작권의 생태계를 만들고 있다. 때문에 저작권법 역시 새로운 생태계에 적응해야 하는 숙제가 생겼다. 특히 저작권 법리 내에서 인공지능 저작물에 대한 권리 귀속 주체, 책임 주체, 저작권 존속기간의 설정 문제 등 여러 쟁점들에 대한 사회적 합의와 입법적 정리가 필요해 보인다.

관련하여 세계 각국에서도 위와 같은 고민선상의 논의들이 이어지고 있다. 세계 지식 재산권 기구(WIPO)는 2019년 12월경, 지식재산권과 인공지능(AI)에 관한 백서 초안을 발표하였다. 백서에서는 "인공지능 애플리케이션은 점점 더 저작물을 만들어 낼 수 있게 되었"다면서, "이러한 역량은 인간의 창조정신과 항상 친밀하게 연관되어 온 저작권 시스템에 대한 주요한 정책적인 문제를 제기"하고 있고, 만일 "인공지능이 만든 작품이 저작권 보호 대상에서 제외된다면, 저작권 제도는 기계의 창조성보다 인간의 창조성의 존엄성을 장려하고 우대하는 도구로 보일 것"인 반면, "인공지능이 만든 작품을 저작권으로 보호한다면, 저작권 체계는 많은 수의 창작물을 소비자에게 제공하고 인간과 기계의 창조성에 동등한 가치를 부여하는 도구로 간주될" 것이라고 진단하고 있다.[13]

백서를 만든 관계자들도 인공지능이 만든 작품을 저작물로 인정할 것인지에 대해 결론을 내리지 못한 채 몇 가지 질문을 던지고 있다. "인공지능이 만든 저작물은 저작권이 필요한가, 아니면 이와 유사한 인센티브 제도가 필요한가?", "저작권은 인공지능이 창작한 독창적인 작품에 귀속되어야 하는가, 아니면 인간 창작자에 귀속되어야 하는가?", "인공지능이 만든 작품에 저작권이 귀속될 수 있다면, 인공지능이 만든 저작물을 원저작물로 볼 수 있는가?", "인공지능이 만든 작품에 저작권이 귀속될 수 있다면, 저작인격권과의 연관성은 어떻게 되는가?", "인공지능이 만든 작품에 저작권이 귀속될 수 있다면, 저작인접권은 녹음, 방송, 공연 등으로 확대되어야 하는가?", "인간인 창작자가 필요한 경우, 인공지능으로 만들어진 작품의 창작에 관련된 당사자는 누구이며, 창작자는 어떻게 결정이 되는가?" 등.[14] 인공지능 저작권에 관심을 가지고 있는 전세계인들이 머리를 쥐어 싸맨 흔적이 느껴진다.

한편, 중국에서는 이미 2020년도에 인공지능의 저작물성과 관련하여 흥미로운 판례가 나왔다. 중국 기업 '텐센트'가 AI 기반 글쓰기 보조 시스템인 "Dreamwriter"를 이용하여 작성한 기사에 대해, 상하

---

13 한국저작권위원회, 〈[유럽연합] WIPO, 지식재산권과 인공지능(AI)에 관한 백서 초안 수정 발표〉, 저작권 동향 2020년 제14호, 2020. 8. 3.자 게시물 참조.
14 한국저작권위원회, 위 자료 및 WIPO 홈페이지 게재 백서(https://www.wipo.int/meetings/en/details.jsp?meeting_id=55309) 참조.

이영신과학기술회사가 '텐센트'의 허락 없이 기사 내용을 복제하여 게시하자 텐센트사가 위 영신사의 침해행위에 대해 법원에 저작권 침해 중지 및 손해배상을 청구한 사례가 있었다. 이에 대하여 법원 은 '텐센트'사가 Dreamwriter 소프트웨어로 창작(생성)된 내용은 저 작권법상의 문자저작물에 해당한다면서, 영신사의 행위는 텐센트사 의 정보네트워크 전송권을 침해하였기 때문에 1500위안(한화 약 25만 원) 손해를 배상해야 한다고 판결했다.[15]

이 사건은 중국 내 인공지능에 의해 생성된 기사를 저작물로 인 정한 첫 사례이면서, 인공지능 생성물의 창작 과정과 관련 인공지능 사용자의 행위 기여를 통해 해당 기사가 법인의 저작물이라고 판시 하였다. 법원은 저작권의 주체가 '인간'이어야 하는지에 대해서는 언급하지 않았지만, 적어도 해당 기사가 법인의 소속 근로자들의 노 동 분담에 의해 완성된 저작물로서 법인의 수요와 의도를 반영하여 창작된 저작물이라고 판단하였던 것이다.

이처럼 인공지능의 저작물성과 관련하여 선제적인 논의와 일부 법적 판단이 이루어지고 있지만, 아직 그 방향이 정립되었다고 말하 기에는 매우 이른 단계다. 다만 분명한 것은 인공지능이 창작한 작 품은 점점 늘어날 것이고, 인공지능 작품의 거래 또한 더욱 늘어날 것이며, 이 과정에서 권리 부여와 책임의 문제가 사회적 이슈로 부 각될 것이라는 점이다. '인간 이외의 저작자'의 출현을 받아들이는 것은 피할 수 없어 보인다.

---

15 한국저작권위원회, 〈[중국] 중 법원 AI로 생성된 내용을 저작물로 인정〉, 저작권 동향 2020년 제2호, 2020. 2. 3.자 게시물 참조..

a. 저작자와 저작권자

저작자는 저작물을 창작한 자를 뜻한다. 다만 저작물을 창작한 사람이 아니라고 하더라도 저작자로부터 저작재산권을 이전받아서 저작재산권자가 될 수는 있다. 저작인격권은 일신전속적인 성격을 가지기 때문에 다른 사람에게 이전하거나 양도할 수 없다.

저작물의 원본이나 그 복제물에 저작자로서의 실명 또는 이명(예명, 아호, 약칭 등을 말함) 등 널리 알려진 이름으로 표시된 자를 저작자로 추정한다. 그리고 저작물을 공연 또는 공중 송신하는 경우에 저작자로서의 실명 또는 저작자의 널리 알려진 이명으로 표시된 자도 역시 저작자로 추정한다. 한편 저작권자의 표시가 없는 저작물에 대해서는 발행자, 공연자 또는 공표자로 표시된 자가 저작권을 가진다고 추정한다(저작권법 제8조). 다만 저작재산권은 양도가 가능하기 때문에 발행자 등이 저작자로까지 추정되는 것은 아니다.

b. 저작자에 관한 특수한 유형의 저작물

① 회사 등 단체에 소속되어서 창작한 저작물의 경우: 업무상저작물

① 법인, 단체 그 밖의 사용자(이하 '법인 등'이라 함)의 기획 하에 ② 법인 등의 업무에 종사하는 자가 ③ 업무상 작성하는 저작물을 업무상저작물이라고 한다. 법인 등의 명의로 공표되는 업무상저작물의 저작자는 ④ 계약 또는 근무규칙 등에 다른 정함이 없다면 그 법인 등이 저작자가 된다(저작권법 제9조). 따라서 회사의 근로자로 소속된 작가가 법인의 기획 하에 특정한 저작물을 업무상 창작했고 회사 이름으로 공표되었다면 업무상저작물인 것이다. 해당 저작물의 저작자는 창작을 한 작가가 아니라 작가를 고용하고 있는 회사가 저작자가

되는 것이다. 단 근로계약이나 취업규칙 등에 '저작물은 저작자에게 귀속한다.' 등으로 달리 정한 내용이 있다면, 업무상저작물로 판단하지 않을 수 있다.

② 2인 이상 공동으로 창작한 저작물의 경우: 공동저작물과 결합저작물

공동저작물은 2인 이상이 공동으로 창작한 저작물로서, 각자가 이바지한 부분을 분리해 이용할 수 없는 저작물을 말하는데, 공동으로 창작한 자들이 모두 이 저작물의 저작자가 된다. 웹툰 스토리 작가가 창작해 제공한 스토리와 이를 바탕으로 그린 그림 작가의 그림이 결합해 완성된 만화는 스토리 작가와 그림 작가의 공동저작물에 해당된다. 공동저작물이 되기 위해서는 저작자들 사이에 하나의 저작물을 창작한다는 공동 인식 내지는 의사(공동창작의 의사)가 필요하다. 또 공동저작물의 각 기여 부분을 분리할 수는 있지만 현실적으로 그 분리 이용이 불가능한 경우도 이에 해당된다. 2인 이상이 공동의 아이디어를 토대로 웹툰을 그릴 때 아이디어별로 작성자가 특정되어 있더라도 공동창작의 의사와 공통된 기획성이 인정되면 공동저작물로 인정받을 수 있는 것이다. 공동저작물의 저작인격권 및 저작재산권은 저작자 전원의 합의에 의하지 아니하고는 이를 행사할 수 없다(저작권법 제15조). 저작권법상 공동저작자가 되는 경우에는 저작권 행사 및 지분 양도 등의 행위를 하려면 공동저작자 전원의 합의가 필요하다(저작권법 제48조 참조). 다만 공동저작물의 저작자는 그들 중에서 저작인격권 및 저작재산권을 대표해 행사할 수 있는 자를 정할 수 있다(저작권법 제15조).

반면 각자 이바지한 부분을 분리해 이용할 수 있는 저작물을 결합

저작물이라고 하는데, 노래의 작사와 작곡과 같이 복수의 저작자 각자가 이바지한 부분이 분리할 수 있는 것을 의미한다. 결합저작물은 창작에 관여한 각자가 각 분담 부분에 대한 저작자가 된다.

사례 저작물의 공동저작자가 되기 위한 요건[16]

이 건은 베스트셀러인《친정엄마》의 원작자가 연극 각색 작가의 동의 없이 뮤지컬 계약을 체결했다가 저작권법 위반 혐의로 기소된 사안입니다. 대법원은 원작자와 연극 각색 작가 모두 저작권을 가지고 있으므로 저작재산권 침해에 해당하지 않는다고 판단했고, 원작자에게 무죄판결을 선고했습니다.

대법원은 2인 이상이 공동창작의 의사를 가지고 창작적인 표현 형식 자체에 공동으로 기여함으로써 각자 이바지한 부분을 분리해 이용할 수 없는 단일한 저작물을 창작한 경우 이들은 그 저작물의 공동저작자가 된다고 판시했습니다. 여기서 공동창작의 의사는 법적으로 공동저작자가 되려는 의사를 뜻하는 것이 아니라, 공동의 창작행위에 의해 각자 이바지한 부분을 분리해 이용할 수 없는 단일한 저작물을 만들어내려는 의사를 뜻하는 것입니다. 대법원은 이 사건 연극의 최종 대본은 고소인과 피고인의 공동저작물로 판단했습니다.

구 저작권법 제48조 제1항은 "공동저작물의 저작재산권은 그 저작재산권자 전원의 합의에 의하지 않고는 이를 행사할 수 없다."고

---

16 대법원 2014. 12. 11. 선고 2012도16066 판결 참조.

정하고 있습니다. 그러나 이 규정은 어디까지나 공동저작자 사이에서 각자 이바지한 부분을 분리해 이용할 수 없는 단일한 공동저작물에 관한 저작재산권을 행사하는 방법을 정하고 있을 뿐이므로, 공동저작자가 다른 공동저작자와의 합의 없이 공동저작물을 이용한다고 하더라도 그것은 공동저작자 사이에서 위 규정이 정하고 있는 공동저작물에 관한 저작재산권의 행사 방법을 위반한 행위가 되는 것에 그칠 뿐 다른 공동저작자의 공동저작물에 관한 저작재산권을 침해하는 행위까지 된다고는 볼 수 없다고 판단해 원작자에게 무죄를 판결한 것입니다.

c. 아이디어를 제공했다고 해서 저작권자가 될 수는 없다: 저작권자의 확정

저작물을 창작하는 과정에 참여하는 것만으로도 저작권자가 될 수 있을까? 그 과정에서 2인 이상이 기여한 경우 누구를 저작자로 볼 수 있을까? 저작권은 구체적으로 외부에 표현된 창작적인 표현 형식만을 보호 대상으로 한다. 따라서 2인 이상이 저작물 작성에 관여한 경우 그중에서 창작적인 표현 형식 자체에 기여한 자만이 그 저작물의 저작자가 된다. 창작적인 표현 형식에 기여하지 아니한 자는 비록 저작물의 작성 과정에서 아이디어나 소재 또는 필요한 자료를 제공하는 등의 관여를 했다고 하더라도 그 저작물의 저작자가 되는 것은 아니다. 설령 저작자로 인정되는 자와 공동저작자로 표시할 것을 합의했다고 하더라도 그 합의된 자가 저작자로 인정되는 것은 아니다. 따라서 웹툰 작가에게 주제나 힌트를 준 자는 저작자가 될 수 없고, 저작물을 작성할 때의 조수, 의뢰인 또는 감수자나 교열자 등도 원칙적으로 저작자가 될 수 없다.

다만 저작자라고 하더라도 저작재산권을 양도할 수 있다는 점에 유의해야 한다. 당사자 간의 특약으로 단독으로 창작한 작품에 대해 "발주처와 작가를 공동저작권자로 한다."라고 규정했다면, 저작재산권의 일정한 지분을 양도한 것으로서 발주처도 공동저작자로 볼 여지가 있다. 이와 관련해 우리 법원은 저작재산권을 후발적으로 공동보유하는 경우, 특약에 의해 배제하거나 공동보유자 상호간에 저작물 행사 등에 관해 협의할만한 인적 결합 관계가 없는 특별한 경우가 아닌 한, 저작재산권 공동보유자 사이의 저작재산권 행사에 관해서는 저작권법 제48조, 즉 공동저작물의 행사 방법 조항을 유추 적용할 수 있다고 판시한 바 있다.[17] 결국 작가가 발주처를 공동저작권자로 계약서에 명시한다면, 지분양도로 해석되어 저작권 행사에 큰 불편함이 생길 수 있다는 점에 유의해야 한다.

d. 저작권이 침해당했다고 인정받으려면 어떤 요건을 갖추어야 할까?

: 저작권 침해의 요건

일반적으로 저작권 침해가 인정되기 위해서는 ① 침해를 주장하는 사람의 저작물이 저작권법에 의해 보호받을 만한 '창작성'이 있어야 하고, ② '의거성', 즉 상대방이 그 저작물을 이용해야 하며, ③ 상대방의 저작물과 저작권을 침해당했다 주장하는 저작물 사이에 '실질적 유사성'이 있어야 한다. 창작성은 저작물성을 판단할 때의 창작성과 같은 의미이기 때문에 이 장에서는 설명을 생략하고, 의거성과

---

17 서울고등법원 2008. 7. 22. 선고 2007나67809 판결 참조.

실질적 유사성에 대해 살펴보도록 한다.

① 의거성

의거성은 쉽게 말해서, '내 작품을 보고 베낀 것'인지 보는 것이다. 두 저작물이 실질적으로 유사하더라도 후발 창작자가 독자적으로 창작한 것이라면 침해에 해당하지 않으므로, 저작권 침해에 해당하기 위해서는 저작물을 모방한 경우여야 하고, 이를 의거성이 있다고 표현한다. 여기서 의거성은 여러 가지 정황증거를 바탕으로 판단할 수밖에 없다. ① 원고의 저작물이 널리 알려져 있다거나, ② 피고가 원고의 저작물에 접근할 기회가 있었다거나, ③ 저작물과 침해물 사이의 유사성이 현저하다거나, ④ 저작물과 침해물 사이의 공통의 오류가 있다면 의거성이 사실상 추정될 수밖에 없다. 실질적으로 유사성이 크면 의거성이 인정될 가능성이 높은 셈이다.

사례 의거성을 부정한 판결: 드라마 〈선덕여왕〉 사건[18]

A씨는 2005년 뮤지컬 제작을 위해 〈무궁화의 여왕 선덕〉 대본을 창작했습니다. 다만 저작권 등록을 하거나 이 대본으로 뮤지컬 공연을 실제로 한 적은 없었습니다. 그러던 중 MBC는 2009년 5월부터 2009년 12월까지 매주 월요일과 화요일에 〈선덕여왕〉이라는 제목의 드라마를 방영했고, 40%의 높은 시청률을 기록했습니다. A는 드

---

18 대법원 2014. 7. 24. 선고 2013다8984863 판결 참조.

라마 〈선덕여왕〉이 2005년 제작된 자사 뮤지컬 대본을 도용한 작품이라며 2010년 초 MBC와 드라마 작가 등을 상대로 손해배상 소송을 제기했습니다.

이미 존재하던 창작물 A와 이후 창작된 창작물 B의 표절 관계를 살펴보기 위해서는 '창작물 B가 창작물 A에 의거해' 창작되었는지 살펴보아야 했습니다. 대법원은 의거 관계는 기존의 저작물에 대한 접근 가능성, 대상 저작물과 기존의 저작물 사이의 유사성이 인정되면 표절이라고 추정할 수 있고, 특히 대상 저작물과 기존의 저작물이 독립적으로 작성되어 같은 결과에 이르렀을 가능성을 배제할 수 있을 정도의 현저한 유사성이 인정되는 경우에는 그러한 사정만으로도 의거 관계를 추정할 수 있다고 판시했습니다.

대법원은 뮤지컬 대본과 드라마 대본 사이에 현저한 유사성이 없다고 판단했고, 뮤지컬 대본이 출판되거나 저작권 등록이 되지 않았고 공연이 된 사실도 없어서 뮤지컬 대본에 대한 접근 가능성이 없다고 판단했습니다. 따라서 드라마 대본이 뮤지컬 대본에 의거해 작성되지 않았다고 보아 원고의 청구를 기각했습니다.

사례 의거성을 부정한 판결: 영화 〈대호〉 사건

원고는 애니메이션 감독으로서, 영화 〈대호〉가 2006년 애니메이션 시나리오 공모전에서 당선되어 배포된 자신의 시나리오 〈마지막 왕〉의 저작권을 침해했다고 주장하며 영화 〈대호〉의 감독, 제작사,

투자배급사를 상대로 재산적 손해 및 위자료로 2억 5,000만 원의 손해배상을 청구했습니다.

이 사건에서 원고는 소재 및 주제, 전체적인 줄거리, 등장인물 및 구체적 표현 등에 있어서 영화 〈대호〉가 자신의 시나리오와 유사하다고 주장했습니다. 이에 대해 피고 측은 먼저 영화 〈대호〉가 원고 저작물에 의거해 작성되었는지 여부(의거 관계)와 관련해, 원고가 과거 호랑이가 나오는 작품의 시나리오를 한국영화시나리오마켓에 등록하고 일부 영화제작사들에게 제공한 적이 있다는 사정만으로는 〈마지막 왕〉에의 접근 가능성을 인정하기 어렵다고 주장했습니다. 또한 영화 〈대호〉는 '조선의 마지막 호랑이'라는 실제 존재한 역사적 사실에서 착안한 작품으로, 니콜라이 바이코프의 고전인 1936년 작 《위대한 왕》 등을 모티프로 원고 저작물과는 무관하게 독자적으로 창작되었다는 점, 사전 준비(pre-production) 작업에서도 호랑이를 소재로 한 다큐멘터리, 문학 작품들을 비교·검토했으나 원고 저작물은 인지한 적이 없다는 점 등을 지적했습니다. 또한 영화 〈대호〉와 원고 시나리오가 실질적으로 유사한지 여부(실질적 유사성)와 관련해, '호랑이'라는 소재의 유사성은 추상적인 아이디어의 영역으로 저작권의 보호 대상이 아니라는 점, 전체 줄거리나 사건의 핵심 내용, 주요 전개 지점에서 유사성이 없다는 점을 지적했습니다.

결국 재판부는 영화 〈대호〉와 원고 시나리오 사이에는 의거 관계가 없다고 보고, 소재 및 전체적인 줄거리, 사건 전개, 등장인물의 설정, 성격, 관계에 있어서 포괄적·비문언적 유사성이 인정되지 않는다고 판단했습니다.

② 실질적 유사성

저작권의 침해가 성립되기 위해서는 저작물이 실질적으로 유사해야 한다. 다른 사람의 작품을 참고했다고 하더라도 전혀 다른 작품을 창조했다면 이는 저작권 침해라고 볼 수 없다. 저작물의 침해된 분량이 많지 않더라도 질적으로 의미 있는 부분(창작성이 있는 표현 부분 등)이 유사하다면 실질적으로 유사하다고 판단한다. 즉 실질적 유사성은 창작성이 있는 표현에 한정하여 판단해야 하며, 창작성이 없는 아이디어 등의 영역에 속하는 부분만 유사하다면 침해는 성립되지 않는다.

사례 실질적 유사성을 부정한 판결: 드라마 〈태왕사신기〉 사건[19]

만화 〈바람의 나라〉의 원작자는 드라마 〈태왕사신기〉의 시놉시스가 자신의 작품을 표절해 저작권을 침해당했다고 주장했습니다. 그러나 재판부는 만화 〈바람의 나라〉와 드라마 〈태왕사신기〉의 시놉시스는 고구려라는 역사적 배경 및 사신, 부도, 신시라는 신화적 소재, 영토 확장이나 국가적 이상의 추구라는 주제 등 아이디어의 영역에 속하는 요소를 공통으로 할 뿐, 그 등장인물이나 주변 인물과의 관

---

19 서울중앙지방법원 2007. 7. 13. 선고 2006나16757 판결 참조.

계 설정, 사건 전개 등 저작권에 의해 보호받는 창작적인 표현 형식에 있어서는 만화와 드라마 시놉시스 사이에 내재하는 예술의 존재양식 및 표현 기법에서 차이가 있다고 보았습니다. 따라서 두 작품이 실질적으로 유사하지 아니하므로, 위 시놉시스에 의해 위 만화저작자의 저작권이 침해되었다고 볼 수 없다고 판단해 원고의 청구를 기각했습니다.

사례 만화와 시놉시스 사이의 실질적 유사성

Q) 얼마 전에 완성되지 않은 시놉시스를 보았습니다. 시놉시스를 참고해 만화를 그리는 것도 저작권법 위반일까요?

A) 시놉시스는 그 자체로 독자적으로 완성된 저작물로 볼 수 있으므로, 만화와 시놉시스 사이의 실질적 유사성이 있다면 저작권이 침해되었다고 판단할 수 있습니다. 즉 시놉시스가 단순한 아이디어 차원을 넘어 각 등장인물들의 성격과 그들 상호간의 상관관계, 대략적인 줄거리, 에피소드 등을 포함하고 있어 그 자체로 독자적인 완성된 저작물로 존재한다고 판단할 수 있고, 시놉시스와 만화 내용의 실질적인 유사성이 인정된다면 해당 만화가 시놉시스의 저작권을 침해했다고 볼 수 있는 것입니다.

사례 같은 대사를 사용하는 것만으로도 저작권 침해에 해당될까?[20]

희곡 〈키스〉에서 사용된 "나 여기 있고 너 거기 있어."라는 대사가 영화 〈왕의 남자〉에서도 사용되었습니다. 대법원은 일상생활에서 흔히 쓰이는 표현인 이 사건 대사는 저작권법에 의해 보호받을 수 있는 창작성 있는 표현이라고 볼 수 없다고 판단했습니다. 희곡 〈키스〉에서는 이 사건 대사 및 이 사건 대사의 변주된 표현들을 치밀하게 배치해 인간 사이의 '소통의 부재'라는 주제를 표현했다고 보았습니다. 반면 영화 〈왕의 남자〉에서 사용된 이 사건 대사는 전체 영화대본에서 극히 일부분에 불과할 뿐이라고 판단했습니다. 이 영화에서 이 사건 대사는 장생과 공길이 하는 '맹인들의 소극(笑劇)'에 이용되어 관객으로 하여금 웃음을 자아내게 하거나(8장), 영화가 끝난 뒤 엔딩 크레디트와 함께 나오는 '맹인들의 소극' 장면에서 사용되었습니다. 영화 〈왕의 남자〉가 광대들의 눈을 통해 조선시대 제10대 왕인 연산군을 둘러싼 갈등과 이로 인한 죽음을 표현하고자 했던 다소 무거운 이야기에서 벗어나 다시 일상으로 돌아가 웃을 수 있게 만드는 요소로서 이 사건 대사가 사용된 반면, 희곡 〈키스〉에서처럼 '소통의 부재'라는 주제를 나타내기 위한 표현으로 사용되었다고는 볼 수 없으므로, 양 저작물은 실질적인 유사성이 없다고 판단했습니다.

20 서울고등법원 2006. 11. 14. 2006라503 결정 참조.

2) 표절을 피하는 방법

'표절' 시비에 대응하는 가장 좋은 방법은 무엇일까? 어쩔 수 없다. '예방'만이 답이다. 작가들이 저작권에 대한 명확한 개념을 인식하고, 특히 다른 사람에게 저작권이 있을 경우 어떤 조건에 따라 이용할 수 있는지를 유심히 확인해야 한다. 지금부터 표절을 피하는 방법을 자세히 알아보자.

(1) 인터넷에 올라온 이미지 파일을 '캡처'해서 사용해도 될까?

인터넷 검색사이트에 단어 하나를 치면 수만 개의 이미지가 나오는 세상이다. 그 이미지에 마우스 오른쪽 버튼을 클릭해서 '복사'를 누르면 바로 자신의 컴퓨터나 태블릿피시에 옮길 수 있다. 많은 사람이 이렇게 이미지를 복사해서 자신의 카카오톡 프로필, 인스타그램 계정, 프레젠테이션 자료 등에 사용한다. 이미지의 저작권자가 개개인의 사용 방법을 전부 감시하거나 알 수 없는 노릇이므로, 대체로 문제없이 넘어가는 경우가 많다.

그러나 작가가 다른 사람이 만든 이미지를 자신의 웹툰에 사용하는 경우라면 다르다. 작가가 창작하는 웹툰은 작가의 저작물이고, 작가는 웹툰을 연재해 돈을 벌기 때문이다. 즉 작가가 영리를 목적으로 창작하는 웹툰에 타인의 저작물을 이용하고 싶다면, 작가는 해당 저작물의 주인에게 이용허락을 반드시 받아야 한다.

따라서 인터넷에 올라온 사진이나 이미지 파일을 함부로 사용하면 안 된다. 그 사진이나 이미지 파일 또한 저작자가 있을 것이기 때문이다. 가장 안전한 방법은 이미지의 저작권리자가 아무 조건 없이 마음대로 쓰라고 표기해둔 파일만 골라서 사용하는 것이다. 이때 가장 유용하게 알아두어야 할 용어가 바로 'CCL'(creative common license)이다.

CCL은 자신의 창작물에 대해 일정한 조건 하에 다른 사람의 자유로운 이용을 허락하는 내용의 라이선스(License)를 의미한다. 쉽게 말해서 저작권자가 "내 저작물은 이런 조건들을 지키면 자유롭게 써도 좋다."고 달아둔 조건이다.

CCL에는 네 가지 이용허락 조건과 이를 조합한 여섯 가지의 라이선스 유형이 있다. 저작자는 자신의 쓰임에 맞는 조건을 선택해 저작물에 적용하고, 작가는 적용된 CCL을 확인한 후에 자신의 웹툰에 저작물을 활용할 수 있다. 이로써 당사자들 사이에 개별적인 접촉 없이도 그 라이선스 내용대로 이용허락의 법률관계가 성립하는 것이다.

※ 이미지 이용허락 조건[21]

저작자 표시(Attribution)
저작자의 이름, 출처 등 저작자를 반드시 표시해야 한다는, 라이선스에 반드시 포함하는 필수 조항.

비영리(Noncommercial)
저작물을 영리 목적으로 이용할 수 없고, 영리 목적의 이용을 위해서는 별도의 계약이 필요하다는 의미.

21 출처: http://cckorea.org/

변경 금지(No Derivative Works)

저작물을 변경하거나 저작물을 이용한 2차적저작물 제작을 금지한다는 의미.

동일 조건 변경 허락(Share Alike)

2차적저작물 제작을 허용하되, 2차적저작물에 원저작물과 동일한 라이선스를 적용해야 한다는 의미.

※ 라이선스 여섯 가지 유형 추가[22]

저작자 표시(CC BY)

저작자와 출처 등을 표시하면 영리 목적의 이용이나 변경 및 2차적저작물의 작성을 포함한 자유이용을 허락함.

저작자 표시-비영리(CC BY-NC)

저작자와 출처 등을 표시하면 저작물을 변경하거나 2차적저작물의 작성을 포함한 자유이용이 가능함. 단 영리적 이용은 허용되지 않음.

저작자 표시-변경 금지(CC BY-ND)

저작자와 출처 등을 표시하면 영리 목적의 이용은

---

22 출처: http://cckorea.org/xe/?mid=licenses

가능하나, 변경 및 2차적저작물의 작성은 허용되지 않음.

 저작자 표시-동일 조건 변경 허락(CC BY-SA)

저작자와 출처 등을 표시하면 영리 목적의 이용이나 2차적저작물의 작성을 포함한 자유이용을 허락함. 단 2차적저작물에는 원저작물에 적용된 라이선스와 동일한 라이선스를 적용해야 함.

 저작자 표시-비영리-동일 조건 변경 허락(CC BY-NC-SA)

저작자와 출처 등을 표시하면 저작물의 변경, 2차적저작물의 작성을 포함한 자유이용을 허락함. 단 영리적 이용은 허용되지 않고 2차적저작물에는 원저작물에 적용된 라이선스와 동일한 라이선스를 적용해야 함.

 저작자 표시-비영리-변경 금지(CC BY-NC-ND)

저작자와 출처 등을 표시하면 자유이용을 허락함. 단 영리적 이용과 2차적저작물의 작성은 허용되지 아니함.

그럼 CCL을 확인할 수 있는 이미지를 어떻게 찾으면 될까? 가장 좋은 방법은 CCL 전문 검색엔진을 찾아보는 것이다. 대표적으로는 크리에이티브 커먼즈 코리아(Creative Commons Korea, CCK)가 운영하는 렛츠씨씨(Let's CC)라는 검색엔진이 있다(http://www.letscc.net/). 위키미디어 커먼즈도 비슷한 유형의 검색엔진이다(https://commons.wikimedia.org/).

우리가 보편적으로 잘 쓰는 검색엔진들에서도 CCL 조건에 따른 이미지 검색이 가능하다. 구글에서는 이미지 검색 페이지 전면에 저작권별 검색 기능을 확인할 수 있다. 이미지 검색 페이지에서 '검색 도구→사용 권한' 메뉴로 들어가면 용도별로 활용 가능한 이미지를 확인할 수 있다. 마이크로소프트(MS)가 운영하는 검색엔진 빙(Bing) 도 있고, 국내 1위 포털사이트 네이버(Naver)에서도 CCL 조건으로 이미지를 찾을 수 있다.

작가들이 특히 주의할 점은, 이미지 파일들을 '영리 목적으로 사용 가능한지 여부'를 확인하는 것이다. 많은 저작물이 '비영리를 목적으로 자유롭게 이용 가능하다.'는 조건 하에 이용을 허락하고 있다. 그런 저작물은 함부로 사용하면 안 된다. 작가들의 작품 활동은 기본적으로 '영리 활동' 범주에 해당하기 때문이다.

웹툰에 사용하기 위한 배경 이미지들을 유료로 판매하는 배경저작물 판매 업체도 생겨나고 있다. 배경 업체들은 자신들이 제작한 배경저작물의 '이용권'을 웹툰 작가들에게 판매한다. 이때 중요한 것은 구입한 저작물의 이용 기간, 이용 범위를 잘 체크하는 것이다. 계약서 또는 업체 홈페이지에 기재된 이용 조건들을 잘 체크해둘 필요가 있다.

(2) 사진 이미지를 만화에 사용해도 될까?: 트레이싱(tracing)의 경우

어떠한 저작물도 완전한 무(無)에서 창조되지는 않는다. 작가들이 그리는 이미지도 다양한 기존 창작물 및 주변 사람과 사물의 이미지에 작가의 상상력을 더해 창조한다. 그렇기 때문에 많은 작가가 기존의 사진이나 그림자료를 '참고'해 자신의 작품에 반영한다. 특히 기존 이미지들을 작가 자신의 방법으로 윤곽선을 따서 그리는 이른바 '트레이싱' 기법은 자주 쓰이는 방법이다.

한 웹툰 인기작가가 자신의 연재 웹툰에 기존 유명 만화의 캐릭터를 그대로 베꼈다는 논란이 일자 이를 사과하고 연재를 중단하는 일이 발생했다('슬램덩크 트레이싱 논란').[22] 트레이싱으로 인한 표절 논란의 전형적인 사례다. 과연 트레이싱은 저작권 침해에 해당할까? 어느 범위까지 허용될까?

이 논란의 경우 작가의 빠른 사과와 시정조치로 인해 큰 문제없이 마무리되었다. 그러나 이는 분명 위험한 일인 것만은 맞다. 유명 만화의 캐릭터를 자신의 작품에서 그린다면 이는 기존 만화의 저작권을 침해한다고 볼 수 있다. 캐릭터를 거의 똑같이 그리는 경우는 저작권 중 복제권을 침해하는 일이고, 일정 부분 변형해 그리는 경우는 2차적저작물작성권[24]을 침해하는 행위이다. 유명 만화의 캐릭터를 자신의 작품에 사용하려면 해당 캐릭터의 저작자 동의를 얻어야 한다.

다만 '트레이싱' 중에도 저작권을 침해하지 않는 경우가 있다. 트레이싱을 필요로 하는 작가들이 눈여겨보아야 하는 포인트가 여기에 있다. 원저작물과 '실질적 유사성'이 있는가? 하는 점이 바로 그것이다.

'실질적 유사성'은 저작권 침해에 해당하는 복제행위가 무엇인지를 가려내기 위한 기준이다. 그런데 이를 가려내기란 상당히 어렵다. 원저작물을 질적 또는 양적으로 어느 정도로 이용해야 저작권을 침해하는 것인지 판단해야 하기 때문이다.

---

23 《한국일보》, 〈'4화만에 연재 중단' 만화가 김○○, 슬램덩크 표절 의혹〉, 2018. 8. 2. 기사 참조.

24 2차적저작물은 원저작물을 번역·편곡·변형·각색·영상제작, 그 밖의 방법으로 작성한 창작물을 의미한다(저작권법 제5조 제1항). 저작자는 그의 저작물을 원저작물로 하는 2차적저작물을 작성하여 이용할 권리, 즉 2차적저작물작성권을 가진다(저작권법 제22조).

핵심은 구체적인 표현 방식이 실질적으로 유사해야 한다. 우리 판례는 기존 저작물의 아이디어만 참고하고 실제 '표현'을 차용한 것이 아니라면 저작권 침해가 성립되지 않는다는 입장이다. 즉 트레이싱을 통해 나오는 창작적 표현이 원저작물과 유사해야 저작권 침해에 해당하며, 아이디어만 이용한 것으로는 저작권 침해가 성립되지 않는다는 이야기이다.

쉬운 예로 A라는 웹툰 작가가 무협지 만화를 연재하면서 만화 〈열혈강호〉의 주인공 캐릭터를 그대로 자신의 작품에 가져와 사용하면 이는 〈열혈강호〉 저작물의 권리를 침해하는 명백한 복제행위다. 반면 A작가가 〈열혈강호〉, 〈용비불패〉, 〈월한강천록〉 등의 여러 무협만화 캐릭터들을 참조해 자신의 작품 캐릭터를 새로 그렸다면 이는 저작권 침해라고 보기 어렵다.

저작권 침해 여부를 칼로 무 베듯이 나누기란 매우 어렵다. 그러나 일반 독자들이 작가의 웹툰을 보고 기존 저작물을 연상할 수 있을 정도의 요소가 포함된다면 표절 시비에 휘말릴 가능성이 높다. '표절 작가'라는 오명을 입기를 원하는 작가는 없을 테니 이 점을 꼭 유의해야 한다.

(3) 현실에 존재하는 건축물이나 배경을 작품에 사용해도 될까?

많은 웹툰 작가가 현실의 공간을 배경으로 작품을 창작한다. 작가들은 현실감을 살리기 위해 현장을 답사하고 취재한 자료를 활용해 창작한다. 이 과정에서 실제 존재하는 건물, 간판과 상호, 풍경 등이 그대로 만화에 들어가기도 한다.

그렇다면 현실에 존재하는 건축물이나 배경을 자유롭게 작품에 사용해도 괜찮을까? 저작권법상으로 보호되는 건축 또는 배경의 범위를 알고 있으면 이 문제를 해결할 수 있다.

원칙적으로 건축물은 저작권법상 '건축저작물'에 해당하며, 저작권 보호를 받는다. 그러나 모든 건축물이 전부 저작권의 보호 대상이라고 볼 수는 없다. 중요한 것은 그 건축물이 '창작성'을 가지고 있는 건축물인가 하는 것이다.

가령 길거리를 지나다가 보이는 주공아파트를 만화에 그대로 옮겼다고 해도 저작권 침해라고는 볼 수 없다. 아파트나 주택은 어디에서나 흔히 볼 수 있기 때문이다. 그럼 길거리를 지나가다 볼 수 있는 미술 조각 전시품을 허락 없이 만화에 옮겨 담는 것은 괜찮을까? 자유롭게 복제해 그릴 수 있다고 보는 것이 타당하다. 저작권법에 따르면 가로·공원·건축물의 외벽 그 밖에 공중에게 개방된 장소에 항시 전시하는 미술저작물, 건축저작물, 사진저작물 등은 자유롭게 복제할 수 있다. 따라서 길거리에 전시되어 대중에게 제한 없이 공개된 건물, 가령 남산타워, 서울시청, 남대문, 코엑스 등은 만화에 그대로 옮겨도 무방하다고 보는 것이 맞다.

다만 저작권법은 '판매를 목적으로' 복제하는 경우 자유로운 이용을 금지하고 있다. 작가들의 웹툰은 예술 창작물의 범주에 속하지만, 이 역시 독자들에게 판매하는 것을 목적으로 하고 있기도 하다. 그렇다고 한 컷의 배경에 특정 건축물을 그려 넣었다고 해서 저작권법 위반에 해당한다고 보기는 어렵다. 작가가 복제한 건축물, 조각물이 작품에서 절대적인 비중을 차지하는 것이 아닌 한 사용해도 된다.

여러 건축물들이 모인 '도심 배경'을 그대로 담는 것은 저작권법에 위배될까? 결론은 아니다. 건축물들의 배치에 따라 형성된 스카이라인은 특정인의 사상 또는 감정의 창작물이라고 볼 수 없기 때문이다. 산, 들, 바다 등의 배경도 마찬가지다. 인간의 창작물이 아니기 때문이다.

사례 공공장소를 그린 배경저작물은 저작권 보호를 받을 수 있을까?

Q) 배경저작물을 웹툰 작가들에게 판매하는 A업체는 누군가가 크라우드펀딩사이트에 A업체가 제작한 저작물을 모방한 것으로 의심되는 저작물을 올려서 판매한다는 제보를 들었습니다. 확인 결과, 상대방은 A업체가 서울의 유명한 공공장소 배경을 참조해 제작한 배경저작물과 거의 동일·유사한 저작물을 제작해 판매하고 있었습니다. A업체는 상대방에게 저작권 침해를 주장하면서 배상을 요구할 수 있을까요?

A) 현실에 존재하는 공공장소 등의 배경을 참조한 저작물이라고 하더라도, 해당 배경을 가지고 창작자 자신의 기법으로 표현해낸다면 이에 대해서도 저작권이 인정될 수 있습니다. 따라서 어떤 사람이 A업체가 제작한 배경저작물의 색상, 기법, 배치 등을 동일 또는 상당히 유사하게 제작한 후 이를 판매까지 하고 있다면, 이는 A업체의 저작권이 침해되었다고 볼 여지가 있습니다. 이 사례에서 A업체는 상대방에게 내용증명을 보내 저작권의 침해 사실을 고지하고 판매 중단 및 손해배상 등을 요구했는데, 상대방은 자신의 잘못을 인정하고 저작물 게재 및 판매 중단, 사과문 게재, 적정한 수준의 배상 등

을 해서 사건이 원만히 마무리되었습니다.

사례 2차적저작물작성권의 침해가 성립하려면?[25]

이 사건은 광화문 축소 모형의 저작물성이 쟁점이 되었습니다. 대법원은 실제의 광화문을 축소해 모형의 형태로 구현하는 과정에서 실제의 광화문을 그대로 축소한 것이 아니라, 지붕의 성벽에 대한 비율, 높이에 대한 강조, 지붕의 이단 구조, 처마의 경사도, 지붕의 색깔, 2층 누각 창문 및 처마 밑의 구조물의 단순화, 문지기의 크기, 중문의 모양 등 여러 부분에 걸쳐 사소한 정도를 넘어서는 수준의 변형을 가했다고 판단했습니다. 이어 이것은 저작자의 정신적 노력의 소산으로서의 특징이나 개성이 드러나는 표현을 사용한 것으로 볼 수 있으므로, 창작성을 인정할 수 있다는 취지로 판단했습니다.

또한 저작권법이 보호하는 복제권이나 2차적저작물작성권의 침해가 성립되려면 대비 대상이 되는 저작물이 침해되었다고 주장하는 기존의 저작물에 의거해 작성되었다는 점이 인정되어야 하는데, 이러한 의거 관계는 기존의 저작물에 대한 접근 가능성 및 대상 저작물과 기존의 저작물 사이의 유사성이 인정되면 추정할 수 있다고 판시했습니다.

25 대법원 2018. 5. 15. 선고 2016다227625 판결 참조.

사례 유튜브에 라디오 방송 사연을 토대로 만든 애니메이션을 올려도 될까?

Q) A씨는 5년 전 라디오 방송 프로그램에서 주최한 UCC 공모전에 라디오 방송 사연을 토대로 만든 애니메이션을 응모하고 공개 계정에 올렸습니다. 그 애니메이션이 호응을 얻자, A씨는 그 뒤로 방송사의 동의를 얻지 않고 같은 프로그램의 사연을 토대로 만든 20개 정도의 콘텐츠를 올려 수익을 얻고 있습니다. A씨의 행위에는 법적 문제가 없을까요?

A) 방송사가 주최한 UCC 공모전에 응모했다고 하더라도 방송사의 동의 없이 A씨가 운영하는 공개 계정에 방송사의 저작권을 활용한 콘텐츠를 올려 수익을 얻은 것은 저작권의 공정한 이용 범위를 벗어난 저작권 침해에 해당할 수 있습니다. 우리 저작권법 제35조의3은 저작물의 이용행위가 ① 이용의 목적과 성격, ② 저작물의 종류 및 용도, ③ 이용된 부분이 저작물 전체에서 차지하는 비중과 그 중요성, ④ 저작물의 이용이 그 저작물의 현재 시장 또는 가치나 잠재적인 시장 또는 가치에 미치는 영향 등을 고려했을 때 저작물의 통상적인 이용 방법과 충돌하지 않고 저작자의 정당한 이익을 부당하게 해치지 않는 경우에는 저작물을 이용할 수 있다고 명시하고 있습니다. 하지만 이 사례와 같이 방송 내용을 각색해 애니메이션을 만들고 이를 통해 수익을 얻는 것은 이와 같은 저작물의 공정한 이용에 해당하지 않는다고 보아야 합니다.

3) 폰트를 사용할 때 주의해야 할 점

대부분의 만화는 그림과 글로 구성된다. 캐릭터와 배경은 그림을 통해 표현되지만, 만화의 스토리는 글이 빠지면 이해하기 어렵다.

글의 표현 방식에 있어서 저작권과 문제되는 부분은 바로 '폰트' 저작권이다. 웹툰이 나오기 전 종이만화책 시절에는 출판사가 알아서 폰트를 정했다. 당시에는 폰트 저작권이라는 개념 자체가 거의 없기도 했다.

그러나 지금은 시대가 바뀌었다. 이제는 웹툰 작가가 직접 폰트를 설정해 원고를 작업해서 플랫폼에 전달한다. 이제는 작가가 직접 폰트를 정하고 이용에 따른 책임을 져야 한다. 문제는 폰트의 종류도 수천 개이고, 각 폰트 파일은 저작권법상 보호 대상에 해당한다는 점이다. 유의해야 할 점은 저작권법상 보호 대상이 되는 저작물은 '폰트 도안 또는 이미지'가 아니라, '폰트 파일'이라는 점이다. 즉 폰트의 동일 모양, 형태, 크기를 갖춘 한 벌의 글꼴 자체를 사용한 것은 저작권 침해가 아니지만, 컴퓨터를 통해 전자적인 파일(통상 '×××.ttf'라는 파일명으로 표기됨)을 다운로드해 설치한 후 사용할 경우, 저작자의 동의를 얻거나 구매한 후 사용해야 한다. 이에 대한 문제의식 없이 함부로 폰트 파일을 가져다 쓰다가 폰트 개발 업체로부터 내용증명을 받고 소송에 휘말릴까 두려워 하다 속절없이 업체가 요구하는 손해배상액을 지급하는 경우도 있다.

가장 안전한 방법은 합법적으로 폰트 파일을 구매해서 사용하는 것이다. 폰트 프로그램을 정상적으로 구매하거나 라이선스를 받아서 작가의 개인컴퓨터에 설치했다면, 이후 구매한 폰트 프로그램을 무단으로 복제하거나 불법으로 전송하지 않는 한, 웹툰 창작 과정에 자유롭게 이용할 수 있다. 드문 경우지만 폰트 프로그램의 계약서 또는 사용약관에 '특정 이용'에 대해서는 별도의 계약이 필요하다는 취지의 내용이 고지된 경우가 있다. 이런 경우에는 프로그램 업체에 별도로 사용 문의를 해보아야 한다.

무료로 배포되는 폰트 파일을 이용해도 된다. 문화체육관광부와 네이버나 다음 같은 포털 업체에서도 수많은 무료 폰트를 개인과 기업이 자유롭게 사용하도록 허락하고 있다. 다만 일정한 조건 하에서 저작권자의 이용허락을 받아야만 사용이 가능한 경우도 있으므로, 무료 폰트라도 이용 조건을 꼭 확인해야 한다.

※ 주요 무료 폰트 이용 조건

- 다음(Daum) 글꼴: 개인 및 기업 무료(단 기업의 BI, CI 및 상품에 사용할 경우 다음에게서 명시적인 승인을 받아야 함).
- 네이버(Naver) 나눔글꼴에코: 개인 및 기업 무료(단 폰트 자체를 상업적으로 판매하는 것은 금지함).
- 제주 전용 폰트: 개인 및 기업 무료(단 폰트 자체를 상업적으로 판매하거나 양도하는 것은 금지함).
- 문화체육관광부 개발 폰트: 개인 및 기업 무료.
- 서울서체: 개인 및 기업 무료.
- 한국출판인회의(KoPub) 폰트: 개인 및 기업 무료(단 수정·변형·임대 및 폰트 자체의 재판매는 금지함).

사례 폰트 저작권 무단사용으로 업체로부터 배상 요구를 받은 사례

Q) A는 자신이 개발한 폰트 프로그램을 자신이 운영하는 홈페이지에 올린 후 '비영리 목적'으로만 사용할 수 있다고 공지했습니다. 그런데 어느 날 웹툰 작가 B의 작품에 A가 고안한 폰트가 사용되고 있는 사실을 확인했습니다. A는 B로부터 폰트 사용을 허락해달라는 요청을 받은 적도 없고, 구매 관련 문의를 받은 적도 없습니다. B는 A가 개발한 폰트 저작권을 침해한 것일까요?

A) 저작권법상 보호 대상이 되는 저작물은 '폰트 도안 또는 이미지'가 아니라, '폰트 파일'입니다. 즉 폰트의 동일 모양, 형태, 크기를 갖춘 한 벌의 글꼴 자체를 사용한 것은 저작권 침해가 아닙니다. 그러나 컴퓨터를 통해 전자적인 파일(통상 '×××.ttf'라는 파일명으로 표기됨.)을 다운로드해 설치한 후 사용할 경우, 저작자의 동의를 얻거나 구매한 후 사용해야 합니다.

  결국 폰트의 도안을 가지고 있거나 사용하는 것 자체는 저작권 침해라고 볼 수 없으나, 폰트 파일을 컴퓨터에 복제 및 설치해서 사용할 경우 저작권 침해가 될 수 있습니다. 만약 B가 비영리 목적으로만 사용할 수 있는 폰트 프로그램을 다운로드해 설치 후 영리 목적의 웹툰 연재에 사용했다면, 원저작자인 A의 저작권을 침해했다고 볼 수 있습니다.

4) 특정 인물을 작품에 표현하는 경우: 초상권 침해 문제

우리는 기존 만화의 캐릭터를 원저작자의 허락 없이 복제하는 것이 저작권 침해라는 점에 대해 이미 알아보았다. 그렇다면 실존하는 다른 사람의 얼굴을 별도의 허락 없이 만화에 옮기는 것은 괜찮을까? 내 얼굴이 아무런 허락 없이 뉴스나 방송에 나오게 되면 누구라도 기분이 썩 좋지 않을 것이다. 이는 흔히들 '초상권을 침해당했다'고 표현하는 경우에 해당한다.

초상권이란 사람의 얼굴 또는 모습을 본인의 의사에 반해 촬영 혹은 공개당하거나 영리적으로 이용당하지 아니할 권리를 말한다. 초상권은 인격권의 성격을 갖는 프라이버시권과 재산권의 성격을 갖는 퍼블리시티권을 동시에 포함하는 개념이다. 프라이버시권이란 개인의 초상이 자신의 의사에 반해 함부로 공표되지 아니할 권리를 말한다. 개인의 초상이 본인의 허락 없이 공표당함으로써 받게 되는 정신적 고통을 방지하는 데 그 기본적인 목적이 있다. 프라이버시권은 개인의 인격적 이익을 보호하기 위한 권리다.

퍼블리시티권은 초상권의 재산권적 성격을 구체화한 것이다. 누구나 자신의 초상 사용을 독점적으로 이용할 수 있다. 자발적으로 자신의 얼굴을 알려야 하는 영화배우, 방송인 등은 자신의 퍼블리시티권을 적극적으로 행사할 것이다.

웹툰은 어떨까? 사진이나 영상으로 어떤 사람의 얼굴을 표현하거나, 그림을 통해 표현하는 등으로 특정인임을 알 수 있게 표현했다면 기본적으로는 다를 바 없다. 작가가 특정인의 얼굴을 그 사람의 동의 없이 영리적 목적으로 만화 작품에 그대로 표현했다면, 이는 초상권 침해에 해당할 가능성이 높다. 얼굴 전체나 일부를 가리더라도, 특정 부위를 통해 그 사람인지를 알 수 있다면 이 역시 초상권 침해에 해당한다. 그리고 그 사람에 대해 사회적으로 비난 가능성이 높은 스토리에 '연루'시킬 경우 허위 사실 적시에 의한 명예훼손의 여지 또한 있으니 조심해야 한다.

오늘날에는 과거보다 초상권 침해 사항이 많아졌고 앞으로도 증가할 전망이다. 특히 현실 또는 사실에 기반을 둔 작품을 구상하고 있거나 연재 중인 작가들은 타인의 초상권에 대해서 민감하게 생각해야 한다.

5) 웹툰 심의와 창작의 자유

출판 만화는 현재 출간된 작품을 대상으로 간행물윤리위원회에서 청소년 유해성 여부를 판단하는 사후 규제가 적용되고 있다. 그러나 웹툰의 경우 처음에는 간행물윤리위원회가 아니라 방송통신심의위원회에서 규제하기 시작했다. 웹툰이 '방송통신위원회의 설치 및 운영에 관한 법률'에 따른 "전기통신회선을 통해 일반에게 공개되어 유통되는 정보"라는 이유에서였다.

방송통신심의위원회는 2012년 2월 7일 다음 웹툰 연재작 다섯 작품과 네이버 연재작 열세 작품, 파란 연재작 두 작품, 야후 연재작 세 작품을 합쳐 모두 스물세 작품에 대해 '청소년유해매체물 결정 관련 사전 통지 및 의견제출 안내' 공문을 발송했다. 위 작품들을 청소년유해매체물로 결정하겠다는 것이었다.

만화계는 반발했다. 방송통신심의위원회에 웹툰을 심의할 법률적 권한이 있는지 여부부터가 논란의 대상이었다. 더불어 표현의 자유가 보장되는 매체를 정부 차원에서 직접 규제하는 것이 적절하지 않다는 의견도 상당했다. 웹툰 작가들은 방송통신심의위원회 앞에서 1인 시위를 벌이고, 비상대책위원회를 꾸리는 등으로 정부의 조치에 대응했다.

다행히 갈등은 오래가지 않았다. 한국만화가협회와 방송통신심의위원회는 2012년 4월 9일, '자율규제협력에 대한 업무협약'을 체결했다. 이 협약의 핵심은 정부가 웹툰에 대한 규제에 직접 개입하지 않고 만화계가 자율 심의를 통해 규제한다는 것이다.

이에 따라 방송통신심의위원회를 통해 접수된 웹툰 관련 민원은 한국만화가협회로 보내고, 한국만화가협회는 만화문화연구소를 통해 관련 전문가에게 감수를 받으며, 플랫폼의 의견을 청취해 개별 사안에 대한 대응 방법을 방송통신심의위원회에 통보하는 구조가 만들어졌다.

이후 2017년 11월 3일에는 네이버, 카카오를 비롯한 열 개의 플랫폼이 참여한 자율규제위원회가 출범했고, 구체적인 자율규제 가이드라인 연구가 시행되었다. 또한 웹툰의 유사 분야 및 해외사례를 종합해 '웹툰 자율규제 연령 등급에 대한 기본 기준'을 마련하는 등, 창작의 자유와 만화계의 사회적 책임 사이에서 웹툰 규제의 제도화 방안은 계속 발전하고 있다.

2. 저작권을 꼭 등록해야 할까?: 저작권 등록의 필요성과 절차

"제 작품의 저작권 등록을 꼭 해야 하나요? 시간과 비용이 부담되네요."

웹툰 작가들과 법률상담을 하다 보면 간간이 이런 질문을 받는다. 작가가 창작한 작품에 대해 저작권이 발생함은 당연하다. 그런데 저작권을 꼭 등록해야 할까?

정답은 없지만 등록하는 편이 좋다. 물론 저작권을 등록하지 않는다고 권리가 발생하지 않는 것은 아니다. 우리나라의 저작권법은 "저작권은 저작물을 창작한 때부터 발생하며 어떠한 절차나 형식의 이행을 필요로 하지 아니한다."고 명시하고 있다(저작권법 제10조 제2항). 저작권 등록을 하지 않더라도 저작권은 창작과 동시에 발생한다.

그러나 저작권을 등록하면 저작물에 관한 일정한 사항(저작자 성명, 창작연월일, 최초 공표연월일 등)과 저작재산권의 양도, 처분제한, 질권설정 등 권리의 변동에 대한 사항이 저작권 등록부라는 공적인 장부에 등재된다. 그리고 일반 국민에게 공개되고, 누구나 열람할 수 있다. 이로써 저작자의 권리를 쉽게 보호하고, 나아가 저작물의 공시에 따른 간접적인 홍보 효과도 거둘 수 있다.

무엇보다도 저작권을 등록하면 저작자로 성명이 등록된 자는 그 등록 저작물의 저작자로 추정된다. 저작물의 창작연월일과 공표연월일 등 해당 사실을 등록하면 법에서 부여하는 추정력을 받게 된다. 아울러 등록되어 있는 저작권을 침해하면 그 자에게 과실이 있다고 추정한다. 만약 저작권 등록을 하지 않았다면 권리자는 본인이 주장하는 사실을 직접 입증해야 하는 부담이 있다. 누군가가 내 권리를 침해했다는 것을 객관적으로 입증하는 것은 쉽지 않은 문제다. 그러나 저작권을 등록하면 입장이 반대가 된다. 이 경우 침해 사실을 부인하는 쪽에서 침해하지 않았다는 점을 입증할 증거를 제시해야 한다(입증책임의 전환).

저작권을 등록하면 이외에도 권리 변동의 당사자 외의 제3자에게도 저작권을 주장할 수 있으며(대항력), 저작권리자가 침해를 이유로 소송을 제기했을 때 실손해를 입증하지 않은 경우라도 사전에 저작권법에서 정한 일정한 금액(저작물마다 1,000만 원, 영리를 목적으로 고의로 침해한 경우 5,000만 원 이하)을 법원이 원고의 선택에 따라 손해액으로 인정할 수 있고, 저작물 보호 기간이 공표 후 70년에서 저작자 사후 70년으로 연장되는 효과 등이 생긴다.

많은 의뢰인이 변호사를 찾아와서 이런 말을 한다. "나한테 이런 일이 생길 줄은 몰랐다." 누구도 처음부터 나한테 분쟁할만한 일이 일어나리라고 예상하지 않는다. 그러나 아무런 대비 없이 사건이 발생해버리면 훨씬 더 복잡한 일이 생기니 조금만 관심을 기울이자. 일이 생기는 것을 막기는 어려워도 분쟁에 대비할 수는 있다. 저작권을 등록하면 저작권 침해를 예방할 수 있고, 침해 시 저작자의 추정 등 더 두텁게 권리를 보호받을 수 있다.

3. 분업하여 창작하는 경우: 창작 과정에서 동업하기

우리가 평상시에 듣는 대중가요들은 대부분 악곡과 가사로 구성되어 있다. 싱어송라이터들은 작사와 작곡, 편곡을 모두 도맡아 하기도 하지만, 그렇지 않은 경우에는 작곡자와 작사가가 구분되어 있다.

웹툰도 마찬가지다. 웹툰은 크게 그림과 글로 구분된다. 과거 만화 작품의 경우, 대부분 1인 만화가가 그림과 글을 모두 도맡아 작업했다. 그런데 웹툰 시장이 다변화하고 확대되면서 웹툰 제작 또한 분업화가 이루어지고 있다. 2017년 기준 글과 그림을 모두 작업하는 작가는 70.3%, 그림만 작업하는 작가는 16.6%, 글만 작업하는 작가는 13%로 나타났다.[26]

분업의 전제는 한 작품을 함께 창작하는 것이다. 즉 그림 작가와 글 작가가 동업해 한 작품을 만들어내는 형태인 셈이다. 동업자가 있으면 든든하다. 경쟁으로 점철된 냉철한 현실에서 함께할 내 동지가 있는 것이다. 힘을 합쳐 의논하면 실패의 리스크도 줄일 수 있다. 함께 시너지를 내면 더 많은 수익을 얻을 수 있고, 사업을 확장시킬 수도 있다.

그러나 장밋빛 미래만 있는 것은 아니다. 동업은 항상 '동업자들 간의 분쟁' 위험을 안고 있다. 특히 책임과 권한이 불명확한 경우, 동업자들 사이에서 불만이 제기되거나 의견의 대립이 발생할 여지가 많다. 동업 관계가 파탄에 이를 경우 상호 간 민형사소송을 제기하면서 그 불화가 걷잡을 수 없이 커지는 경우도 있다.

그렇기 때문에 동업을 할 때 매우 중요한 점은 '권한과 책임을 명확하게 정해두는 것'이다. 서로 친하니까, 그동안 쌓은 정이 있으니까 '일단 시작하자'라는 마인드로 접근하면 큰코다치기 십상이다. 친할수록, 신뢰할수록 권한과 책임을 명확히 규정한 '동업계약서'를 작성할 것을 강력하게 권유한다.

---

26 만화영상진흥원, 〈숫자로 보는 2017 한국만화〉, 2018. 3. 5. 기사 참조.

그럼 동업계약서에 반드시 포함되어야 할 내용에는 어떤 것들이 있을까? 다음은 웹툰 연재 동업계약서에 필수적으로 들어가야 하는 네 가지 내용이다.

1) 계약의 목적과 효력 범위를 명시하자

모든 계약에는 목적이 있다. 왜 이 계약을 체결하는지, 이 계약을 통해 얻고자 하는 것이 무엇인지를 계약의 '목적'을 통해 알 수 있기 때문이다. 그래서 대부분의 정형화된 계약서는 제1조에 '계약의 목적'을 기재해둔다.

웹툰 작가들 간에 동업하는 경우도 마찬가지다. 계약서 제1조는 '동업의 목적'을 기재하면 된다. 일반적인 목적은 당연히 '웹툰의 창작과 연재'에 있을 것이다. 예를 들자면 이렇다.

제1조 계약의 목적
"A"와 "B"는 웹툰 작품 "C"의 창작과 연재와 관련한 구체적인 권리와 의무 및 동업의 내용을 정하기 위해 본 계약을 체결한다.

경우에 따라서는 웹툰의 내용이 미정인 상태에서 동업을 시작할 수도 있다. 이미 연재 중인 웹툰에 동업자가 합류하는 경우도 있다. 또는 특정 웹툰이 아니라 일정 기간 동안 계속 작품의 창작을 함께하기로 정하는 경우도 있을 것이다. 이러한 각양의 경우에 맞게 '목적'

의 범위를 명시하면 된다.

계약의 효력은 계약 내용에 따른 권리와 의무의 범위를 정하기 위해 반드시 기재해야 한다. 해당 계약의 효력이 언제 시작해서 언제 끝나는지, 어느 작품에 대해 미치는지 등을 정확히 밝혀야 한다.

일반적인 동업계약에서 가장 중요하게 여기는 요소 중 하나가 '출자 방법'이다. 동업의 종류와 방법에 따라 출자 방법 또한 다양하기 때문이다. 어떤 이는 현금을, 어떤 이는 노무를, 어떤 이는 특허권을 출자하면서 자신의 지분을 확보한다.

그런데 웹툰 작가들 간 동업계약의 경우, 아주 특수한 경우를 제외하고는 쌍방의 '노무'를 출자하는 형태가 될 가능성이 높다. 만화 스토리와 만화 그림에 대한 각자의 전문적 '노무'를 기여해서 웹툰 작품을 창작하는 형태가 일반적이기 때문이다. 따라서 동업하는 작가 중 자신의 노무 외에 다른 형태의 출자를 하는 경우를 제외하고는 웹툰 연재 동업계약에서의 출자 방법은 각 작가별로 기여하는 내용(예를 들어 A작가는 그림을, B작가는 글을 창작)을 기재해두는 것만으로 충분하다.

2) 업무의 권한과 책임을 명시하자

동업이 물 흐르듯이 자연스럽게 진행되는 경우는 극히 드물다. 사람이 모여서 하는 일인데 갈등이 없을 수 없다. 문제는 갈등 이후의 상황이다. 동업자들 간 갈등이 원만히 봉합되지 않으면 법적 분쟁을 포함한 다양한 문제가 발생한다.

동업 과정에서 분쟁이 발생하는 가장 큰 원인 중 하나는 바로 '역할 구분'이 불명확하다는 점이다. 특히 작가들 간 '주력 업무'의 범위를 명확하게 할 필요가 있다. 글 작가와 그림 작가가 함께 의견을 교환하는 과정에서 서로의 스타일과 방향이 다를 수 있다. 이때 각자의 권한으로 어디까지 의사결정을 할 수 있을지, 의견이 대립할 경우 어떤 방법으로 해결할지 등을 논의해서 미리 정해두는 편이 좋다.

3) 수익 배분 방법을 명확하게 규정하자

분쟁이 발생하는 또 하나의 큰 원인은 바로 수익 문제이다. 돈을 벌지 못하는 데 동업을 유지하는 것은 현실적으로 어렵다. 돈을 많이 벌어도 문제다. 누가 더 많이 기여했느니, 누가 더 많이 고생했느니 등을 가지고 감정 상하도록 다투다 공멸하는 경우도 있다. 이런 사태를 막으려면 수익 배분 비율과 배분 방식을 계약 단계에서 확실하게 합의하고 명시해두어야 한다.

일반적으로 수익은 출자 시 투자한 비율과 수익 창출 과정에서의 기여도를 따져서 분배한다. 계약을 체결할 때부터 출자 시 투자 비율과 예상되는 업무상 기여도를 따져서 수익 배분 비율을 정하는 것이 좋다.

그러나 계약 당시 상황과 계약 진행 이후 상황이 달라질 가능성도 있다. 막상 진행해보니 계약 당시에는 역할이 적으리라 예상했던 동업자가 실제 더 많은 역할을 할 수도 있다. 이러한 경우를 대비하기 위해서는 정산 주기를 정하고, 정산 과정에서 향후 수익 배분 방법에 대해 협의해 변경할 수 있도록 장치를 두는 편이 좋다. 또한 소득세가 발생할 경우 이에 대한 부담 비율 또한 잊지 말고 기재해두도록 하자.

4) 동업계약의 해지절차와 방법을 미리 정해두자

시작은 미약하나 끝은 창대하리라는 마음으로 동업을 시작한다. 그러나 동업은 시작보다 끝이 더 중요하다. 따라서 혹시라도 일이 잘 되지 않았을 경우 '어떻게 동업을 끝낼 것인가'를 정해두는 편이 좋다. 동업의 해지 또는 해산 과정을 모호하게 정해두거나 아예 언급하지 않을 경우, 분쟁의 가능성은 더욱 높아진다.

동업계약을 해지할 때 가장 중요한 점은 손익을 정산하는 일이다. 동업 과정에서 발생한 이익과 발생한 손해를 나란히 놓고, 이익과 손해 모두 각자의 지분대로 분담해야 한다. 그리하여 발생한 이익도 나누어 가지고, 손해 또한 나누어 부담한다.

물론 특정 동업자가 동업계약의 종료에 중대한 책임을 져야 할 경우, 그 동업자의 책임 비율을 따져서 손해를 더 부담하게 할 수도 있다. 그러나 일반적인 경우 동업자가 자신의 책임을 순순히 인정하는 경우는 드물다. 그러므로 동업계약의 파탄에 책임 있는 사유를 제공한 자에게는 손해배상의 책임을 물도록 규정해두는 편이 좋다.

동업계약의 해지를 원하는 작가들이 특별히 따져보아야 할 대목이 있다. 그것은 바로 연재작의 완결 이후 저작재산권의 귀속, 그리고 연재작의 2차적저작물 작성 시 수익 귀속 문제다. 연재작 완결까지 함께 동업한 이후 계약을 해지한다면 간단하다. 계약 진행 과정에서 지분대로 향후 재산권 및 수익 지분 또한 나누면 되기 때문이다.

문제는 동업이 연재 중간 과정에서 결렬되는 경우다. 가령 그림 작가나 글 작가 중 일방이 연재하는 도중에 하차할 경우, 서로 감정이 상해서 아무 조치도 하지 아니한 채 서로 연락을 끊을 수 있다. 이렇게 될 경우 연재 종료 시 필히 문제가 생긴다. 특히 해당 작품이 매우 유명해져서 영화화 또는 드라마화와 같은 부가수익을 내게 된다면 분쟁 발생은 불 보듯 뻔하다.

분쟁을 예방하기 위해서 동업이 결렬되는 시점에 반드시 '동업 해지합의서'를 작성해두기를 권유한다. 해지합의서에는 반드시 연재작 완결 이후 저작재산권의 행사에 따른 수익 분배 비율, 2차적저작물 사업화 시 창출되는 수익에 대한 배분 방법을 기재해두도록 하자.

아래에 참고할만한 동업계약서와 동업 해지합의서 양식을 소개한다. 이를 참고해서 각자의 필요에 맞는 계약서로 만들면 된다. 이 과정에서 궁금하거나 불안한 점이 생기면 언제든지 한국만화가협회에 법률상담을 의뢰하면 된다. 우리 '아트로' 변호사들이 여러분의 궁금증을 해결해줄 것이다!

사례 작화가가 스토리 작가에게 정산을 해주지 않은 사례

Q) A씨는 유명 작가 B의 신작에 작화가로 참여하기로 하고, A씨가 원고를 그려 B씨에게 넘기면 B씨와 플랫폼의 작품 연재계약을 통해 정산받는 금액의 일정 부분을 B씨로부터 작화의 대가로 받기로 약정했습니다. A씨는 성실히 마감 일정을 지켰고 연재도 순탄하게

진행되었지만 B씨는 대가 정산을 차일피일 미루더니 A씨의 작화에 트집을 잡아 일방적으로 연재를 중단하고 작화가를 교체해 다시 연재를 재개했습니다. 이 경우 A씨는 B씨나 플랫폼으로부터 작화에 대한 대가를 받을 수 있을까요?

A) A씨와 플랫폼 사이에는 직접적인 계약 관계가 없기 때문에 A씨가 플랫폼에게서 직접 작화의 대가를 받을 수는 없습니다. A씨는 B씨를 상대로 공동저작계약에 근거해 약정한 대가의 지급을 요구할 수 있을 뿐입니다. 이 사례와 같이 공동저작 방식으로 작품을 연재하면서 어느 일방이 대표로 플랫폼과 계약을 체결할 경우 다른 일방은 플랫폼에 대가의 직접 지급을 요구할 수 없으므로, 연재대가의 지급주체인 연재 플랫폼과 반드시 3자간계약을 체결해야 한다는 점을 명심하시기 바랍니다.

예시

공동저작계약서(제2조 제7호 관련)[27]

_____(이하 'A'라고 한다)와(과) _____(이하 'B'라고 한다)는(은) 아래의 저작물에 대하여 다음과 같이 공동 저작 계약을 체결한다.

27 문화체육관광부 만화분야 표준계약서 별표7 발췌.

대상 저작물의 표시

제호(가제) :

제1조 (계약의 목적)

① 이 계약은 A와 B가 위에 표시된 대상 저작물을 공동저작하고, 그 저작권을 공동소유하기 위하여 체결하는 계약이다.

② 이 계약은 완성된 대상 저작물에 대한 저작권 행사 및 수익 공유 방법에 대한 계약은 아니므로, 이 부분은 별도의 계약을 체결하여야 한다.

제2조 (정의)

1. "대상 저작물"은 위에 표시한 이 계약의 목적이 되는 공동저작물을 말한다.

2. "공동저작물"은 2인 이상이 공동으로 창작한 저작물로서 각자 이바지한 부분을 분리하여 이용할 수 없는 것을 말한다.

3. "완전원고"란, 이를 바탕으로 상대방이 자신의 업무 부분에 대한 창작업무를 진행할 수 있을 수준으로 완성된 원고를 말한다.

4. "공중"은 불특정 다수인(특정 다수인을 포함한다.)을 말한다.

5. "공중송신"은 대상 저작물을 공중이 수신하거나 접근하게 할 목적으로 무선 또는 유선통신의 방법에 의하여 송신하거나 이용에 제공하는 것을 말한다.

6. "전송(傳送)"은 공중송신 중 공중의 구성원이 개별적으로 선택한 시간과 장소에서 접근할 수 있도록 저작물 등을 이용하도록 제공하

는 것을 말하며, 그에 따라 이루어지는 송신을 포함한다.

7. "복제"는 대상 저작물을 인쇄·사진 촬영·복사·녹음·녹화 그 밖의 방법으로 일시적 또는 영구적으로 유형물에 고정하거나 다시 제작하는 것을 말한다.

8. "배포"는 대상 저작물 원본 또는 그 복제물을 공중에게 대가를 받거나 받지 아니하고 양도 또는 대여하는 것을 말한다.

9. "발행"은 대상 저작물을 공중의 수요를 충족시키기 위하여 복제·배포하는 것을 말한다.

10 "2차적저작물"은 대상 저작물을 번역·편곡·변형·각색·영상제작 등 그 밖의 방법으로 작성한 창작물을 말한다.

제3조 (A, B의 업무 범위)

① A와 B는 대상 저작물 중 다음 부분에 대한 업무를 담당한다.

• 대상 저작물의 작화 등 시각적 부분에 대한 창작 업무: A

• 대상 저작물의 스토리, 소재 등 내용 부분에 대한 창작 업무: B

② A와 B는 상대방의 작업 영역에 대해 조언할 수 있으나, 상대방이 창작한 부분을 임의로 변경하거나, 상대방이 자신의 의견에 따르도록 강요할 수 없다.

③ A와 B의 서면 합의에 의하지 아니하고는 임의로 계약의 의무를 제3자에게 위임할 수 없다.

제4조 (완전원고의 인도)

① A와 B는 공동창작 일정에 맞추어 자신이 담당한 분야의 완전원

고를 상대방에게 인도하여야 한다. 다만 부득이한 사정이 있을 때는 당사자 간에 협의하여 그 기일을 변경할 수 있다.

② 제1항의 경우, 이 계약의 당사자 중 일방은 상대방에게 기일 변경 사실과 기일 변경 사유를 서면으로 기재하고, 이 계약의 당사자가 모두 서명할 것을 요구할 수 있다. 상대방은 이 요구에 응하여야 한다.

③ A와 B는 공동창작이 이 계약의 당사자들이 모두 긴밀히 협력하여야 하는 과정임을 인식하고, 대상 저작물의 창작을 위해 상대방에게 적극 협조할 의무를 부담한다.

제5조 (저작물의 이용)

① 대상 저작물은 공동저작물이며, 그 저작권은 A가 ___%, B가 ___%의 지분으로 소유한다.

② 한국저작권위원회에 대상 저작물에 관한 저작권법상 저작권을 등록할 경우, 반드시 A와 B가 공동으로 하여야 하며, A와 B를 모두 공동저작권자로 등록하여야 하고, 지분 비율을 반드시 명시하여야 한다.

③ 대상 저작물에 대한 계약을 체결할 때는 A와 B 모두 해당 계약에 당사자로 참여해야 한다.

④ 대상 저작물에 대한 저작권 행사 및 이에 따른 수익 배분은 A와 B가 해당 사안에 대하여 별도의 서면 계약을 하지 않는 한 저작권 소유 지분 비율에 따라 시행한다.

제6조 (저작물의 내용에 따른 책임)

① 대상 저작물이 제3자의 저작권 등 법적 권리를 침해하여 A와 B 또는 제3자에게 손해가 발생했을 경우에는 귀책 사유가 있는 일방이 그에 관한 모든 책임을 진다.

② A와 B 중 일방이 제1항에 따른 자신의 책임 부분 이상을 배상했을 때는 상대방에게 이에 따른 구상을 청구할 수 있다.

제7조 (저작인격권의 존중과 행사)

① A와 B는 상대방의 저작인격권을 존중하여야 한다.

② 대상 저작물의 제호, 내용 및 형식 등을 바꾸고자 할 때는 반드시 상호 간의 서면 합의에 의하여야 한다.

③ 대상 저작물에 대한 저작인격권은 _____이 대표하여 행사한다.

제8조 (저작권의 표시 등)

A와 B는 대상 저작물의 발행, 전송함에 있어 A와 B를 모두 공동저작권자로 표시해야 한다.

제9조 (저작권의 양도, 상속 등)

① A 혹은 B가 자신의 저작권 지분을 양도하거나 질권을 설정하려면 상대방에게 사전에 서면으로 동의받아야 한다.

② A, B가 사망하는 때는 사망자의 저작권 지분은 사망자의 상속인에게 상속된다. 다만 상속인이 없는 경우에는 상대방 또는 상대방의 상속인 등 다른 저작권자에게 귀속된다.

③ A와 B는 자신의 저작권 지분을 포기할 수 있다. 이때 포기한 저작권은 상대방 또는 상대방의 상속인 등 다른 저작권자에게 귀속된다.

제10조 (2차적저작물의 창작)

① 대상 저작물이 번역, 각색, 변형 등에 의하여 2차적저작물로서 연극, 영화, 방송 등에 사용될 경우, 그에 관한 이용허락 등 모든 권리 행사는 A와 B의 별도 서면 계약에 따른다.

② 이 계약의 목적물인 대상 저작물의 내용 중 일부가 제3자에 의하여 재사용되는 경우, 그에 관한 이용허락 등 모든 권리 행사는 A와 B의 별도 서면 계약에 따른다.

제11조 (원고의 반환)

① 대상 저작물의 완전원고가 육필원고나 원화 등의 실물원고이고 이를 대상 저작물을 훼손하지 않고 분리할 수 있을 경우, 상대방이 반환을 요구하면 이를 상대방에게 반환해야 한다. 다만 완전원고가 전자적 형태로 전송되었을 경우에는 상대방은 이를 파기할 것을 요구할 수 있다.

② 제1항에 따라 실물원고 반환 시, 일방의 잘못으로 원고가 훼손 또는 분실이 된 경우, 그 사유 제공자는 민·형사상의 책임을 진다.

제12조 (계약 내용의 변경)

이 계약은 A와 B 쌍방의 합의에 의하여 변경할 수 있다. 이에 대한 합의는 서면으로 한다.

제13조 (계약의 해지)

① A 또는 B 중 일방이 이 계약에서 정한 사항을 위반하였을 경우 그 상대방은 ___ 일(개월) 이상의 기간을 정하여 제대로 이행할 것을 요구할 수 있다.

② A 또는 B는 다음 각 호의 사유가 발생한 경우 이 계약의 해지를 상대방에게 서면으로 통고할 수 있다.

　1. 상대방이 제1항에 따른 이행을 요구받았음에도 이에 응하지 않은 경우.

　2. A 또는 B가(당사자가 법인일 경우 그 임직원을 포함한다.) 상대방에 대한 성희롱·성폭력 등 성범죄로 인하여 국가인권위원회의 결정이나 법원의 확정판결을 받은 경우.

　3. 파산 등 계약목적의 달성이 사실상 곤란하다고 인정할만한 객관적 사유가 발생한 경우.

③ 이 계약이 해지되면, 귀책 사유가 있는 자는 상대방에 대하여 다음과 같은 책임을 부담한다.

　1. 이 계약에 따라 해지 시점까지 발생한, 상대방에 대한 채권채무를 즉시 정산하고, 이를 즉시 지급한다.

　2. 계약의 해지로 인해 발생한 손해를 모두 배상하여야 한다.

　3. 이 계약에 따른 대상 저작물에 대한 저작권 등 지식재산권의 귀속 및 행사는 계약 당사자 간 별도 합의가 없는 경우 '저작권법' 등 관련 법률의 정함을 따르기로 한다.

제14조 (재해, 사고)

천재지변, 그 밖의 불가항력의 재난으로 A 또는 B가 손해를 입거나 계약 이행이 지체 또는 불가능하게 된 경우에는 서로의 책임을 면제하며, 후속조치는 쌍방이 서면으로 합의하여 결정한다.

제15조 (개인정보의 취급)

A와 B는 대상 저작물의 공동창작 과정에서 알게 된 상대방의 개인정보를 유의하여 취급하여야 하며, 사전 동의 없이 이를 누설하거나 다른 사람이 이용하도록 제공해서는 안 된다.

제16조 (계약의 해석 및 보완)

① 이 계약에 명시되어 있지 않은 사항에 대해서는 A와 B가 서면으로 합의하여 정할 수 있고, 해석상 이견이 있을 경우에는 저작권법 등 관련 법률 및 계약해석의 원칙에 따라 해결한다.

② 제1항의 합의를 포함하여, 이 계약에 따라 이루어지는 모든 합의는 서면으로 작성하고, A와 B가 이 서면에 모두 서명 또는 날인하여야 한다.

제17조 (저작권 침해의 공동대응)

① A와 B는 대상 저작물에 대한 저작권 침해행위를 공동으로 대응해야 하며, 이를 위해 상대방에게 자료를 제공하는 등 적극적으로 협조할 의무가 있다.

② A와 B는 상대방의 동의 없이 저작권을 침해한 자 또는 침해할

우려가 있는 자에게 저작권법 제123조에 따른 침해 정지를 청구할 수 있으며, 자신의 지분에 관하여 저작권법 제125조에 따른 손해배상청구를 할 수 있다.

제18조 (관할 법원)

이 계약과 관련된 소송은 _____법원을 제1심 법원으로 한다.

제19조 (효력 발생)

본 계약은 계약체결일로부터 효력이 발생된다.

이 계약을 증명하기 위하여 계약서 2통을 작성하여 A와 B가 서명 날인한 다음 각 1통씩 보관한다.

_____ 년 ___ 월 ___ 일

"A"

작가명 : _____(인) 이명(필명) : _____

생년월일 : _____

주소 : _____

(또는) A

상호 : _____   사업자 번호 : _____

주소 : _____

대표이사 : _____

입금계좌 : _____은행 _____

"B"

작가명 : _____(인) 이명(필명) : _____

생년월일 : _____

주소 : _____

입금계좌 : _____은행 _____

웹툰의 연재와
초기 유통

김성주, 임애리

1. 내 웹툰을 플랫폼에 연재해보자: 웹툰 연재계약

1) 웹툰 제작 환경의 변화에 따른 계약 유형의 다변화[1]

웹툰 시장이 활성화되기 시작했을 초기 무렵만 하더라도, 작품의 제작과 유통방식은 비교적 단순했다. 플랫폼이 작가와 웹툰 연재계약을 직접 체결하고 작가의 IP를 활용하여 연재 후 수익배분을 하는 방식이거나, 조금 더 나아가면 작가가 창작하는 작품을 기획·관리·유통하는 전문 에이전시 업체들이 작가로부터 매니지먼트 및 저작재산권 행사 권한 등을 위임받은 후 플랫폼 등과 계약을 체결하는 방식이 주를 이루었다.

　그러나 최근 동향을 보면, 플랫폼과 에이전시 등이 직접 저작권자로서 IP를 보유하고 사업화를 추진하는 추세가 본격화되고 있다. 한국콘텐츠진흥원의 〈2020 웹툰 사업체 실태조사〉에 분석된 2019년도 기준 웹툰 사업 분야의 구성을 보면, '웹툰 기획/제작' 분야가 전

---

[1]　이 글은 김성주 변호사가 집필자로 참여한 한국콘텐츠진흥원(2021), 〈2021 만화백서〉 29쪽 이하(제2절 노동 환경) 부분을 보완한 내용이 수록되어 있음을 밝힙니다.

체 사업자들 중 88.4%의 비중을 차지할 정도다. 즉, 플랫폼과 에이전시 등이 스튜디오 설립 등을 통해 자체적으로 작품을 제작하기 시작한 것이다.[2]

이런 추세는 계약 형태에도 반영된다. 여전히 상당수 웹툰 작가들은 자신이 직접 글·그림 등 웹툰 창작의 모든 과정을 단독으로 진행하고, 이를 바탕으로 에이전시 또는 플랫폼과 작품 연재 및 유통 관련 계약을 체결한다.[3]

그러나 웹툰 '기획/제작' 관련 업체들의 성장·증가 추세와 맞물려, 에이전시, 프로덕션, 스튜디오 등에 소속되어 작품 활동을 하는 작가들 또한 점차 증가하고 있다.[4] 또한 작품 기획 과정에서 업체가 시나리오/콘티/스케치/채색 등 단계별로 분업하여 각기 다른 작가들을 섭외하여 계약을 체결하는 경우도 많다. 이러한 작가들의 계약 형태는 기존 일반적인 연재계약 형태와 다를 수밖에 없다.

아래에서 현재 통용되고 있는 대표적인 계약 유형 몇 가지를 살펴보도록 하자.

지금부터는 본격적으로 내가 그린 웹툰을 플랫폼에 연재해서 세상에 알리고자 할 때 어떻게 계약을 체결해야 불리하지 않을지 살펴보겠다.

---

2 한국콘텐츠진흥원(2020), 〈2020 웹툰 사업체 실태조사〉, 76쪽.
3 한국콘텐츠진흥원의 〈2020 웹툰 작가 실태조사〉에 따르면, 2020년도 기준 웹툰 작가의 57.3% 상당이 단독 창작 형태로 작품 활동을 하고 있는 것으로 조사되었다. 한국콘텐츠진흥원 (2020), 〈2020 웹툰 작가 실태조사〉, 33쪽.
4 2020년도 기준으로 웹툰 작가의 13.4% 상당이 웹툰 제작 업체들과 근로계약 등을 체결하고 회사 소속으로 작품 활동을 하고 있는 것으로 확인되고 있다. 한국콘텐츠진흥원(2020), 위 보고서, 같은 쪽.

웹툰 연재를 시작할 때 작가가 기억해야 할 가장 중요한 사항은 플랫폼 또는 에이전시에게 정당한 대가를 받고 내가 만든 콘텐츠에 대한 권리 중 일부를 계약 기간 동안 계약한 범위 내에서 이용을 허락(라이선싱)하는 것이지 권리 전부를 포괄적으로 넘기는 것이 아니라는 점이다. 그러니까 계약 대상인 권리의 범위를 최대한 구체적으로 정해야 하고 이용허락이 아닌 양도는 아주 좋은 조건이 아닌 이상 하지 않는 편이 좋다.

웹툰 연재계약서의 형식은 제휴계약, 콘텐츠제공계약, 제작투자계약 등 다양하지만 그 내용을 따져보았을 때 '특정 사이트에서 연재하는 것을 계약의 주된 내용으로 하는' 계약이면 웹툰 연재계약으로 보는 것이 맞다.

계약의 상대방은 당연히 웹툰 서비스를 운영하는 플랫폼과 직접 하는 편이 가장 좋다. 그러나 플랫폼의 수가 많지 않고 작가 간 경쟁도 치열하므로 마중물 역할을 해줄 중간 에이전시와 연재를 조건으로 계약하는 경우도 많다. 그러나 에이전시와 계약한다고 해도 플랫폼에 직접 연재를 하려면 작가-플랫폼-에이전시 간 3자계약 역시 체결해야 한다. 그렇지 않고 에이전시와만 계약한다면 연재가 불발되었을 때 직접 플랫폼을 상대로 지속적인 연재를 요구하거나 연재 불발에 대한 책임을 물을 수 없으며 에이전시에게만 계약 위반의 책임을 물을 수 있을 뿐이다.

2) 계약서에 날인하기 전에 미리 체크해야 할 사항

계약서는 플랫폼이나 에이전시가 만들어 보내고 작가는 받은 계약서에 사인만 하면 된다는 식의 관행에서 벗어나야 한다.

작가들은 보통 연재 제안을 받고 계약서를 작성할 때 계약서 때문에 나중에 귀찮은 일이 잔뜩 생길 수 있다는 점을 인지하지 못하고 계약서를 잘 읽지 않는다. 계약서를 꼼꼼히 검토했다 하더라도 연재 기회를 놓쳐서는 안 되며 편집권과 연재 권한을 가진 플랫폼, 에이전시의 비위를 잘 맞춰주어야 한다고 생각하고 작가에게 불리한 계약서 조항을 수정해달라고 요구하지 못한다. 이렇게 계약 체결 전 최소한의 검토도 하지 않거나 수정 요구를 하지 않는다면 나중에 불공정한 계약이라고 주장하기 어려울 수밖에 없다.

어렵게 용기를 내서 계약서 수정을 요청했는데, 별다른 설명도 없이 곧바로 계약하지 않겠다는 답변이 돌아오는 경우가 있다. 수정 요청을 거절하면서 '업계 관행'이나 '다른 작가와의 형평성으로 인해 수정 불가'하다는 반응이 돌아오기도 한다.

그러나 법적으로 유효한 계약이 성립하려면 쌍방 간에 최소한의 '협상 가능성'이 있어야 한다. 계약 상대방을 선택할 수 없는 특수한 상황에서 협상 가능성을 전혀 보장받지 못하는 경우는 그 자체를 불공정계약으로 보아 법적으로 다툴 수도 있다. 예를 들면 상대방이 요구하는 대로 원고 작업을 마친 후 계약을 하는 경우를 들 수 있다. 만일 상대방이 아예 계약서를 보여주지 않거나 검토할 시간을 주지 않고 일방적으로 상대방이 제시한 조건대로 계약 체결을 강요한다면 나중에 법적 대응을 할 수도 있으므로 다음의 두 가지 행동을 취할 필요가 있다.

(1) 상대방이 계약 내용을 수정할 여지를 주지 않고 일방적으로 계약 체결을 강요한다는 객관적인 증거(이메일, 통화녹음 등)를 확보해야 한다. '계약 체결을 강요한다'는 말의 의미는 협상을 거쳤으나 양측의 의견 차이로

주최 측이 개별 조항에 대한 나의 협상안을 받아들이지 않는 것을 넘어선다. 이는 협상 가능성이 아예 없거나, 계약 내용 전체를 수정하지 못하게 강요하는 경우를 의미한다.

(2) 내 협상안을 거절할 때 합리적인 근거를 제시하지 않는다면 추후에 법적으로 다툴 수 있다는 의사를 상대방에게 표시해야 한다. 매우 당연한 이야기지만 이런 의사 표시는 문서, 이메일, 문자메시지, 통화녹음 등 증거가 남도록 해야 한다. 그래서 계약서에 대한 나의 의견, 나의 협상안을 보낼 때는 가급적 이메일이나 문서로 하는 편이 좋다.

연재를 준비하는 작가라면 실전에서 협상하기 전에 계약서와 미리 친해질 필요가 있다. 상대방으로부터 계약서를 받기 전에 표준계약서 등을 잘 읽어보고 수정해서 '내 웹툰 맞춤 연재계약서, 이용허락(라이선스)계약서'를 만들어두면 가장 좋다. 변호사 등 법률전문가의 자문을 받는 것도 좋다. 상대방이 황당한 계약 조건을 제시한 이후 그제서야 자신의 입장을 법률적으로 표현하려고 시도하다 보면 협상의 골든타임을 놓치고 어영부영 상대방이 제시한 조건을 따라가게 될 수 있다.

이때 "나는 내 창작물의 연재계약을 할 때는 이런 조건으로 하는데, ○조 ○항은 내가 생각한 조건과 너무 차이가 나니까 이 문구로 수정할 수 있겠는가?"와 같이 말하면서 미리 준비해놓은 계약서나 계약 조항을 제시하면 훨씬 더 전문적이고 법률적으로 철두철미하다는 인상을 줄 수 있다.

2. 이용허락과 양도의 차이를 구분하자

계약서를 보면 평소에 사용하지 않는 여러 생소한 용어들을 많이 보게 된다. "저작권", "해제", "해지", "협의", "보증", "면책", "손해", "배상" 등등. 익숙하지 않은 용어들은 눈에 잘 들어오지도 않는다. 눈에 잘 안 들어오면 그냥 대수롭지 않게 훑고 넘긴다. 모르는 용어들을 검색하거나 물어보면서 계약서를 읽어가는 사람들이 몇이나 될까. 변호사인 필자들이라고 다르지 않다.

그런데 문제는 항상 '대수롭지 않게 훑고 넘겼다가' 생긴다. 단 하나의 단어를 어떻게 쓰느냐에 따라 권리를 지킬 수도 있고, 뺏길 수도 있다. 계약서의 모든 단어들을 의심의 눈초리로 바라보라는 말은 아니다. 다만 자신의 권리에 관한 중요한 용어들은 그 의미를 명확히 알고 계약에 임할 필요가 있다.

그런 의미에서, "이용허락"과 "양도"의 차이를 아는 것은 아무리 강조해도 지나치지 않다. 저작권을 이용허락하는 것과 저작권을 양도하는 것은 하늘과 땅의 차이라고 해도 과언이 아니다.

여러분의 친구가 여러분한테 "00야, 핸드폰 좀 쓸 수 있을까?"라고 물어봤다고 치자. 친구의 의도는 여러분의 핸드폰을 아예 가져가겠다는 것일까, 아니면 잠깐 빌려서 쓰고 다시 돌려준다는 것일까? 여러분 대부분은 당연하게도 후자라고 인식할 것이다. 내 핸드폰이라는 인식이 있기 때문이다. 법적으로 표현하면, 내 핸드폰의 소유권은 나에게 있다는 인식이다.

"저작권 양도"는 위 핸드폰으로 따지면 소유권을 이전받는 행위에 비유할 수 있다. 한자어를 우리말로 풀이하면, 말 그대로 저작권을 "넘긴다"는 것이다. 반면 "저작권 이용허락"은 핸드폰을 잠깐 빌려 쓰고 다시 돌려주는 행위에 비유할 수 있다. 작가의 저작권을 약속한 기간 동안 사용하고, 약속한 기간이 끝나면 다시 그 저작권이 작가에 게로 귀속되는 것이다.

문제는 작가가 저작권을 이용허락만 할 의사를 가지고 있었는데, 계약 과정에서 저작권 전부 또는 일부를 양도해버리는 경우다. 가령 아래와 같은 실제 조항을 예로 들어보겠다.

제8조(저작권 등)

1. 본 계약에 따라 제작된 저작물에 대한 저작권(2차적 저작물 작성권 포함) 및 그 외 일체의 권리는 '회사'에 귀속된다.

계약서의 표현이 매우 직설적이고 단호하다. 회사가 작가의 창작물에 대한 저작권 전부를 가져가겠다는 것이다. '양도'라는 표현은 없지만 저작권을 전부 양도하는 취지의 조항이다. 위 조항을 보고도 고개 한 번 갸우뚱하지 않고 계약서에 사인하는 건 분명 문제가 있다. 위 조항이 포함된 계약서에 서명하려면 적어도 '전부 양도'에 상응하는 충분한 대가를 받아야 하지 않을까. 계약 이후 작가는 해당 작품의 원작자가 자신이라는 '어필' 외에 사실상 아무것도 하지 못할 가능성이 높으니 말이다.

계약서 내용에 "양도"라는 표현이 들어가 있으나 실제 내용과 전체 맥락을 보면 "이용허락"이 맞는 계약서도 간혹 보인다. 가령 아래 실제 조항을 예로 들어보겠다.

제1조 (계약의 목적)

본 계약은 '작가'가 웹툰 스토리 '00000'(이하, '본건 웹툰'이라 함)의 원고를 제작함에 있어, 당해 제작된 '본건 웹툰'에 대하여 '회사'가 제작투자를 진행하고 관련 사업권(판권·저작재산권)의 일체를 본 계약서에 명시된 기간 동안 양도받아, 직접 또는 제3자를 통하여 서비스 등 사업화 하는데 있어 필요한 당사자간의 권리와 의무를 명확히 하고, 당사자간의 역할을 성실히 이행하여 상호간 공동발전에 기여하는 데 그 목적이 있다.

제3조 ("전자 출판권" 및 "2차적 저작물 사업권"의 부여)

① '작가'는 '본 계약'의 계약 기간 동안 '본건 웹툰'의 "전자 출판권" 및 "2차적 저작물 사업권"을 '회사'에게 부여한다. 단, '본 계약' 기간 중에 '회사'가 "전자 출판권" 및 "2차적 저작물 사업권"을 진행할 경우 '회사'는 '작가'와 상호 합의하여 계약 기간을 연장할 수 있다.

계약서 제1조 '계약의 목적' 부분에 보면, 웹툰과 관련한 "사업권(판권·저작재산권)의 일체를 본 계약서에 명시된 기간 동안 양도받아"라고 되어 있다. 저작재산권 등에 대한 "양도"라는 표현이 나오는데, 또 그 양도되는 기간은 "계약서에 명시된 기간"으로 특정하고 있다. 이를 바꾸어 말하면 계약이 종료되면 양도 또한 끝나고 작가에게 다시 저작재산권 및 사업권 등이 돌아온다는 의미로 해석된다.

그런데 같은 계약서의 제3조를 보면 작가가 계약 기간 동안 웹툰의 전자출판권 및 2차적저작물사업권을 회사에게 "부여"한다고 되어 있다. 위 제3조까지 비교해서 해석하면, 비로소 위 계약서는 "이용허락" 취지로 작성된 것임을 알 수 있게 된다. 이런 계약서의 경우 그 의미를 명확하게 수정해두어야, 후일 불필요한 오해를 없앨 수 있다. 즉 "양도"라는 표현을 모두 "이용허락"으로 수정하는 간단한 조치만으로도 오해나 분쟁 소지가 줄어들 수 있는 것이다.

작가들은 보통 회사로부터 회사가 자체적으로 사용하는 계약서 포맷을 제공받을 것이다. 회사가 제공하는 계약서는 당연하게도 회사가 원하고 의도하는 계약조건이 기재되어 있다. 회사 입장에서는 회사에 더 유리하고 좋은 조건으로 계약하고 싶은 것이 당연한 처사다. 때문에 작가가 허락하는 권리 범위 내에서만 저작물을 사용할 수 있는 "이용허락"보다, 권리 자체를 가져와서 회사가 원하는 방식대로 사용 또는 처분할 수 있는 "양도"를 더 선호할 수도 있다.

그런데 작가가 저작권 '이용허락'과 '양도'의 차이를 구분하지 못하는 상황에서 저작권 '양도' 계약을 체결했다면, 나중에 작가가 다시 불공정계약이라고 주장하면서 계약을 무효로 돌릴 수 있을까?

쉽지 않다. 우선 '양도'계약이라고 해서 무조건 불공정한 것이 아니다. 저작권자는 자신의 저작재산권을 상대방에게 양도할 수 있다. 다만, '양도'에 대한 반대급부가 지나치게 적거나 현저하게 불균형하면 문제가 있다. 그러나 "현저한 불균형"이 되려면 어느 정도까지여야 하는지 적정한 기준을 주장하기가 쉽지 않다.

소송으로 간다고 쳐도, 입증 과정에서 난관이 존재한다. 민법 제104조에서는 '불공정한 법률행위'를 무효로 할 수 있도록 규정하고 있는데, 그 요건은 "당사자의 궁박, 경솔 또는 무경험으로 인하여 현저하게 공정을 잃은 법률행위"여야 한다. 판례에 따르면, "민법 제104조의 불공정한 법률행위는 피해 당사자가 궁박, 경솔 또는 무경험의 상태에 있고 상대방 당사자가 그와 같은 피해 당사자 측의 사정을 알면서 이를 이용하려는 폭리행위의 악의를 가지고 객관적으로 급부와 반대급부 사이에 현저한 불균형이 존재하는 법률행위를 한 경우에 성립"한다(대법원 2010. 7. 15. 선고, 2009다50308 판결).

결국 계약에 대하여 법적으로 불공정을 주장하려는 작가는, 우선 ① 회사를 상대로 법원에 소송을 제기해야 하고, ② 자신이 궁박·경솔 또는 무경험의 상태에 있었다는 사실, ③ 상대방이 이 사실을 알고 있었다는 사실, ④ 그리고 급부와 반대급부 간에 현저한 불균형이 있다는 사질을 모두 입증해야 한다. 쉽지 않은 문제다.

대책은 간단하다. 계약하기 전에 분쟁 위험요소를 최대한 차단해야 한다. 그러기 위해서는 작가 스스로 계약서에 기재된 각종 용어들의 의미를 정확히 이해해야 한다. 그리고 모르겠으면 무조건 물어보자. 계약을 제안한 업체에게도 물어보고, 변호사에게 물어보면 된다. (사)한국만화가협회, (사)한국웹툰작가협회, 전국여성노조 디지털콘텐츠창작자지회 등은 저자들이 소속된 법무법인 덕수와 업무협약을 체결하고 법률상담을 지원하는 단체들이다. 연락해서 상담 신청방법을 문의해보면 된다.

1) 웹툰 연재의 대가 산정 방법과 지급 방식을 이해하자

계약을 앞둔 작가들에게 가장 중요한 사안은 계약으로 얻을 수 있는 경제적 이익이므로, 계약을 하기 전에 웹툰 연재의 수익 구조를 잘 이해해야 한다. 특히 경험이 부족한 신인 작가들이 많은 피해를 보는 지점이므로 유의해야 한다. 원고료와 MG(Minimum Guarantee, 최소수입보장) 수입이 웹툰 작가들의 주된 수입원이며, 다음 화 미리보기 제도(부분유료화)를 통한 수입이나 RS(Revenue Share, 수익 분배)로 얻는 수입, 출판 단행본의 인세, 2차적저작권료 등도 중요한 수입원이다.[5]

(1) 원고료

원고료는 저작물 이용대가를 수익과 연동하지 않고 고정적 금액으로 매월 정해진 금액을 지급하거나 분할 또는 일괄해서 지급하는 방식이다.

(2) MG(Minimum Guarantee, 최소수입보장)

웹툰계의 특이한 대가 지급 방식인 MG 제도는 출판업계의 관행인 선인세 지급 방식에서 변형된 개념이다(선인세에 대한 설명은 출판계약에 관한 139쪽 참조). 작가들의 생계보장을 위해 미래에 발생할 수익의 일정 부분을 미리 당겨 매월 고정급처럼 MG라는 이름으로 지급한다. 상당수의 플랫폼이 신인 기준 1회차당 50만 원 이상의 MG를 추진하고 있어 한 달 4회 연재 시 200만 원 이상의 MG가 보장된다.

최근에는 누적MG, 토탈(통합)MG 등 MG의 변형개념도 등장했다. 이런 변형개념은 계약서에 명시되어 있지 않기도 하고, 있더라도 어렵게 쓰여 있어 이해하기 어려울 때도 많다. 이럴 때는 상대방 계약

---

5 한국콘텐츠진흥원, 만화·웹툰 작가 실태 기초 조사 보고서 2018년 8월호 75쪽 참조.

담당자나 동일한 플랫폼에 연재하는 동료 작가들에게 수익 구조가 어떠한지 정확히 확인하고 계약을 진행해야 안전하다.

(3) RS(Revenues Share, 수익 분배)

RS는 수익의 일부를 작가에게 지급하는 방식이다. RS계약을 체결하는 경우 흔히 계약서에 "순이익의 ○%를 각종 비용을 공제하고 작가에게 지급한다."는 조항을 두는 경우가 많다. 이때 작가들은 수익 분배의 비율이 얼마인지에만 주로 관심을 둔다. 그러나 실상 더 중요한 함정은 수익 분배 비율의 앞뒤 문구에 숨어 있다.

수익 분배의 기준이 매출액과 순이익 중 무엇인지, 공제되는 '각종 비용'의 구체적인 항목은 무엇인지, 더 나아가 실제 수익 분배하는 방법이나 순서 등을 사전에 확인하지 않으면 예상했던 것보다 낮은 금액을 정산받게 될 확률이 매우 높다. 예컨대 MG 약정의 경우 MG를 해당 월의 수익에서 먼저 공제하고 분배 비율에 따라 나누는지(선차감), 분배 비율에 따라 먼저 작가 몫을 떼어낸 후 작가 몫에서 MG를 공제하는지(후차감)에 따라 작가가 정산받는 금액이 달라진다.

따라서 작가는 계약을 체결하기 전에 되도록 계약 상대방에게서 정산내역서 샘플을 받아 보고 수익 분배 구조를 확인한 뒤 계약하는 편이 좋다. 또 정산 내역의 객관적인 확인을 위해 계약 상대방의 매출 데이터가 정리된 장부 등 증빙자료의 열람청구권을 확보해둘 필요가 있다.

(4) 단행본 인세, 2차적저작권료, 외주 등 부가수입

웹툰은 단행본 출판, 캐릭터 상품 판매, 광고 수주, 판권 판매 등 다양한 영역의 상업화가 가능하다. 시즌제를 사용해 옛 시즌 완결작품을 유료화해 작가의 수입이 더 늘어나기도 한다.

2) 웹툰 연재계약 실전편

(1) 용어의 정의를 최대한 정확하게 하도록 신경 쓰자

어느 날 특정 작가에게 계약서와 관련해 문의를 받은 적이 있다. 그 작가가 플랫폼과 맺은 계약서에는 '매출' '순매출' '이익' '순이익' 등의 용어가 혼용되어 기재되어 있었다. 어떤 조항은 매출을, 어떤 조항은 순매출을 기준으로 하고 있어 정산의 기준이 계속 바뀌었다. 그래서 작가는 자신이 받아야 할 정확한 수익을 예측하기 힘들다고 했다. 이 외에도 플랫폼이 '투자계약'이라는 계약서를 내밀었는데 사실은 투자금이 아니라 약 20화에 해당하는 MG였고, 이를 수익에서 회수한다는 계약을 맺은 작가도 있었다. 또 작품이 계약 기간 내에 투자금만큼 수익을 벌어들이지 못하면 계약이 회수될 때까지 연장되는 계약을 맺은 작가도 있었다. 이처럼 특히 연재 대가, 수익 분배 조항은 꼼꼼히 읽어보아야 한다. 그 자리에서 이해가 가지 않으면 바로 설명을 요구하고, 설명이 불충분한 경우 검토할 시간을 달라고 해서 법률전문가와 현업 종사자들의 도움을 받아 정확한 용어를 계약서에 명시하도록 해야 한다.

(2) 상대방의 권리 범위가 얼마나 되는지 확인하자

작가들은 계약서를 볼 때 자신에게 과도한 책임이나 의무가 부과되는지에만 신경 쓰는 경향이 있다. 그보다는 상대방의 권리 범위를 살피는 것이 더 중요하다. 당연한 말이지만, 상대방에게 더 많은 권리를 줄수록 작가가 받는 대가는 더 커져야 한다. 공정거래위원회에서 2018년 3월에 콘텐츠의 2차적저작물에 대한 무단 사용 조항, 계약 종료 후에도 전자출판권을 부여하는 조항, 장래에 개발될 매체에도 콘텐츠를 독점적으로 제공하라는 조항 등 사업자에게 과도한 권리를 부여하는 조항을 불공정약관으로 간주하고 시정하도록 조치한 사례가 있다. 따라서 업계 관행이라는 상대방의 주장만으로 불공정한 계약을 진행할 필요가 없다.

a. 상대방에게 저작권의 일부 또는 전부를 양도하는 조항

저작재산권은 저작인격권과 달리 양도가 가능하므로 양도 조건이 없는지 살펴보아야 한다. 작가가 타인과 자신의 저작권에 관한 계약을 맺는 방법은 크게 네 가지가 있다. (1) 저작재산권 자체를 양도하거나, (2) 저작권은 그대로 작가에게 두고 일정 기간 동안 독점·배타적으로 이용할 수 있게 해 주는 출판권(웹툰의 경우 전자출판권이라고도 하는 배타적발행권)을 설정하거나[6], (3) 계약 상대방에게 일정 기간 동안 일정한 조건하에 이용할 수 있도록 허락하는 저작권 이용허락(라이선스, license) 계약을 체결하거나, (4) 특정한 저작물에 대한 작가의 저작권을 일정 기간 위임받아 행사하는 방법이다.

거대 플랫폼 측에서는 작가로부터 저작재산권을 양도받지 않는다

---

6   배타적 발행권이란 기존의 출판권에 복제·전송권을 더해 콘텐츠를 온라인으로 서비스할 수 있도록 하는 권리를 말한다. 이북(e-book, 전자출판물)을 제작하기 위해서는 상대방에게 배타적 발행권을 설정해주어야 한다.

고 주장하지만 그것은 플랫폼과 제작사, 또는 플랫폼과 소수의 플랫폼 직계약 작가들 사이에서나 통하는 이야기다. 영세한 에이전시로 갈수록 힘 없는 작가에게 저작재산권 양도를 강요하는 사례가 적지 않다.

저작권자가 꼭 알아 두어야 할 것은, 저작재산권의 전부를 양도하는 경우에 특약이 없는 때는 2차적저작물 또는 편집저작물을 작성할 권리는 포함하지 않은 것으로 추정된다는 점이다(저작권법 제41조 제2항). 쉽게 말해 2차적저작물작성권의 양도 조건은 반드시 별도의 계약, 부속 합의서나 본 계약 내 별도의 조항으로 명시해야 한다. 저작권법 제46조 제1항 및 제2항은 저작재산권자는 다른 사람에게 그 저작물을 이용하도록 허락할 수 있고, 이에 따라 허락을 받은 자는 허락받은 이용 방법 및 조건의 범위 안에서 그 저작물을 이용할 수 있도록 규정하고 있다. 이는 저작재산권을 양도하는 것과는 다르다. 저작재산권자는 자신의 저작재산권을 그대로 보유하면서 타인이 그 저작물을 이용할 수 있도록 허락하는 것이다. 저작권 이용허락은 단순 이용허락과 독점적 이용허락으로 나뉜다.

① 단순 이용허락

단순 이용허락이란 저작재산권자가 복수의 사람들에게 중첩적으로 이용을 허락해주는 경우를 의미한다. 따라서 이용허락을 받은 자는 그 저작물을 이용할 수는 있지만, 이를 독점적이고 배타적으로 이용할 수는 없다.

② 독점적 이용허락

독점적 이용허락은 저작재산권자와 이용자 사이에 일정한 범위 내에서 저작물을 독점적으로 이용하도록 계약을 체결한 경우를 말한다. 다만 독점적 이용허락을 받은 자라고 해도 저작재산권자가 이용자 이외의 다른 사람에게 저작물을 이용하도록 허락해준 경우 다른 이용자를 상대로 금지청구 및 손해배상청구를 할 수는 없다. 하지만 저작재산권자를 상대로 독점적 이용허락계약 위반에 따른 손해배상청구를 할 수는 있다.

이용허락이 보통 작가에게 가장 유리한 계약이다. 이용허락계약을 체결하면 플랫폼은 계약 기간으로 지정한 기간 동안만 작가의 저작물을 이용할 수 있다. 그리고 계약한 당사자 사이에서만 권리를 주장할 수 있고, 제3자에게 권리를 주장할 수 없다.

이에 비해 저작권 양도나 출판권(배타적 발행권) 설정을 맺으면, 계약 상대방은 저작권 등록이나 출판권 설정 등록을 할 수 있어 대외적으로 자신이 '저작권자' 또는 '출판권자(배타적 발행권자)'라고 주장할 수 있다. 출판권(배타적 발행권) 설정은 특약으로 정한 기간, 또는 특약이 없으면 저작권법에서 정한 3년이 지나면 권리가 작가에게 복귀하지만 양도는 별도로 양도기한을 정하지 않으면 영구적으로 저작재산권을 넘기는 것이다.

계약서가 없거나 계약서에 저작권 양도계약인지 이용허락계약인지 명확히 적혀 있지 않은 경우, 우리 법원은 저작권 양도를 쉽게 인정하지 않는다. 저작권 양도계약인지 이용허락계약인지 불분명해 저작권이 양도되었다거나 이용허락이 되었음을 명시하지 않은 경우 저작권자에게 권리가 유보된 것으로 유리하게 추정함이 상당하다는 판

례가 있다.[7]

b. 상대방에게 2차적저작물작성권을 계약 기간 동안 또는 영구히 양도하는 조항, 2차적저작물작성에 관한 일체의 사항을 업체에 위임하는 조항

저작재산권의 전부를 양도하는 경우 특약이 없으면 2차적저작물을 작성해 이용할 권리는 양도하지 않는 것으로 추정된다(저작권법 제45조 제2항). 따라서 저작권자가 계약을 하면서 2차적저작물작성권을 넘길 의사가 없다면 그에 관한 규정을 두지 않으면 된다. 2차적저작물작성권을 위임하더라도 그중 어느 권리를 위임하는지를 명확히 하고, 이용허락 조건을 저작권자가 직접 결정할 수 있도록 한다.

c. 상대방에게 무제한 수정변경권을 주는 등 저작인격권(동일성유지권)의 본질을 해하는 조항

저작인격권은 양도하거나 상속할 수 없다. 저작인격권은 저작자의 일신에 전속한다는 저작권법 제14조 제1항에 의해 저작인격권은 저작자가 사망하면 그와 동시에 소멸한다. 저작자의 동의가 있으면 저작인격권도 위임하거나 대리행사를 할 수 있지만, 저작자가 사실상 저작인격권을 자유롭게 행사하지 못하게 되거나 저작인격권의 본질을 해하는 조항은 계약에 들어가서는 안 된다.

---

7 대법원 1996. 7. 30. 선고 95다29130 판결, 서울북부지방법원 2008. 12. 30. 선고 2007가합 5940 판결 참조.

사례 업체가 작가와의 합의 없이 다른 작가에게 작품의 마무리를 위탁한 사례

Q) A작가는 정부사업을 수주한 B업체와 계약하고 두 권으로 구성된 기획만화의 작화를 담당했습니다. A씨는 만화에 등장하는 캐릭터를 디자인하고 1권 원고를 완성해 인도했으나, B업체는 A씨가 마감 일정을 지키지 않았다는 이유로 A씨에게 계약 해지를 통보하고 A씨의 승낙 없이 2권 원고를 다른 작가에게 위탁해 완성했습니다. 이에 A씨는 자신이 창조한 캐릭터를 이용해 다른 작가로 하여금 2권 원고를 그리게 한 B업체의 행위가 A씨에 대한 저작권 침해가 아닌지 문의했습니다.

A) 캐릭터 및 1권 원고의 저작권은 특약이 없는 경우 스토리 작가와 작화가에게 공동으로 귀속됩니다. 시각적 캐릭터의 저작물성은 보편적으로 인정되고, 공동저작물의 저작권은 저작자 전원의 동의 없이는 행사할 수 없습니다. 따라서 업체에서 스토리를 제공했다 하더라도 작화가의 동의 없이 작화가가 디자인한 캐릭터를 이용해 다른 작가가 2권 원고를 작업하는 것은 작화가의 저작권 침해(저작권법 위반)에 해당합니다. 또한 B업체의 계약 해지 통보가 적법하지 않다면 계약상 작업 범위가 2권까지로 명시되어 있는 이상 A씨의 동의를 얻지 않고 다른 작가에게 2권을 작업하게 하는 것 역시 계약 위반으로 볼 수 있습니다.

d. 캐릭터 저작권까지 포괄해 양도하거나 이용을 허락하는 조항, 캐릭터 사업화에 관한 2차적저작물작성권을 주는 조항

캐릭터가 원저작물과 별개로 저작권법에 의해 보호되는 저작물이 될 수 있다는 판례가 있다.[8] 특히 어문적 캐릭터(텍스트로 표현된 캐릭터)와 비교해서 시각적 캐릭터는 캐릭터 디자인 등 표현의 독창적 요소를 인정받기 쉽다. 따라서 저작재산권 일체를 양도하거나 이용을 허락하더라도 캐릭터 저작권은 양도(이용허락)의 대상에서 제외할 수 있다. 위와 같이 약정하면 작가의 동의 없이 웹툰과 분리해 독립적으로 캐릭터를 이용할 수 없게 된다.

(3) 마감 기한과 대금 지급 기한을 확인하자

원고의 마감 기한은 언제인지, 원고는 어떻게 보내줘야 하는지 등을 확인해야 한다. 아울러 돈을 언제까지 어떻게 받을 수 있는지도 체크해야 한다. 마감이 늦어질 경우 작가가 이행이 늦어진 데 대한 배상 책임을 부담하는지, 상대방이 대금 지급을 지체할 경우 대금 지급 지연에 따른 배상 책임을 부담하는지 확인한다.

사례   지체상금 형태의 페널티 부과는 정당할까?

Q) 웹툰 플랫폼 업체인 A는 연재 작가들이 작품 게재 예정일보다 2일 전에 작품을 마감하지 않으면 '지체상금'이라는 명목으로 수익

---

8 대법원 2010. 2. 11. 선고 2007다63409 판결 참조.

중 일부를 차감하는 방식의 정책을 시행하고 있습니다. 이러한 A업체의 정책은 정당한가요?

A) 지체상금이란 작가가 계약서에 기재된 원고의 마감시간을 어길 경우, 작가의 월 수익 중 일정 비율을 정해서 손해배상액의 형태로 징수하는 것입니다. 그런데 A업체의 경우 원고의 마감시간을 작품의 게재시간보다 2~3일 전으로 정해서, 최종 연재 전까지 계속 수정보완을 해야 하는 웹툰 작가들에게 과중한 부담을 주는 것이 아닌지 하는 불공정 논란이 있었습니다.

결국 A업체의 위 정책은 공정거래위원회로부터 "콘텐츠 제공을 지연하는 경우 부당한 지체상금을 부과하는 규정은 고객에게 부당하게 불리한 조항이므로 무효"라는 취지의 판단을 받고 현재는 해당 정책을 폐지했습니다.

사례 원고 마감일을 넘겨 제출한 원고에 대해 고료 지급 의무를 면하는 조항의 불공정성을 인정한 사례

Q) A씨는 웹툰 에이전시 B업체와 연재계약을 맺고 웹툰을 연재하던 중, B업체가 회사 경영상의 문제로 A씨에게 원고료를 계속 지급하지 않자 A씨는 이를 이유로 B업체와의 계약을 해지하고 미지급 원고료를 지급하라고 청구했습니다. 그러자 B업체는 계약서에 있는 "A씨는 매주 사전 협의된 시기까지 B업체에게 완성된 원고를 전송한다." "A씨가 제○조에 명시된 기한 내에 사전 협의 없이 B업체에

게 저작물을 제공하지 못하면 B업체는 저작권료를 지급하지 않는다."는 규정을 들어 마감기한이었던 해당 회차 게시 2일 전을 넘겨 전송한 원고에 대해서는 고료 지급 의무가 없다고 주장했습니다. 어느 쪽의 주장이 타당할까요?

A) 우선 계약상 원고 마감일로 사전 협의된 시기가 언제인지가 불명확하므로 위와 같은 계약 내용만으로는 작가의 계약 위반 여부를 판단하기 충분하지 못하며, 양 당사자가 서로 유리한 시기를 주장할 가능성이 있습니다. 또한 사전 협의된 시기가 계약상 명백하다고 하더라도 A씨가 마감일을 지키지 못했다는 이유만으로 B업체에게 저작권료 전액의 지급 의무를 면하게 하는 것은 업계 관행에 비해 과도한 페널티를 정한 약관이므로, 작가에게 불공정한 조항으로 무효로 볼 여지가 있습니다.

(4) 연재 기간 중 최소한의 인간다운 생활이 보장되는 조건으로 계약하자

연재는 장기전이고 웹툰의 경우 대부분 일주 단위의 마감 스케줄을 따르고 있으므로 연재 기간 중 작가의 건강과 휴식이 보장되어야 한다. 보통 계약서에는 "휴재할 경우 합리적인 사유를 통지해 업체의 동의를 얻어야 한다."라고 명시한다. 이 규정에 따르면 작가의 통지뿐만 아니라, 업체의 동의가 따라야 비로소 휴재를 할 수 있다는 의미이기 때문에 업체의 동의를 얻지 못하면 실제 건강 상태와 무관하게 연재를 이어가야 한다.

그러나 '지각'에 관한 기준이 서로 다를 수 있다. 플랫폼에서는 웹툰 사업자의 요구사항에 부합하는 완전원고 제출 이후에 작품의 퀄리티를 높이고자 하는 작가의 자발적 부분 수정 기간 역시 지각으로 보기도 한다. 부득이한 사정을 증명하기 위한 증빙자료를 촉박한 기한 내에 제출하도록 하거나, 같은 플랫폼 내에서도 작품 담당피디의 재량에 따라 증빙자료 제출 내규의 적용도 일관성이 없어서 피해를 보는 사례도 있다. 그러므로 연재 지연의 기준과 증빙자료에 관한 사항은 내규가 아닌 계약에 따로 명시하는 편이 좋다.

(5) 계약의 종료, 해제·해지, 위약금, 손해배상 관련 조항을 신중히 검토하자

보통 저작물 이용에 관한 계약은 몇 년 동안 계약의 존속 기간을 두고, 계약이 자동으로 연장되도록 규정하는 경우가 많다. 따라서 작가가 원하지 않을 경우 자동연장을 막을 수 있는지를 분명히 확인할 필요가 있다. 자동연장을 막을 수 없다면 작가가 계약 관계에서 빠져나오기 어려울 수 있다. 이런 경우 새로운 창작과 타 사이트 연재에 지장을 받고, 계약 해지 분쟁으로 법정다툼까지 가기도 한다.

◎ 실제 계약에서 사용되는 부당한 조항 예시

• 계약 기간은 연재 종료 후 3년이며 계약 기간 중 투자금을 차감하지 못했을 경우 '을'은 계속(10년) 서비스할 수 있다.

• 계약 종료 시점에 웹툰 콘텐츠의 연재가 종료되지 아니한 경우 본 계약의 계약 기간은 연재 종료에 따른 원고료 지급 및 수익 배분 완료 시까지로 한다.

사례 업체가 계약 갱신 주기를 3개월로 하고 갱신 시마다 불리한 조항을 추가한 사례

Q) A작가는 웹툰 에이전시 B와 계약 기간을 3개월로 하는 연재계약을 체결했습니다. A씨는 연재 기간에 비해 계약 기간이 너무 짧아 이상하게 여기고 B업체에 문의했습니다. 그러자 B업체는 계약 조건 협상을 위한 형식적인 기간일 뿐 연재에는 지장이 없다고 했습니다. A씨는 B업체의 말을 믿고 계약서에 서명했으나, B업체는 막상 연재가 시작되자 3개월마다 계약 갱신 체결을 요구하면서 처음 계약 내용에는 없었던 불리한 조항을 추가했습니다. A씨가 항의하자 B업체는 계약 갱신을 하지 않겠다고 하면서 A씨에게 사실상 B업체가 일방적으로 정한 계약 조건을 수락하도록 강요했습니다. 이러한 부당한 계약 갱신 강요에 대해 A씨가 취할 수 있는 법적 조치는 무엇일까요?

A) 계약 기간이 너무 긴 것도 문제이지만 위 사례와 같이 계약 기간을 지나치게 짧게 정하고 자주 갱신하는 것 또한 약관 작성자의 계약 해지를 용이하게 하고 불리한 조건을 사후에 추가하기 위한 수단으로 악용될 위험이 있습니다. 가장 좋은 방법은 최초 계약 체결 시 계약 기간을 최종 연재 완결일 또는 완결일로부터 일정 기간을 정해 약정하는 방법입니다. 그러나 짧은 계약 기간의 위험을 알지 못하고 약정한 경우, 위와 같은 계약 기간이 형식에 지나지 않고 실질적 계약 기간은 연재계약의 성격상 연재가 끝날 때까지 존속된다고 주장하며 상대방의 부당한 계약 갱신 강요의 위법·부당성을 놓

고 다툴 여지가 있습니다.

내 작품을 세상에 내보내기 위해 플랫폼, 에이전시, 다른 작가 등
과 계약 관계를 맺을 때는 장밋빛 전망과 꿈에 부풀어 계약에 내재한
위험이나 계약 상대방의 문제점에 대해 간과할 때가 많다. 그러다가
계약 상대방과의 관계가 삐그덕거리기 시작하면 계약을 종료시키고
싶어서 여러 방법을 찾아보지만, 한번 맺어진 계약 관계를 종료하는
것은 생각보다 간단하지 않다.

계약 관계를 종료하는 방법으로는 크게 두 가지가 있다. 계약 기간이 끝
나고 갱신을 하지 않아 종료되는 경우와 계약 기간이 끝나기 전에 당사자 간
의 합의나 당사자 일방의 의사로 계약을 해지 또는 해제하는 경우다. 당사자
간의 합의나 계약의 갱신 거절로 원만하게 계약이 끝나면 크게 문제
될 일은 없겠지만 상대방이 원하지 않는데 계약을 해지(해제)하기는
쉽지 않다. 기본적으로는 계약서가 있으면 계약서에 있는 계약 해지
(해제) 요건을 잘 살펴보고 요건에 맞추어 상대방에게 통지해야 한다.
통지의 방식은 서면으로, 가급적 내용증명 우편으로 한다. 해지 통보
또한 법률효과를 일으키는 의사 표시이므로 가능하다면 통지 전 꼭
들어가야 할 내용이 빠지지 않았는지 법률전문가에게 자문을 구하는
것이 좋다.

그렇다면 계약 해지와 계약 해제의 차이는 무엇인가? 해지와 해제
의 가장 큰 차이점은 효과가 다르다는 점에 있다. 당사자 일방이 계
약을 적법하게 해제하면 처음부터 계약이 없었던 것처럼 되어 당사
자들은 계약으로 인해 받은 것들을 전부 상대방에게 이자를 붙여 반

환해주어야 하지만(해제의 소급효, 민법 제548조 제1, 2항), 계약을 해지하면 그때까지 이행한 부분에 대한 효력이 없어지지는 않고 해지 시점부터 효력을 상실한다(민법 제550조). 특약이 없는 한 이미 받은 것들을 반환할 필요도 없다.

웹툰 연재와 같은 계속적인 계약에서는 해제보다는 해지로 계약 관계를 종료하는 것이 일반적이다. 해지의 경우 해제와 달리 민법에 해지 사유나 요건에 대해 구체적으로 정해놓은 조항이 없어 개별 계약서에 해지에 대한 조항이 없으면 해지 사유나 요건을 둘러싸고 분쟁이 벌어질 가능성이 크다. 일반적으로는 당사자 일방이 계약상 의무를 위반해 계약의 기초가 되는 신뢰 관계가 파괴되어 계약 관계를 더는 유지하기 어려운 정도에 이르게 된 경우 해지가 가능하다고 본다.[9] 또 상대방이 계약을 이행할 의사가 없다는 것을 분명하게 표시한 경우에도 계약 해지가 가능하다. 해지 방법은 법정해제 조항을 준용해서 상당한 기간을 정해 시정을 요구할 기회를 준 뒤 계약을 해지하는 편이 안전하다.

(6) 비밀유지 조항을 신중히 확인하자

사례 비밀유지 조항을 근거로 수익 정산의 근거자료를 제공하지 못한다는 회사의 주장은 타당할까?

Q) A작가는 자신이 연재하는 작품에 대한 11월 달 수익을 확인해보

---

9   대법원 2015. 4. 23. 선고 2011다19102 판결 참조.

고 이상하다는 생각이 들었습니다. 자기 작품의 조회수에 비해 수익이 너무 적다고 생각했기 때문입니다. A씨는 자신의 작품을 연재하는 플랫폼 B업체에 11월 달 수익의 정산 근거자료를 달라고 요구했는데, B업체는 수익 정산 근거자료는 자신들의 영업상 비밀자료에 해당해서 공개하기 어렵다는 입장을 밝혔습니다. A씨는 자신의 수익에 대한 근거자료를 받을 수 없을까요?

A) 작가는 업체에 자신의 창작물을 제공하고 사업화 권리를 위임하는 대가로 이에 따른 정당한 수익을 배분받습니다. 그렇기 때문에 수익이 어떤 방법으로 계산되어 작가에게 지급되는지를 정확히 아는 것은 작가의 당연한 권리이고, 정확한 수익 배분 과정과 근거자료를 작가에게 제시하고 설명하는 것은 업체의 의무입니다.

계약서에 수익 정산 시 근거자료를 함께 제공하도록 되어 있는지, 또는 작가가 업체에게 근거자료 제출을 요구할 수 있는 권리가 기재되어 있는지 확인해보시기 바랍니다. 만약 없다면 수익 정산 근거자료를 제공하는 내용을 계약서에 포함시키도록 업체에 요구해보시기 바랍니다.

사례 회사와의 계약 내용 중 일부를 SNS에 공개할 경우 비밀유지 조항 위반일까?

Q) A씨는 자신의 SNS 계정에 웹툰 플랫폼 B업체와 계약할 때 수익 배분 조건이 어떠했는지에 대한 글을 게재했습니다. 그러자 B업체는 A씨에 대해 비밀유지 의무를 위반했다면서 손해배상을 청구했

습니다. A씨는 계약상 비밀유지 의무를 위반한 것일까요?

A) 우리 법원의 판례에 따르면, 비밀유지 조항에서 보호하는 '비밀'
이라는 것은 "타인에게 알려지지 아니함이 유리한 사업 활동 일체에 관한
정보"를 의미하고, "공개될 경우 업무의 공정한 수행이 객관적으로 현저하
게 지장을 받는지 여부를 기준으로 구체적 사안에 따라 신중하게 판단"해야
합니다.[10]

계약서에 기재된 모든 내용이 '비밀'에 해당하는 것은 아닙니다.
같은 계약 내용이라고 하더라도 어떠한 내용을 얼마나 구체적으로
공개하는지에 따라 비밀유지 조항에서 보호하는 비밀이 될 수도, 비
밀이 되지 않을 수도 있습니다.

이번 사례의 경우, B업체는 이미 언론 보도 등을 통해 작가들에게
어느 정도의 수익을 배분하고 있는지 공개한 사실이 있었기 때문에,
이미 알려진 수익 배분율을 SNS에 공개한 사실만으로는 비밀에 해
당하지 않을 가능성이 더 높았습니다(이 사건의 경우 작가와 업체가 원만히
합의해 소송을 취하하게 되면서 법원의 판단까지 가지는 않았습니다).

그러나 계약의 구체적인 내용이나 근거자료를 SNS에 공개할 경
우, 계약의 상대방에게서 계약 위반에 따른 손해배상 민사소송, 명
예훼손 고소 등의 법적 대응을 당할 소지가 있으므로 각별한 주의
가 필요한 것도 사실입니다.

10 대법원 2014. 7. 24. 선고 2012두12303 판결 참조.

3) '배타적발행권 설정계약' 방식의 연재계약

배타적발행권이란 저작권법 제7절 제57조 이하에 규정되어 있는 권리다. 저작물을 발행하거나 복제·전송할 권리를 가진 자는 그 저작물을 발행 등에 이용하고자 하는 자에 대하여 배타적 권리를 설정할 수 있다(저작권법 제57조 제1항). 국내의 대표적인 웹툰 플랫폼 업체 중 하나는 자신들의 저작재산권 행사 범위를 "배타적발행권"으로 특정한 계약서를 제공하고 있다. 아래 계약 조항을 보자.

> [배타적발행권의 설정]
> 제공자는 000에 대하여 작품연재합의서에 따라 제공하는 콘텐츠의 배타적발행권을 설정하고, 000는 전세계를 대상으로 그 형태와 방식을 불문하고 콘텐츠를 독점적·배타적으로 복제·전송할 수 있는 배타적발행권을 가집니다.
>
> [배타적발행권의 행사]
> 000는 스스로의 판단에 따라 발행 방법, 발행 시기 등을 결정하여 콘텐츠의 배타적발행권을 행사할 수 있습니다. 단, 콘텐츠의 유료서비스 개시, 콘텐츠가 전송되는 플랫폼 또는 국가의 추가 등 중요한 사항에 대하여는 제공자에게 사전에 고지합니다.

작가는 자신의 작품에 대한 저작재산권 중 '배타적발행권'을 업체에게 이용허락 하는 계약서다. 이를 통해 업체는 계약 기간 동안 웹툰 작품을 독점적으로 발행, 복제, 전송할 수 있다. 업체가 작가로부터 작품 원고를 제공받아서 플랫폼에 게재하는 것은, 이용허락 받은 배타적발행권을 통해 '복제'와 '전송'을 하는 행위라고 볼 수 있다.

적어도 위 업체와 계약을 체결하려는 작가는 계약서를 확인하면서 자신의 저작권리 중 어떤 권리를 상대방 업체에 이용허락 해주는 것인지 명확히 알 수 있다. 배타적발행권이 무엇인지 모르면 저작권법을 찾아보고 인터넷 검색을 해보거나, 그래도 모르면 변호사한테 물어보면 해결된다.

많은 업체들이 작가의 '저작재산권 일체'를 양도받거나 이용허락을 받는 형태로 연재계약을 제안한다. 어떤 방식으로 활용하게 될지 모르니까 일단 '저인망식'으로 전부 다 활용할 수 있게 하겠다는 의도다. 그런데 사실 위와 같이 '배타적발행권'을 설정하는 것만으로도, 웹툰 콘텐츠의 기본적인 유통과 사업화에는 지장이 없다는 것을 위 대표적인 플랫폼의 계약서 형태에서도 알 수 있다.

3. 출판계약

'만화'가 디지털 콘텐츠가 아닌 출판물로 인식되고, 출판만화 시장이 활성화되어 있었던 과거 만화시장에서 출판계약은 가장 기본이 되는 계약 형태 중 하나였다. 웹툰 위주의 만화 시장에서도 작품이 인기를 끌면 단행본이 나오는 경우가 많으므로 작가는 만화 출판계약의 기초에 대해서 알아둘 필요가 있다. 출판계약을 체결할 때 유의해야 할 사항은 아래와 같이 정리할 수 있다.

1) 출판료(저작권 사용료)는 어떻게 산정될까?

2021년 문화체육관광부에서 개정 고시한 출판 분야 표준계약서 중
출판권 설정 표준계약서 제15조 및 제16조는 출판료(저작권 사용료)를
다음과 같이 규정하고 있다. 만화 분야 표준계약서에도 출판계약서
가 있지만, 출판료 조항에 국한해 보았을 때 출판 분야 표준계약서가
출판계의 실정을 잘 반영하고 있어서 출판 분야 표준계약서를 인용
했다.

◎ 출판권 설정 표준계약서 제15조 (저작권 사용료 등)

① 출판사는 아래와 같이 저작권자에게 정가의 일정 비율에 해당하
   는 금액에 일정 부수(발행부수 또는 판매부수)를 곱한 금액을 지정 계
   좌를 통하여 저작권 사용료로 지급한다. 이때 저작권자는 출판
   사에게 발행부수 또는 판매부수에 대한 자료를 요청할 수 있다.

• 초판의 경우 도서정가의 ___%×발행부수, 2쇄부터는 도서정가
   의 ___%×판매부수 (   )

• 도서정가의 ___%×발행부수 (   )

• 도서정가의 ___%×판매부수 (   )

• 기타

② 출판사는 ___개월에 한 번씩 발행부수 또는 판매부수를 저작권
   자에게 통보하고 통보 후 30일 이내에 그 기간에 해당하는 저작
   권 사용료를 지급하여야 한다. 만일 출판사가 발행부수 또는 판
   매부수를 약정기일 내에 통보하지 아니하는 경우 저작권자는 저

작권 사용료를 청구할 수 있으며, 출판사는 청구일로부터 30일 이내에 이를 지급하여야 한다.

③ 저작권자는 납본, 증정, 신간 안내, 서평, 홍보 등을 위하여 제공되는 부수에 대하여는 저작권 사용료를 면제한다. 다만, 그 부수는 매쇄 당 ____퍼센트를 초과할 수 없으며, 출판사는 자세한 내역을 저작권자에게 알려주어야 한다.

출판료의 기본 구조는 대체로 출판 정가와 발행부수 또는 판매부수를 기준으로 일정 비율을 정해서 수익을 분배하는 구조이다. 종이책 출판에서 작가의 수익 분배 비율을 지칭하는 용어로 '인세'가 있다. 인세는 평균 10%가 일반적이고 작가의 인지도, 경력 등에 따라 8%에서 12% 사이로 차등지급되기도 한다. 제16조 제1항에 명시된 것과 같이 계약과 동시에 선급금(선인세)조로 일정 금액을 지급받고 이를 나중에 작가 몫의 수익에서 공제하기도 한다.

사례 출판사가 작가의 선인세 공제 시 출판사가 부담할 제작비용을 포함해 정산한 사례

Q) A작가는 출판사 B와 전자책 발행계약을 체결하고 전자책 플랫폼에서 연재를 개시했습니다. A씨는 연재를 시작하기 전 B출판사로부터 선인세 명목으로 500만 원을 지급받았습니다. 그런데 연재가 개시된 후 A씨가 받은 첫 정산서에는 A씨 몫의 수익에서 차감되는 선인세 항목에 1,000만 원이 넘는 금액이 적혀 있었습니다. A씨가

깜짝 놀라 B출판사에게 설명을 요구하자 B출판사는 전자책 출판으로 B출판사가 지출한 비용인 표지비, 삽화비, 편집비도 A씨 몫의 수익에서 차감되는 선인세에 포함된다고 했습니다. B출판사의 위와 같은 정산 방법은 계약을 위반한 것이 아닌가요?

A) A씨와 B출판사가 체결한 전자책 발행계약의 비용 부담에 관한 사항을 살펴보아야 합니다. 제작비용을 A씨의 부담으로 하기로 약정했다면 B출판사가 정산서의 선인세 항목에서 위 비용을 공제한 것은 업계 관행과는 다를지 모르나 계약 위반이라고는 할 수 없습니다. 그러나 통상 출판계약에서 표지, 삽화비 및 편집비 등 출판에 필요한 제작비용은 출판사가 부담하는 것이 관행이고, A씨와 B출판사의 계약서에도 출판에 필요한 비용은 B출판사의 부담으로 한다는 내용이 포함되어 있었습니다. 그렇다면 B출판사가 A씨에게 정산해주어야 하는 수익에서 임의로 제작비용을 공제한 것은 계약 위반으로 볼 수 있으며, A씨는 B출판사를 상대로 제작비용을 공제하지 아니한 정당한 수익 정산을 요구할 수 있습니다.

표준계약서는 발행부수와 판매부수를 모두 출판료의 기준으로 제시하고 있지만, 실제 계약에서는 둘 중 하나를 택하게 된다(간혹 발행부수와 판매부수를 혼합하는 방식도 있다). 여기서 발행부수는 출판사가 판매를 위해 인쇄한 책의 부수를 말하고, 판매부수는 실제로 판매된 부수를 지칭한다. 작가 입장에서는 판매부수보다 발행부수를 기준으로 하는 것이 더 유리하다. 그 이유는 두 가지다. 첫째, 발행부수를 기준으로 인세를 산정하면 발행했지만 판매하지 않은 부수(재고부수)에 대해서까지 작가에게 인세를 지급한다. 결과적으로 재고에 대한 비용 부담이 출판사에게 돌아가는 반면, 판매부수를 기준으로 하면 재고부수에 대해서는 작가에게 인세를 지급하지 않으므로 재고 비용 부담을 작가와 출판사가 나누는 결과가 된다.

둘째, 출판사가 판매부수를 조작할 위험이 더 크다. 우리나라 출판 구조에서는 작가가 발행부수와 판매부수를 모두 객관적으로 확인할 방법이 없고 출판권자로부터 통지받아야만 알 수 있을 뿐이다. 그러나 발행부수는 출판사의 규모에 따라 다르기는 하지만 일반적으로 초판 1쇄 기준 1,000~3,000부 사이이므로 차이가 크지 않은 반면 판매부수는 천차만별이므로 출판사가 조작하기 더 쉽다. 또한 발행부수는 계약 체결 시 미리 예상해 계약 내용으로 포함시킬 수 있지만 판매부수는 그렇게 할 수 없다는 점에서 발행부수를 기준으로 하는 것이 작가에게 좋다.

출판료와 관련해 마지막으로 알아두어야 할 사항은 '매절계약'이다. 매절계약은 '이용에 따른 대가를 발행부수나 판매부수에 따라 지급하지 않고 작가에게 미리 특정 금액을 일괄 지불하며, 이후에는 수익이 얼마나 발생하든 관계없이 정산하지 않는 계약'을 의미한다.

매절계약이 무조건 작가에게 불리하다고만 할 수는 없다. 높은 판매수익을 기대할 수 없는 경우, 작가 입장에서는 정해진 금액을 일괄 지급받는 편이 유리할 수 있다. 계약 기간이 길지 않고 저작권, 특히 2차적저작물작성권이 작가에게 남아 있는 계약이라면 더욱 그렇다. 다만 매절계약에 포괄적이고 영구적인 저작권 양도 조건이 포함된 경우, 처음 출판을 기획하고 계약을 체결했을 때보다 예상 외로 높은 판매고를 기록한 경우에는 작가에게 가혹한 결과를 초래할 수 있다.

우리 판례에서는 매절계약이라고 해서 반드시 저작권 양도 약정을 포함하고 있다고 보지는 않는다. "원고료로 일괄지급한 대가가 인세를 훨씬 초과하는 고액이라는 등의 소명이 없는 한 이는 출판권 설정계약 또는 독점적 출판계약이라고 봄이 상당하므로 위 계약이 저작권 양도계약임을 전제로 하는 신청인의 위 주장은 이유가 없다." 즉 저작권 양도에 관해 계약에서 별도로 정한 바가 없을 때, 원고료를 일괄지급하는 매절계약이면 무조건 저작권을 출판권자에게 양도하기로 하는 저작자의 의사 표시가 포함되어 있다고 보지 않고 일괄지급한 원고료가 인세를 훨씬 초과하는 고액이어야만 저작권 양도를 고려해볼 수 있다는 의미이다.[11]

사례 동화작가가 출판사와 매절계약을 하면서 저작권을 포괄적으로 양도한 사건

A작가는 2003년경 B출판사와 아동용 그림책 전집 중 한 권에 대한 제작계약을 체결했습니다. 신인작가였던 A씨는 계약을 체결할 때 2차적저작물작성권을 포함한 저작권을 전부 B출판사에 양도했고, 저작물의 작업 대가는 판매부수에 비례해 지급하는 것이 아니라 정액으로 하는 약정을 체결했습니다. 매절계약에 저작권의 포괄적 양도 약정이 결합된 형태입니다.

A씨가 작업한 그림책은 2004년에 출판되어 8개국에 수출되고

---

11 서울민사지방법원 1994. 6. 1. 선고 94카합3724 판결 참조.

50만 권 이상 판매되었으며, 작품은 뮤지컬과 애니메이션으로 제작되어 누적 수익이 4,400억 원에 이르렀습니다. 그러나 A씨가 정산받은 금액은 지원금을 포함해도 2,000만 원이 채 되지 않았습니다. 이에 A씨는 불공정한 계약 조항으로 인해 자신의 저작권을 침해당했다고 주장하며 B출판사와 뮤지컬, 애니메이션 제작사를 상대로 소송을 제기했습니다.

그런데 법원은 A씨의 손을 들어 주지 않았습니다. 법원은 문제된 계약 조항이 계약이 체결된 2003년 당시 A씨가 신인이었던 점을 감안해 저작물의 상업적 성공 가능성에 대한 위험을 적절히 분담하는 측면도 갖고 있다고 보았습니다. 즉 A씨와 B출판사 모두 계약 당시에는 성공할지 여부를 알 수 없었으므로 A씨에게 지급한 금액만큼 수익을 내지 못하면 B출판사가 손해를 보는 구조였다는 점을 고려해 어느 한쪽에 일방적으로 불리하지 않다고 판단한 것입니다. 법원은 이러한 판단을 항소심을 거쳐 대법원에서도 그대로 유지했습니다.

이 사례에서 알 수 있듯이 대금을 일괄 지급받는 조항과 저작권을 포괄적으로 양도하는 조항이 결합한 계약을 체결할 때는 작품의 상업적 성공 가능성에 대해 신중하게 고민하고 결정해야 합니다.

2) 출판계약 실전편

앞서 살펴보았던 웹툰 연재계약 실전편은 출판계약에도 동일하게 적용할 수 있다. 출판계약과 연재계약이 결합한 형태도 있으므로, 출판계약을 하기에 앞서 연재계약에 관한 내용도 꼼꼼히 읽어보자. 용어의 정의를 정확히 하고, 상대방의 권리 범위를 확인하고(출판권과 무관한 수정변경권이나 2차적저작물작성권 등을 부여하거나 저작재산권 자체를 양도하고 있지 않은지), 출판 개시시기 등 시간과 관련된 조항을 구체적으로 정하고, 계약의 종료와 관련된 조항이 작가에게 부당하지 않은지 확인하는 절차가 필요하다. 출판계약에서 주로 문제가 되는 사항은 다음과 같다.

(1) 출판권의 설정인지, 출판허락인지 확실히 이해하고 넘어가자

출판사에서 제시하는 출판계약의 형식은 대부분 출판권 설정계약일 것이다. 작가가 출판사에게 독점적, 배타적인 출판권을 설정해주는 계약이다. 출판권은 한국저작권위원회에 등록함으로써 부동산등기와 유사하게 제3자에게 대항할 수 있는 권리, 즉 제3자를 상대로 자신이 독점적인 출판권자임을 주장할 수 있는 권리를 발생시키게 된다.

단순출판허락계약이란 작가가 출판사에게 계약 범위 내에서 비독점적이고 비배타적인 효력을 갖는 이용권만을 부여하는 계약으로 작가에게 가장 폭넓은 권한이 인정되는 한편 출판사의 권한 범위는 가장 협소한 형태의 계약이다. 이러한 유형의 계약을 체결하면 작가는 계약 기간 중에도 다른 출판사와 동일한 저작물을 출판할 것을 허락할 수 있다. 그러나 이러한 유형의 계약은 우리나라 출판 업계 관행상 흔한 편은 아니다.

출판권 설정계약과 구분하기 어려운 형태의 계약으로 독점출판허락계약이 있는데, 이것은 작가가 출판사에게 계약 범위 내에서 독점적이지만 배타적이지 않은 이용권을 부여하는 계약이다. 즉 작가는 계약 기간 중 다른 출판사에게 동일한 저작물을 출판할 것을 허락할 수 없으나, 작가가 다른 출판사에게 동일한 저작물을 출판하게 하더라도 출판사는 작가를 상대로만 계약 위반을 주장할 수 있을 뿐이고 직접 다른 출판사에 대하여 출판물 배포금지나 손해배상을 요구할 수 없다. 같은 경우에 출판권 설정을 받고 이를 등록한 출판사는 직접 출판권 침해를 주장할 수 있다는 점과 비교해보면 출판권 설정계약과 독점출판허락계약의 차이점을 이해할 수 있다.

출판권 설정계약, 독점출판허락계약, 단순출판허락계약은 모두 문화체육관광부에서 공시한 표준계약서가 존재한다. '출판계약서'라고만 쓰여 있을 때, 작가가 제일 먼저 해야 할 일은 표준계약서를 참고해 자신의 계약이 어떤 유형에 가까운지를 알아보는 것이다.

(2) 완전원고의 판단 기준과 공동저작물 여부에 대한 합의 조건을 확인하자

출판계약서에서 가장 중요한 권리 의무는 출판사의 출판 의무라고 할 수 있다. 출판사의 출판 의무를 발생시키는 전제 조건으로, 작가는 "일정 시기까지 출판을 위한 완전원고를 출판사에게 인도"하도록 규정하고 있는 출판계약서가 많다. 출판사는 "완전원고를 인도받은 날로부터 일정 기간 내에 출판해야" 한다. 작가들 가운데 완전원고의 개념을 제대로 출판사와 합의하지 못하고 계약했다가 출판사에게 출판을 미룰 구실을 제공하는 경우가 많다.

출판은 웹에서 연재하거나 전자책을 발행하는 것과 달리 종이책으로 인쇄하고 유통시키기까지 많은 자본이 투입된다. 그러므로 출판사가 완전원고가 아니라고 하며 원고 수정 및 추가 요구를 반복하다가 차일피일 출판을 미루면서 시간이 흐르고, 결국은 출판계약 자체가 흐지부지되기 쉽다. '완전원고'란 개념적으로는 '즉시 출판을 할 수 있을 정도의 완성도 있는 원고'를 의미하는데, 그 정도만으로는 분쟁을 예방하기에 충분하지 않다. 따라서 작품의 성격이나 작가의 작업 스타일, 출판사의 제작 방식 등을 고려한 구체적인 정의가 필요하다.

출판계약 중 일부는 작가에게 지급하는 고료를 '투자금'이나 '제작비'라는 명목으로 마치 출판사에서 자본과 노력을 들여 창작에 관여한 것처럼 외관을 꾸미고 이를 빌미로 출판사에 저작권이 귀속된다고 규정하는 경우가 있다. 그러나 (공동)저작자가 되려면 출판사에서 스토리나 콘티를 제공하는 등 저작물의 창작에 기여했어야 한다. 작가가 지급받는 대가는 가급적 '원고료'나 '인세' '저작권 사용료' 등의 용어를 사용하도록 하고 계약 전 출판사에 저작권을 출판사와 공동으로 행사할 의사가 없음을 분명하게 표시할 필요가 있다.

(3) 출판물의 중쇄 또는 중판요청권을 계약서에 명시하자

출판계약에는 '출판사의 계속 출판의 의무'라고 명시되는 조항이 있다. 출판계약이 성립되어 그 효력이 발생하면 출판사는 별도의 규정이 없더라도 계약 기간 동안 대상 저작물을 계속 출판해야 하는 의무가 생긴다. 계약 기간 동안에는 출판물이 항상 시중에서 유통되고 있어 소비자가 그것을 구매하는 데 지장이 없도록(품절되지 않도록) 해야 한다는 뜻이다. 이를 작가 입장에서 표현하면 출판물의 중쇄 또는 중판요청권이 된다. 출판계의 관행에 따라 구매율이 저조해 반품에 의한 재고가 많이 쌓이게 되면 출판사는 책을 절판할 수밖에 없으므로, 월간 평균 판매량이 일정 부수를 채우지 못하는 경우 서로 합의해 절판하거나 계약을 해지할 수 있게 하는 조항이 들어갈 때도 있다. 유의할 점은 작가와의 합의 없이는 출판사가 임의로 계약 기간 중 출판물을 절판시켜서는 안 되고 작가의 중쇄 내지 중판요청을 거절할 수 없다는 것이다.

(4) 출판권의 존속 기간은 3년 내외로 약정하자

저작권법 제59조 제1항, 제63조의2에 따르면 출판권과 배타적 발행권은 특약이 없는 경우 '맨 처음 발행 등을 한 날로부터 3년 동안' 존속한다. 계약에 따라서는 3년 미만이나 그 이상으로 약정할 수도 있다. 출판허락의 기간도 법률에 정함은 없으나 출판권의 존속 기간에 준해 해석할 수 있을 것이다. 계약 기간을 너무 짧게 정해도 출판물의 유통에 차질이 생길 수 있고, 계약 기간이 너무 길어도 작가가 출판사와의 계약에 지나치게 장기간 얽매일 수 있다는 점에서 좋지 않으므로 3~5년 이내의 기간으로 약정함이 바람직하다고 본다.

(5) 계약 종료 이후 원고 반환, 출판권 등록 말소, 출판료 즉시 지급, 재고 처리 등 조건을 놓치지 말고 체크하자

여기서 '계약의 종료'란 계약 기간 만료뿐만 아니라 일방의 갱신거절로 인한 종료, 계약의 해제, 해지, 취소 등을 포괄하는 개념이다. 출판계약은 연재계약, 전자책 발행계약 등 다른 유형의 계약과 비교해서 유형물인 출판물을 생산하는 계약이기 때문에 계약 종료 후에 처리해야 할 문제가 많이 남는다.

계약 종료 이후 재고 처리 문제에 대해서는 저작권법 제61조에 규정이 있다. 계약 기간 중 만들어졌지만 판매되지 아니한 재고부수는 원칙적으로 배포할 수 없고 폐기해야 하지만, 계약에 특약이 있거나 계약 기간 중 출판사가 작가에게 발행부수에 따른 대가(인세 또는 저작권 사용료)를 지급했다면 그 발행부수가 소진될 때까지는 배포할 수 있다. 단 출판권 소멸 이후 대가를 지급했다고 해서 이 규정이 적용되는 것은 아니다.

출판 분야 표준계약서에서는 "출판권이 소멸한 후에도 출판권자는 계약 기간 만료일 이전에 발행된 도서의 재고품을 ___개월 동안 배포할 수 있다."고 규정함으로써 재고도서의 판매 기간을 서로 합의해서 정하도록 하고 있다(출판권 설정계약서 제25조 제1항). 이는 저작권법 제61조 제1호에서 말하는 특약을 의미한다. 다만 이 경우 재고부수에 대한 인세를 작가에게 지급하지 않을 가능성이 있으므로, 동조 제2항에서 "제1항에 따른 재고품의 배포에 대해 출판권자는 제15조 제1항에 따라 저작권 사용료를 지급하여야 한다."고 정하고 있다.

만화 분야 표준계약서 중 출판계약서를 보면 출판권자가 저작자에게 육필원고나 원화 등의 실물원고를 모두 반환해야 한다는 조항(제20조 제1항), 출판권자가 자신이 보관하고 있는 원고의 복사본 및 전자적 형태의 데이터를 모두 파기하고 저작자에게 확인받아야 한다는 조항(동조 제2항), 계약 해지의 경우 출판권자가 저작자에게 해지 시점까지 발생한 출판료를 즉시 지급하고, 출판권 등록을 말소한 후 서면 증빙을 발급받아 저작자에게 교부해야 한다는 조항(제22조 제5항)이 있다.

이러한 표준계약서의 세부 규정을 참고해 계약 종료 이후의 처리 방법을 미리 정한다면 예상하지 못한 계약 종료 시에도 분쟁의 발생 가능성이 줄어들 것이다.

4. 전자책(E-Book) 발행계약(배타적 발행권 설정계약)

전자책이나 오디오북 등을 발행하기 위해서는 상대방에게 출판권과는 별도로 배타적 발행권을 설정해주어야 한다. 저작권법이 전자책 출판과 전통적인 책의 출판을 구분하고 있다는 점 등을 고려해 표준계약서는 전자책 출판에 관한 계약서를 별도로 두고 있는데, 실무에서는 출판계약에 전자책 발행에 관한 사항이 포함되어 있는 경우가 많다. 전자책 발행에 관한 사항을 포함하고 있는 계약을 체결할 때 특히 주의할 사항은 다음과 같다.

1) 전자책의 출판료는 어떻게 산정될까?

2015년 문화체육관광부에서 고시한 만화 분야 표준계약서 중 전자책 발행 표준계약서 제16조는 전자책 출판료를 아래와 같이 규정하고 있다.

◎ 전자책 발행 표준계약서 제16조 (전자책 출판료 등)

① 발행권자는 이 계약과 동시에 선급금으로 _____원을 저작자에게 지급한다. 이 선급금은 이후 처음 지급하는 저작권 사용료에서 공제한다.

② 발행권자는 저작자에게 매달 발생하는 매출액의 ____퍼센트에 해당하는 금액을 그 다음 달 ____일까지 전자책 출판료로 저작

자의 지정계좌에 지급하고, 매출에 대한 자료가 포함된 전자책 출판료 계산서를 저작자에게 서면으로 교부해야 한다.

③ 발행권자는 ____개월에 한 번씩 그동안의 매출 현황을 저작자에게 서면으로 통보해야 한다.

④ 저작자는 발행권자에게 매출액 산정에 대한 자료 일체를 수시로 요청할 수 있다.

이처럼 전자책 출판료는 발행권자의 매출액을 기준으로 6대 4, 7대 3 등 일정 비율을 정해서 수익을 분배하는 식으로 진행된다. 보통 전자책 발행 계약을 하는 경우 종이책 출판보다는 높은 비율을 저작자에게 배분하지만, 종이책 출판과 동일한 인세(평균 10%)를 적용하는 경우도 있다. 제1항과 같이 계약과 동시에 선급금조로 일정 금액을 지급받고 나중에 작가 몫의 수익에서 공제하기도 한다.

수익 배분의 기준을 매출액이 아니라 발행 및 판매비용 등을 공제한 영업이익이나 순이익으로 정하는 계약서도 있다. 그러나 전자책 발행은 종이책 출판에 비해 발행에 들어가는 비용이 크지 않고, 앞서 살펴보았듯이 종이책 출판료를 산정할 때도 정가의 일정 비율에 해당하는 금액에 발행부수나 판매부수를 곱해 책정하므로 표준계약서에서도 매출액을 기준으로 한 것으로 보인다.

작가 입장에서는 계약할 때 수익 배분의 기준을 정하는 조항이 있으면 위 표준계약서와 같이 '매출액'을 기준으로 하는지, 각종 비용을 공제한 '순매출' '영업이익' '순이익' 등의 다른 기준이 있는지를 잘 살펴보아야 한다. 그리고 계약서에서 쓰인 회계용어의 의미, 총매출액에서 공제되는 항목을 구체적으로 확인해 공제 항목을 최소화하는 방향으로 계약하는 것이 최선이다. 작가가 이해하기 어렵거나 확인하기 어려운 공제 항목이 많이 포함될수록 작가가 받는 몫이 줄어들 것이다.

표준계약서의 전자책 출판료 조항을 자세히 살펴보면 매출액 산정을 위한 기초자료를 청구하고 확인할 권한을 작가에게 많이 부여하고 있다는 점을 알 수 있다. 계약서에 작가가 매출액의 객관적인 산정 근거를 확인할 자료를 청구할 권한이 없다면 반드시 수정을 요구해야 한다. 이렇게 규정해도 플랫폼이나 에이전시가 엑셀 파일 등으로 계산서만 보내오고 세금계산서, 결제페이지 관리 화면 등 실제 계산내역을 확인할 수 있는 자료를 열람하게 해주지 않으면 소송을 걸지 않는 한 확인할 방법이 없으므로 문제의 소지가 있다.

2) 전자책 발행계약 실전편

(1) 플랫폼 사전 조사를 하고 계약 내용을 더욱 세밀하게 규정하자

전자책 출판(발행)은 확립되지 않은 개념이 많고 업계 관행이 충분히 정착되지 않은 신사업 분야인 만큼 계약서의 내용이 더욱 중요한 의미를 갖는다. 계약 제의가 들어왔다면 사전에 같은 플랫폼에서 연재하는 동료 작가에게 궁금한 점을 물어보거나 플랫폼을 방문해 직접 결제를 해보는 편이 좋다. 플랫폼에 따라 사전 조사를 해보면 더욱 상세하게 정할 수 있는 항목들이 많기 때문이다. 그리고 전자책을 발행할 플랫폼의 운영 방식, 뷰어(viewer, 사용자가 전자책을 열람하는 프로그램), 평균 단가, 수익 구조 등에 대한 조사를 해야 한다. 전자책 발행 표준계약서에서도 다음과 같이 저작물 이용 조건을 상세히 정하고 있다.

◎ 전자책 발행 표준계약서 제9조 (저작물 이용 조건 및 방법 등)

① 대상 저작물의 발행 등에 따른 이용 조건 및 방법은 다음과 같이 정한다.

• 복제 유형: 온라인(다운로드 형식) /오프라인(USB 등 유형 매체)

• 매체 형식: 전자책, 오디오북 등

• 이용 형식: 솔루션/디바이스/플랫폼 등

• 정가: 회당(또는 1세트) _____ 원

(2) 해외불법판매는 완벽히 차단하기 어렵지만 번역에 관한 사항만은 명확하게 정해두자

전자책의 경우, 순수하게 기술적인 문제로 해외불법판매를 완벽하게 차단하기가 어렵다. 발행권자에게 해외사용자가 국내에 설치된 서버로 접속해 불법으로 전자책을 전송받는 것까지 막아주기를 요구하는 것은 사실상 어려운 일이다. 그뿐만 아니라 온라인 서비스 업자들이 사용상 필요에 따라 해외에 서버를 두는 일이 있기 때문에, 전자책 서비스 업자가 사업상 필요에 따라 서버를 중국 등 해외에 두는 것을 제한하는 일 역시 무리한 요구일 수 있다.

아마존 킨들 등 해외의 전자책 시장 진출을 고려한다면 번역에 대한 권한만 별도 계약으로 규정하도록 정하고 전자책 발행 독점권을 국내 사업자 사이에서의 독점으로 제한해 해외전자책 사업자와 계약할 가능성을 열어두는 것만으로 충분하다.

(3) 저작권 침해를 방지하기 위한 적극적인 조치를 요구하자

전자책은 일반적으로 종이책에 비해 복제하기 쉬우므로, 내 저작물을 마음대로 복제 배포하지 못하도록 플랫폼에서 제공하는 애플리케이션(앱)에 스크린샷 기능을 사용하지 못하게 하는 등 복제금지 보호조치를 취하라는 조항을 계약서에 넣는 것이 좋다. 또 저작권 침해가 발생했을 때 공동대응할 것 등을 계약할 때 상대방의 의무 조항으로 삽입해두는 편이 바람직하다.

5. 에이전시와의 계약

웹툰의 연재가 가능한 플랫폼을 운영하지 않고 매니지먼트 업무만 하는 웹툰 전문 에이전시(agency)가 있다. 웹툰 에이전시는 주로 작가에게 계약금을 지급하고, 웹툰 연재로 발생하는 매출액이나 순수익을 기준으로 수익의 일정 비율을 분배받는다. 에이전시는 작가를 대신해 작품을 연재할 플랫폼을 물색하고 연결하는 일이 주 업무이다. 만화의 저작권을 침해하는 제3자에 대해 만화가를 대리해 침해 중지를 요구하거나 단속 업무를 맡기도 한다. 플랫폼이 에이전시 역할을 하는 곳도 있고, 에이전시가 작품의 수정 편집에 적극적으로 관여하는 곳도 있으므로 에이전시와의 계약이 연재계약과 잘 구별되지 않는 경우가 많다.

1) 플랫폼과 에이전시, 작가의 관계를 이해하자

저작물을 공표하기 위해 플랫폼이나 에이전시와 여러 차례 계약을 하다 보면 계약 명칭이 '부동산임대차계약'이나 '가맹계약'처럼 하나로 통일되어 있지 않고 다양하다는 사실을 알 수 있다. 웹툰 작가들의 계약서도 마찬가지이다. 검토하다 보면 연재계약, 투자계약, 제휴계약, 용역계약, 매니지먼트계약 등 다양한 계약 명칭에 놀랄 정도이다. 법률적으로는 계약 명칭에 구애받지 않고 실질적인 계약 내용과 권리 의무의 귀속 관계를 보고 계약의 법적 성격을 판단하기 때문에 계약 명칭이 다양하다고 해서 문제될 것은 없지만, 계약 당사자들을 혼란스럽게 하는 면은 분명히 있다.

(1) 플랫폼과 직접 계약하는 경우

웹툰 작가들의 계약서를 검토한 경험에 비추어보면, 플랫폼과 직접 계약하는 경우 이용허락계약이나 저작재산권 양도계약을 많이 한다. 플랫폼에 작가가 저작물을 연재하는 직접 사용권을 얻기 위함 때문이다. 출판업이나 전자책 판매·대여업을 함께 영위하고 있는 업체의 경우 출판권과 배타적 발행권 설정을 같이 하기도 한다. 일부 플랫폼은 에이전시와 같이 작가에 대한 매니지먼트를 겸하는 곳도 있어 에이전시와의 계약과 유사한 계약 조항이 포함되는 경우도 있다.

플랫폼과 직접 계약하는 것이 일반적으로 작가에게 유리하다. 플랫폼은 자금력과 인지도를 가지고 있는 기업이고 직접 수익을 분배받을 수 있으므로 후술하는 에이전시와 계약해 플랫폼에 작품을 공급하는 형태보다 안정적이다.

(2) 에이전시와의 계약을 통해 플랫폼과 연결되는 경우

자체 플랫폼을 가지고 있지 않은 에이전시와 계약하는 경우 계약의 성격은 천차만별이다. 작가 입장에서는 계약의 법적 성격이 무엇인지를 따지기보다는 에이전시에 과도하게 많은 권한을 주고 있지 않은지, 플랫폼 등 제3자와의 계약체결권이 작가 본인에게 있는지(알선, 중개계약), 계약체결에 대한 권한이 에이전시에 있더라도 작가 이름으로 계약하는지(대리계약), 에이전시 이름으로 계약해서 정산받은 수익을 작가에게 분배하는지(간접대리계약)를 중심으로 보면 된다. 작가가 직접 계약체결권을 가지는 중개계약이 가장 유리하나, 플랫폼 중에서는 에이전시가 있는 경우 작가 개인과 거래하지 않는 방침을 가진 업체들도 있다.

(3) 저작재산권을 직접 양도받거나 이용허락을 받는 에이전시와 계약하는 경우

에이전시 중에는 자체 연재가 가능한 시스템을 갖추고 있지 않으면서도 플랫폼처럼 저작재산권을 직접 양도받거나 이용허락을 받아 마치 자신의 저작물인 것처럼 저작재산권을 제3자에게 다시 양도하거나 재이용을 허락하는 형태로 계약을 체결하는 곳이 있다. 향후 연재 시스템을 구축할 계획을 가지고 있는 곳도 있지만 대부분은 에이전시가 작가를 배제하고 플랫폼을 상대로 대외적으로 저작재산권자처럼 행사하기 위함이 목적이다. 계약 당시에 이러한 목적을 알지 못하고 계약한 작가는 나중에 저작권의 귀속주체를 놓고 다투는 곤란한 상황에 처할 수도 있다.

**사례 에이전시와의 계약이 해지된 후에도 플랫폼에서 계속 내 작품을 연재
할 수 있을까?**

Q) 얼마 전 국내 굴지의 통신사에서 운영하던 웹툰 플랫폼에 작품
을 연재하던 작가들이 에이전시 업체로부터 일방적으로 연재중단
통보를 받았습니다. 이에 작가들은 에이전시 업체에 계속 작품을 연
재해줄 것을 요구했지만, 에이전시는 웹툰 플랫폼을 운영하는 통신
사 업체가 결정한 사안이라 자신들에게도 결정권이 없다고 했습니
다. 이에 작가들이 다시 통신사 업체에 항의하면서, 만약 연재를 중
단한다면 적어도 작품을 다른 플랫폼에 연재할 수 있도록 전송권(저
작재산권의 일종으로 저작물을 인터넷 등 정보통신망에 올려 이용자들이 접근할 수
있도록 하는 권리)을 행사하지 말아줄 것을 요구했습니다. 그러나 통신
사 업체는 에이전시와의 계약에 따라 자신들에게 전송권이 남아 있
다면서 작가들의 요구를 거부했습니다. 작가들은 계약 중단의 책임
을 누구에게 물어야 할까요?

A) 한동안 만화·웹툰업계에서 많은 논란이 되었던 사건입니다. 작
가들은 에이전시가 일방적인 연재중단 통보 권한이 통신사로부터
온 것이라고 하자, 이에 관한 에이전시와 통신사 간 계약서를 열람
하게 해줄 것을 요구했습니다. 그러나 에이전시와 통신사 측 모두
'비밀유지 의무'를 근거로 이를 거부했습니다. 작가들은 자신의 작
품에 대한 연재를 중단하는 근거가 누구와의 어떠한 계약 내용에
의한 것인지도 알지 못한 채 일방적으로 연재를 중단하게 되었습니
다. 그러나 에이전시는 통신사 측에, 통신사는 에이전시 측에 그 책

임을 미루었고요.

더 큰 문제는 '전송권'에 관한 것이었습니다. 작가들은 연재 중단은 계약 해지라고 볼 수 있고, 계약이 해지되었다면 계약에 기반을 둔 권리인 전송권 또한 소멸되었으므로 자신들의 작품을 다른 플랫폼에서 연재할 수 있게 해달라고 요구했습니다. 그러나 통신사 측은 이 역시 에이전시와의 계약 관계에 따라 계약 종료 후 2년 간 전송권 행사를 할 수 있다고 주장했습니다.

작가들은 자신의 작품이 계약 종료 후에도 통신사를 통해 2년 간 해당 플랫폼에서 독점적으로 연재된다는 사실을 전혀 모르고 있었습니다. 에이전시와의 계약 과정에서도 언급된 적이 없었고요. 자신의 작품 연재에 관한 중요 사안인데도, 에이전시와 플랫폼 간 계약 체결 내용으로 인해 작가의 권리가 일방적으로 제한된 것입니다.

이 사건은 결국 만화·웹툰 업계와 정치권 등의 중재를 통해 원만히 해결되었습니다. 그러나 이 사례는 작가-에이전시-플랫폼으로 이어지는 작품의 창작·유통·연재 과정에서 창작자의 동의 없이 저작재산권이 행사될 수 있다는 것을 보여주었습니다.

앞으로 이런 사례가 재발하지 않으려면, 작가의 작품에 대한 유통·연재 과정에서 에이전시에게 작가의 권리 일체를 위임하거나 양도하는 것을 지양하고, 에이전시가 플랫폼과 연재계약을 체결할 때 그 주요 내용을 작가에게 고지하고 작가의 동의를 거쳐서 계약을 체결하도록 계약 조항들을 다듬을 필요가 있습니다.

에이전시와의 계약에 들어가는 일반적인 형태의 조항 문구 몇 가지를 소개한다.

[목적]

본 계약은 작가가 웹툰을 제작함에 있어 작가가 창작을 담당하고 회사가 관련 사업권을 직접 또는 웹툰 플랫폼 등 제3자를 통해 행사하는데 있어서 필요한 당사자간의 권리와 의무를 명확히 하는 데에 그 목적이 있다.

[대상작품 제작 및 사업화]

회사는 대상작품을 제작, 유통, 판매하는 등으로 직접 사업화하거나 제3자에게 이를 허락할 수 있는 독점적이고 배타적인 권리를 가진다.

[에이전시 활동]

작가는 계약 기간 동안 회사에게 본 건 작품에 관한 에이전시 활동을 수행할 수 있는 일체의 권한을 허락한다. 회사는 이에 따라 작가에 관한 에이전시 관련 일체의 업무를 수행할수 있는 권한을 가진다. 이러한 권한에는 작가를 대리하여 연재계약을 체결할 수 있는 권한이 포함되며, 회사는 계약의 내용 및 조건, 계약상대방, 이행방법 등 계약의 주요내용을 결정하고 계약상대방과 교섭할 수 있다.

에이전시와 계약한 작가들은 대부분 플랫폼과는 해당 작품에 대해 직접적인 계약을 체결하지 않는다. 에이전시는 작가와 저작권 이용허락 계약을 체결하고, 작가로부터 저작재산권을 이용하여 작품을 유통하고 수익을 창출할 권리를 허락받는다.

작가는 계약에 따라 에이전시에게 작품의 유통 및 사업화를 맡기고, 복잡한 사업 부분은 신경 쓰지 않고 창작 활동에만 전념할 수 있다는 장점이 있다. 반면, 에이전시에게 작품 저작권리를 지나치게 광범위하게 이용허락 하거나, 계약 내용을 정확히 파악하지 못한 채 작품의 핵심 권리 일부 또는 전부를 양도하는 방식으로 계약을 하면 불공정 이슈가 발생할 여지도 있다.

2) 에이전시와의 계약에서 주의해야 할 점

(1) 공동제작 형태로 계약하지 말자

'웹툰 제작사'라는 명칭을 걸고 활동하는 업체들을 주의해야 한다. 에이전시에서 스토리나 콘티를 제공하는 특수한 경우가 아닌 한 웹툰은 작가와 에이전시의 공동저작물(혹은 결합저작물)이 아닌 작가의 저작물로 보아야 한다. 공동제작을 표방하는 에이전시에서 작품에 과도하게 개입해 수정을 강요하고, 에이전시의 승인 없이는 다음 화 창작에 착수할 수도 없어 작가가 생각한 일정대로 창작을 진행하지 못하는 경우가 부지기수다.

사례 에이전시 역할만 하는 회사가 작가에게 '저작물 공동저작 및 저작물 유통계약서'를 제시한 사례

한 작가가 한국만화가협회를 통해 한 에이전시 업체와 계약을 체결하기로 했다면서 계약서 내용에 대한 검토를 의뢰해왔습니다. 계약서의 제목은 '저작물 공동저작 및 저작물 유통계약서'였습니다.

계약서 제1조에는 '목적'과 함께 '공동저작권'을 규정해두고 있었습니다. 즉 "대상 저작물 그리고 대상 저작물을 작성하는 과정에서 만들어지는 부수적인 저작물 일체에 대한 소유권, 지적재산권 일체(복제권, 공연권, 공중송신권, 전시권, 배포권, 대여권, 배타적 발행권, 2차적저작물작성권, 출판권, 저작인접권을 포함하되 이에 한정되지 않음)는 '갑'과 '을'이 공동으로 소유하기로 한다."라고 되어 있었습니다.

그런데 실제 계약서 내용을 보니, 업체는 창작 과정에서 아무런 역할을 하지 않는 것으로 되어 있었습니다. 제6조에 업체의 역할과 의무에 대한 규정으로 "'을'은 대상 저작물의 공동저작자로서의 역할을 충실히 함은 물론이고, 이 계약의 내용에 따라 선량한 관리자의 주의로서 대상 저작물의 웹툰 작품화를 포함해 대상 저작물이 상업적으로 재산적으로 의미가 있도록 최선의 노력을 다하기로 한다."고 되어 있었을 뿐입니다.

결국 업체는 작품의 창작 과정에 있어서 직접적인 기여를 하지 않음에도, 창작물의 모든 재산적 권리를 작가와 공동으로 행사하겠다는 취지로 위와 같은 내용을 담은 계약서를 제시한 셈이었습니다. 작가가 창작하는 창작물의 재산적 권리 일체를 업체와 포괄적으로 공동소유하도록 하고, 포괄적인 사업추진권은 업체에 귀속시키는 이러한 계약은 상당히 불공정하므로, 반드시 수정되어야 합니다.

(2) '공동저작권' 계약의 의미를 제대로 확인하자[12]

한 작가가 법률상담을 의뢰해왔다. 질문 요지는 대략 이러했다. "이번에 웹툰 연재 데뷔를 준비하는 작가입니다. 저를 데뷔시켜주겠다는 콘텐츠 유통사로부터 계약 제안을 받았는데요. 매월 제작에 따른 고정급도 주고 대형 플랫폼에 연재를 시켜준다고 하네요. 저는 꼭 데뷔하고 싶은데, 계약서에 서명해도 괜찮을까요?"

우선 작가로부터 계약서를 받아봤다. 가장 먼저 눈에 들어온 계약 조항이 있었다. "갑(작가)과 을(회사)은 갑(작가)이 제작하는 저작물의 공동저작권자가 된다." 그 다음 바로 들어오는 또 하나의 조항. "갑(작가)의 귀책사유로 계약이 해지될 경우 갑(작가)은 을(회사)의 허락 없이 저작물에 관하여 제3자와 연재, 유통 등 계약을 체결할 수 없다." 침을 꿀꺽 넘기면서 쭉 읽어 내려가다가 '카운터펀치'를 맞았다. "계약 기간은 저작물이 존재하는 기간 동안 유효하다."

우리는 다음의 한 마디로 검토의견을 정리할 수 있었다. "이건 불공정한 계약서입니다." 그리고 덧붙였다. "계약 체결에 신중하실 필요가 있겠습니다." 변호사는 단정적 표현을 본능적으로 꺼리는 경향이 있다. 우리가 이 정도로 표현한 건, 웬만하면 저 계약서에 서명하지 말라는 얘기다. 로또 1등 수준의 거액을 계약금으로 주면 모를까.

---

12 이 글은 김성주 변호사가 2021. 2. 17. 에너지경제신문에 기고한 〈웹툰 산업, 공정계약에 관심을 기울일 때〉 원고를 보완하여 수록한 것임을 밝힙니다.

대법원 판례는 저작권법상 '저작물'이란 "문학·학술 또는 예술과 같은 문화의 영역에서 사람의 정신적 노력에 의하여 얻어진 아이디어나 사상 또는 감정의 창작적 표현물"이라고 규정한다(대법원 1999. 10. 22. 선고, 98도112 판결). 즉 사람의 정신적 노력과 이를 실제로 표현하는 행위를 합쳐서 저작물이라 일컫고, 이러한 저작물을 창작한 자를 저작자라고 일컫는다. 그리고 저작권법 제10조에서는 저작자가 저작권리를 가진다고 규정하고 있다.

고로 콘텐츠 유통사는 저작물의 저작권자가 아니다. 유통사는 저작물의 아이디어나 사상 또는 감정을 창작하여 표현하는 행위를 한 것이 아니기 때문이다. 다만 유통사는 정해진 계약 기간 동안 저작권자인 작가로부터 저작재산권을 행사할 권한을 잠시 위임받아서 행사하고, 그 대가로 작가와 수익을 배분하는 것일 뿐이다. 계약 기간이 끝나면, 저작물에 대한 권리는 다시 저작권자에게 귀속되는 것이다. 저작권의 "양도계약"을 체결하는 것이 아닌 이상 말이다.

그런데 계약 기간을 저작물이 "존재하는 기간"으로 설정한다는 것은 유통사가 저작물을 영구적으로 관리하고 권리를 행사하겠다는 것이다. 창작자인 작가가 사망해도, 유통사가 망하지 않는 한 저작권리를 가져가겠다는 것이다. 작가가 이 계약서에 서명하면, 작가는 이 세상을 떠난 후에도 자신의 작품이 자신의 의사와 관계없이 유통되는 것을 하늘에서 지켜보아야 할지도 모른다.

이런 유형의 계약서를 간혹 접하면, 계약서를 제안한 업체 측에 하고 싶은 말이 있다. 페어플레이 좀 하자. 일방이 상대방의 등골을 빼먹는 방식이 아니라, 서로의 가치와 권리를 존중해주고 그에 걸맞게 계약하자. 좋은 회사라고 소문날수록 좋은 작가들이 몰리고 좋은 작품들이 많이 나온다.

(3) 플랫폼 연재가 예상보다 어려워질 수 있으니 주의하자

에이전시가 보통 작가에게 고료를 계약금, 투자금, 선급금 등의 형태로 선지급하기 때문에 에이전시 입장에서는 작가에게 주는 원고료보다 플랫폼으로부터 더 많은 MG를 받아야 하는 부담이 있다. 또한 플랫폼과 에이전시 중 해외진출이나 2차적저작물 사업화를 추진하는 경우 우선협상권을 누가 가져가는가 하는 문제로 다툼이 있을 수 있어 결국 작가 입장에서는 연재처를 찾는 일이 더 어려워질 수 있다. 에이전시와의 계약 때문에 작가 본인이 나서서 직접적으로 연재처와 계약도 할 수 없다.

그러므로 에이전시와의 계약은 연재처가 확정되고 연재처와의 계약과 동시에 진행하거나 연재처와의 계약을 마무리한 후 진행하는 편이 좋다. 그것이 쉽지 않다면 적어도 에이전시가 접촉하고 있는 연재처를 두세 곳 이하로 추리고 연재 계획에 대해 정확한 설명을 들은 후 연재처와의 계약 일정과 연재 개시일 등 연재 계획을 계약서에 별지 등으로 명시해야 한다.

(4) 작가가 플랫폼과의 계약 관계를 확인할 수 있는 장치를 마련하자

에이전시와만 계약 관계를 맺고 플랫폼과 작가 사이에 계약서가 없는 경우 에이전시가 플랫폼과의 계약 과정에서 작가의 의견을 반영해주지 않거나 작가에게 계약서를 보여주지 않는 사례가 있다. 이를 방지하기 위해서는 에이전시와의 계약에 "수임인이 제3자와 대상 저작물에 대한 계약을 체결할 때 저작자와 상의하고, 의사를 반영해야 한다."는 내용을 명시하고, 발생하는 수익에 대한 모든 자료를 저작자에게 공개하기로 하는 약정도 포함해야 한다. 수익에 대한 모든 자료에는 수익 정산의 구체적인 계산 방법과 기준을 작가가 이해할 수 있게 설명하라는 내용도 포함한다. 계약서를 아무리 잘 썼더라도 작가가 플랫폼과 직접 연락할 수 있는 수단이 없을 경우(대부분의 에이전시는 작가와 플랫폼이 계약 문제로 직접 연락하는 것을 허용하지 않는다), 정기적으로 에이전시를 통해 수익 발생 여부와 정산 내역을 확인해야 한다.

(5) 에이전시에 의한 저작권 침해를 주의하자

에이전시가 완성된 웹툰을 임의로 수정, 변형하는 동일성유지권 침해, 웹툰 캐릭터를 마음대로 다른 사업 홍보에 가져다 쓰거나 2차적저작물 사업화 계약을 작가의 동의 없이 무단으로 체결하는 2차적저작물작성권 침해, 계약 기간 종료 후 웹툰을 무단으로 사용하는 행위 등 에이전시에 의한 저작권 침해가 빈번하다. 에이전시의 저작권 침해의 유형을 구체적으로 정리해 계약서에 명문으로 금지하는 조항을 넣는 것이 바람직하다.

사례 에이전시가 해외출판수익 누락 후 먼저 작가의 이행거절을 이유로 한 손해배상청구소송을 제기한 사례

Q) A작가는 대형 플랫폼에서 연재한 작품이 흥행에 성공해, B에이전시와 라이선스 계약을 맺고 해외출판 사업을 진행하던 중 B업체가 3년 전부터 해외출판수익 중 1억 원 이상을 고의적으로 누락시켜왔다는 사실을 발견했습니다. A씨는 B업체를 상대로 계약 해지를

통보하는 내용증명을 발송하는 한편, 대리인을 선임해 미지급금의 반환 소송을 준비하던 중 B업체로부터 A씨의 이행 거절을 이유로 한 손해배상청구소송을 당했습니다. A씨는 어떤 조치를 취해야 할까요?

A) A씨가 먼저 계약 해지 내용증명을 보냈다는 이유로 B업체가 손해배상을 구하는 소송을 제기했더라도, 계약 관계가 파탄된 근본 원인은 고의로 출판수익을 누락한 B업체에 있으므로 A씨의 계약 해지는 적법·유효하고 A씨는 B업체가 제기한 소송에서 미지급금의 반환을 구하는 반소를 제기할 수 있습니다. 다만 이때 A씨는 B업체가 출판수익을 누락한 사실에 대해 구체적인 증거자료를 통해 입증해야 할 책임이 있습니다.

사례 웹툰 에이전시의 원고료 미지급 및 연재 중 작가 교체 통보 사건

Q) A작화가와 B스토리 작가는 C웹툰 에이전시와 연재계약을 체결하고 회당 원고료를 받기로 했으나, C업체는 A씨와 C씨에게 현재까지 총 1,000만 원의 원고료를 지급하지 않았습니다. C업체는 "작품의 질이 낮고, 수정 요구 사항도 반영되지 않았으며, A씨의 기존 작품과 비교했을 때 퀄리티 차이가 현저해 다른 사람이 작화 작업을 한 것으로 의심되므로 원고료 전액을 지급할 수 없다."고 주장했습니다. C업체는 더 나아가서 10화까지만 연재하고 작화가를 교체

하겠다고 일방적으로 통보했습니다. A씨와 B씨는 C업체를 상대로 원고료 전액의 지급을 청구할 수 있을까요?

A) 단순히 에이전시가 만족할만한 퀄리티가 나오지 않는다는 이유만으로 에이전시가 연재의 대가 지급 의무를 면하거나 작가를 마음대로 교체할 수는 없습니다. 다만 C업체가 주장하는 사정들이 연재를 통한 수익에 직접적인 영향을 끼쳤다는 사실을 C업체가 입증하거나, 계약자 외 다른 사람이 주도적으로 작화 작업을 한 사실이 인정된다면 C업체는 A씨에 대해 계약 위반을 이유로 시정을 요구할 수 있고 시정되지 않을 경우 계약을 해지할 수도 있습니다. 실제 사건에서는 A씨가 C업체에게 고지하지 않고 채색 어시스턴트를 고용해 작업 일부를 위탁한 사실이 확인되었으나, 어시스턴트의 도움을 받는 것이 만화 창작의 관행인 점, 어시스턴트가 창작에 기여한 정도가 크지 않고 A씨가 지시한 보조 업무를 주로 했던 점만이 인정되어 C업체의 주장이 받아들여지지 않았습니다.

저작권 침해 관련 조심해야 할 두 가지 사례를 소개하고자 한다. 우선 아래 계약 조항을 보자.

[저작권리 및 저작재산권의 부여]

2. 회사는 웹툰의 수익증대를 위하여 본조를 통해 보유하게 되는 권한의 전부 또는 일부를 제3자에게 양도하거나 서브라이선싱 할

수 있다.

막상 계약서를 받아보면 무심코 넘어가기 쉬운 조항 중 하나일 수 있다. 이 조항의 취지는, 회사가 작가로부터 부여(이용허락)받은 저작 재산권을 제3자에게 다시 양도하거나, 재이용허락(서브라이선싱)할 수 있다는 것이다.

작가는 자신의 에이전시라고 인식하는 회사를 믿고 그 회사와 계 약을 체결한다. 그런데 위 조항에 따르면, 회사는 작가로부터 사전 동의를 받지 않아도 그 회사와 연결되어 있는 다른 에이전시 회사 등 제3자에게 작가로부터 부여받은 권리를 넘길 수 있다. 이렇게 되면 작가는 자신의 의사와 관계없이, 직접적인 계약 대상이 아니었던 제 3자 업체에게 자신의 저작재산권을 이용허락 또는 양도하게 될 수 있다.

작가 본인이 모르는 상태에서 작가의 작품이 제3자에 의해 유통 되는 것은 기분 좋은 일이 아닐 테다. 에이전시와의 계약을 종료하려 했는데 에이전시가 임의로 권리를 양도한 제3자와의 계약관계 때문 에 계약 종료가 어려워질 여지도 있다. 수익증대를 위한 목적이라고 하지만, 작품 전송 과정에 플레이어들이 많이 개입될수록 비용 또한 늘어날 수밖에 없다.

때문에 이러한 조항에는 적어도 작가의 '사전 서면동의' 절차를 추 가할 필요가 있다. 즉 작가는 에이전시가 다시 '서브라이선싱'을 하 려는 업체가 어디인지, 그 업체와의 계약조건은 어떠한지, 그 업체가 작가의 작품을 어떻게 사업화하려는 것인지 등을 명확히 고지받은 후 동의 여부를 결정할 수 있어야 한다.

　다음으로 너무 황당하지만, 실제 필드에서 체결된 적이 있는 에이전시 계약서의 저작권리 조항을 소개하겠다.

[저작권 등]

1. 본 계약에 따라 제작된 작업물 및 만화작품에 대한 저작권(2차적 저작물 작성권 포함), 상표권 등의 지식재산권과 그 외 일체의 권리는 회사에 귀속된다.

2. 회사는 만화작품의 전부 또는 일부의 완성과 동시에 만화작품의 배포 및 2차적저작물 작성을 포함한 모든 사업행위에 대한 독점적이고 배타적인 권한을 취득하며, 작가는 이러한 회사의 권리 추구에 대하여 정당한 사유 없이 방해할 수 없다.

3. 회사는 필요에 따라 작업물을 복제, 배포, 대여, 공중송신, 변형, 저작권 등록, 기타 여하한 방법으로 자유롭게 이용할 수 있으며, 작가는 이에 대해 이의를 제기하지 않는다.

4. 작가는 회사의 자유로운 이용을 위해 회사가 요청하는 필요 자료를 회사에 제공해야 한다.

5. 작가는 작업물에 대한 저작권을 작가의 명의로 등록하거나 제3자에게 양도 또는 사용허락하는 등 회사의 이용권한을 제한할 수 있는 어떠한 행위도 하여서는 아니되며, 회사가 본조 제2항에 따라 작업물과 작업물을 구성하는 일체의 요소, 만화작품을 자유롭게 이용할 수 있도록 하여야 한다.

6. 본조는 계약 기간은 물론 계약 종료 후에도 그 종료 사유를 막론

> 하고 여전히 유효한 것으로 한다.

우리도 이 책에서 계약조항을 소개할 때, 아주 혹시라도 업체가 특정될 수도 있기 때문에 계약조항 표현을 일부러 약간씩 변형하는 경우가 많다. 그런데 이 계약조항은 문제의 소지가 많기 때문에, 독자들이 제대로 읽어보시라는 차원에서 표현을 전혀 바꾸지 않고 관련 조항을 모두 그대로 기재하였다.

우선 에이전시 업체는 작가가 창작한 저작물의 모든 저작권을 업체에 귀속시키고 있다. 계약서에는 작가에게 저작인격권이 귀속된다는 취지의 조항도 없었다. 처음부터, 저작물이 창작된 시점부터 저작권리는 업체에게 있다고 해버린 것이다.

그뿐만 아니라, 업체의 저작재산권 행사에 작가는 어떤 이의도 제기할 수 없고, 심지어 업체가 권리 행사에 있어서 필요한 자료를 요구할 경우 작가는 제공할 의무를 부담한다. 그리고 이러한 저작권리 행사의 유효기간은 영원하다.

한 마디로 작가는 작품 창작만 하고 이에 따른 수익분배금을 가져가는 대신, 나머지는 업체가 다 가져가겠다는 것이다. 이런 계약서는 당연히 불공정하다. 업체가 작가에게 얼마나 많은 돈을 주는지는 모르겠다. 그러나 아무리 많은 돈을 주더라도, 기본을 전혀 지키지 않고 있는 계약서다.

"저작자"는 저작물을 창작한 자를 말하며(저작권법 제2조 제2호), 저작자는 저작인격권과 저작재산권을 가지고(저작권법 제10조 제1항), 저작권은 저작물을 창작한 때부터 발생하며 어떠한 절차나 형식의 이행을 필요로 하지 아니한다(저작권법 제10조 제2항).

그런데 업체는 작품의 창작을 한 자가 아님에도 작가의 저작권을 전혀 인정하지 않는 방식으로 계약했다. 후술하는 기획만화계약이 아니라면 에이전시와 이런 계약은 하지 말자.

6. 기획만화계약

창작 단계에서부터 저작권 자체를 양도하는 형태의 계약이 필요한 경우가 있는데, 만화 업계에서 기획만화 또는 홍보만화라고 부르는 방식의 만화가 그러하다. 만화 제작을 의뢰한 자가 만화의 내용, 방향, 작화 방식 등 세세한 부분까지 지시하는 것이 보통이고, 만화가는 이러한 요구에 맞춰 작품을 만들게 되는 경우가 많다.

이러한 계약서가 등장하는 이유는 만화 계약을 도급 계약으로 보는 전통적 관점에서 비롯되었다. 회사가 작가에게 만화의 제작을 의뢰하고, 작가는 회사가 요구하는 조건에 따라 만화를 완성하여 납품하는 계약이 도급이다. 일반적으로 도급 계약에 따라 수급인(의뢰받은 자)이 완성한 결과물의 소유권은 도급인(의뢰한 자)에게 원시적으로 귀속된다.

물론 결과물의 소유권이 도급인에게 귀속된다고 해서 저작권까지 도급인에게 넘어가는 것은 아니다. 저작권은 특약이 없는 한 수급인에게 속하는 것이 원칙이다.

하지만 도급 계약에 관한 판례 중에서는 도급인이 수급인의 저작물 제작과정을 실질적으로 통제하고 감독하였다면 이는 업무상저작물로 보아 그 저작자를 도급인으로 볼 수 있다고 하거나[13], 비디오 교재의 제작 납품 계약을 체결하면서 비디오 교재의 판권은 도급인에게 귀속한다고 약정한 사건에서 "수급인이 그 저작물을 완성하여 도급인에게 이를 인도하였을 경우 특별한 사정이 없는 한, 그 소유권과 아울러 그 지적재산권의 전부 또는 일부인 복제 및 배포권도 같이 양도되었다고 봄이 상당하다"라고 판시한 사례가 있다.[14]

기획만화계약은 이러한 판례의 경향을 반영하여 도급의 성격이 강한 만화를 제작할 때 적용되는 계약이라 할 수 있겠다.

현행 만화 분야 표준계약서에 따르면 기획만화계약은 저작권을 포괄적으로 양도하고 대금을 일괄지급받는 매절계약 형식으로 구성되어 있기 때문에 간혹 상대방이 이를 악용해 일반 연재계약임에도 기획만화계약의 표준계약서를 차용하는 경우가 있다. 그러므로 작가 입장에서는 만화 창작의 목적과 용도, 작가로서의 창작성을 발휘할 여지가 있는지 등을 잘 고려해 기획만화계약을 체결할지 일반 출판계약을 체결할지 판단해야 한다.

웹툰 연재계약도 같은 문제가 많이 발생하지만, 특히 기획만화 제작 과정에서 만화가들이 가장 어려움을 겪는 부분은 발주자가 지나치게 많은 수정을 요구한다는 것이다. 물론 계약의 특성상 발주자가 수정을 요구하는 것은 원칙적으로 정당한 권리 행사라고 볼 수 있으나, 발주자의 수정 요구가 일관성이 없는 경우나 여러 차례 수정 끝에 수정 전의 최초 상태로 되돌려 달라고 요구하는 경우, 작업이 막바지에 이르렀

---

13 서울남부지방법원 1996. 8. 23. 선고 96가합2171 판결.
14 서울고등법원 1994. 12. 7. 선고 94라175 결정.

는데 작업 초창기에 수정했어야 하는 부분에 대해 수정을 요구해 그 동안 진행한 작업 결과를 모두 포기해야 하는 경우 등 발주자의 수정 요구가 정당하다고 보기 어려운 경우도 있다. 이러한 무리한 수정 요구에 대처하는 방법이 만화 분야 표준계약서 중 기획만화계약서에 잘 정리되어 있으며, 웹툰 연재계약에도 동일하게 적용할 수 있다.

◎ 만화 분야 표준계약서 중 기획만화계약서 제7조

1. 발주자의 수정 요구는 최대한 구체적으로 특정해 서면으로 전달한다.

2. 추상적으로 전달한 수정 요구에 대해서는 그 해석 권한을 작가에게 주며, 이에 대해서 발주자가 이의를 제기할 수 없다. 따라서 발주자가 자신이 요구하는 대로 작품을 수정하기 위해서는 최대한 구체적으로 수정 요구사항을 특정해야 한다.

3. 한 부분에 대한 수정은 1회를 원칙으로 하고, 추가 수정을 할 경우에는 작가의 서면 동의를 받아야 한다(상한 초과 시 별도 비용 지불).

4. 전체 단계를 시나리오 완성, 스케치 완성 등의 단계로 나누고, 각 단계마다 전체 검수를 거쳐 수정을 마무리한다. 더 수정을 할 것이 없어 다음 단계로 진행할 때는 발주자가 검수확인서를 작성 및 교부하게 하고, 검수확인서를 작성하고 교부한 이후에는 이전 단계에 대한 수정은 요구할 수 없다.

7. 스튜디오 제작(업무상저작물) 계약

대형 웹툰 플랫폼을 운영하는 업체들은 직접 자신들이 작가들을 고용하여 작품을 창작한 후 2차적저작물 제작까지 진행하는 이른바 '스튜디오' 형태의 기업들을 자체적으로 설립하여 운영하고 있다. 쉽고 유명한 예로, '월트 디즈니', '마블 스튜디오' 등이 쓰는 방식이다.

'스튜디오' 형태를 갖춘 업체들의 특징은 ① 작품의 기획과 제작 및 유통 제반 과정을 업체가 담당하며, ② 작품 창작 과정에 분업 시스템이 도입되어 있다는 것이다. 작가들 개인은 업체가 기획 및 제작하는 작품 프로젝트의 구성원으로 투입되어 창작 과정의 일익을 담당하게 된다. 작품의 각색, 작화, 채색, 후반 작업, 편집 등으로 분업화된 시스템 속에서, 업체의 업무 지시에 따라 각자 전문화된 분야를 담당한다.

스튜디오 또는 제작사에서 창작된 저작물들은 국내 저작권법상 '업무상 저작물'로 분류된다. 저작권법 제9조에 따르면, 법인 등의 명의로 공표되는 업무상저작물의 저작자는 계약 또는 근무규칙 등에 다른 정함이 없는 때에는 그 법인 등이 된다. 따라서 스튜디오 또는 제작사에 소속된 작가들이 회사와 별도의 약정을 하지 않는 한 저작권리는 업무상저작물로서 업체에 귀속된다.

작가들과 스튜디오 또는 제작사는 통상 근로계약을 체결한다. 작가는 스튜디오에 '소속된 근로자'로서 근무하고, 이에 따른 급여를 받으면서 창작 활동을 하게 된다. 경우에 따라서 '프리랜서 용역계약'을 체결하기도 한다. 업체가 일부 분업 과정에 대해 근로 작가를 고용하지 않고 외부 작가에게 해당 업무만 의뢰하여 납품을 받는 방식이다.

웹툰 콘텐츠의 소비량이 계속 증가하고, 독자의 구독 주기도 점점 짧아지고 있는 상황에서, 개인창작에 의존하던 기존 창작 시스템에 한계가 있는 것도 사실이다. 이로 인하여 전문화, 분업화된 웹툰 스튜디오 제작 시스템이 선호되고 있고, 스튜디오를 중심으로 콘텐츠 관련 투자가 이루어지고 있다. 스튜디오의 역할을 통해 웹툰 시장의 성장세는 더욱 가속화될 것이고, 독자들의 이목과 집중을 끌 수 있는 신생 작품들도 계속 창작되고 유통될 것이다.

그러나 이러한 고도의 분업화·전문화 된 스튜디오 산업구조의 긍정적인 부분들을 적극 장려하되, 창작자 개인의 '예술'행위로서 만화·웹툰의 가치 또한 보장하려는 노력을 함께 기울여야 한다. 아이러니하게도 웹툰 산업이 발전할수록, 개인 창작자는 자리를 잃고, 기획 작품과 투자, 그리고 소위 '블록버스터'만이 남는 현상이 가속화될 우려가 있다.[15] 만화·웹툰이 단순히 대량 생산되는 상품이 아니라, 작가의 사상과 감정이 표현되는 예술행위로 인한 결과물이라는 점을 외면해서는 안 된다.

1) 웹툰 작가와 사업자의 계약 관계의 특수성
: 근로 관계인가, 용역도급 관계인가?

어떤 직군에 해당한다고 해서 일률적으로 근로자라고 판단하지는 않

---

15 웹툰인사이트, 〈웹툰의 산업화 길목에서〉(2020. 11. 24.), https://www.webtooninsight.co.kr/Premium/A/4

고, 개별 사안마다 구체적으로 따져서 판단한다. 웹툰 작가 대부분은 프리랜서로 근로자성을 인정받지 못하고 근로기준법 적용 대상이 아닌 경우가 많다. 근무시간과 장소가 지정되어 있지 않은 관계로 구속받지 않으며, 사업자에게 전속되어 있지 않기 때문이다. 근로자성을 인정받기 위한 요건은 다음과 같이 정리할 수 있다.[16]

① 업무 내용을 사용자가 정하고 취업규칙 또는 복무규정 등의 적용을 받으며 업무수행 과정에서 사용자가 상당한 지휘·감독을 하는지
② 사용자가 근무시간과 근무장소를 지정하고 근로 제공자가 이에 구속을 받는지
③ 근로 제공자가 스스로 비품·원자재나 작업도구 등을 소유하거나 제3자를 고용해 업무를 대행하게 하는 등 독립해 자신의 계산으로 사업을 영위할 수 있는지
④ 근로 제공을 통한 이윤 창출 및 손실 초래 등 이익은 물론 위험을 스스로 안고 있는지
⑤ 보수의 성격이 근로 자체의 대상적 성격인지
⑥ 기본급이나 고정급이 정해져 있고 근로소득세를 원천징수하는지
⑦ 근로 제공 관계의 계속성과 사용자에 대한 전속성이 있는지, 그 정도는 얼마나 되는지
⑧ 사회보장제도에 관한 법령에서 근로자로서 지위를 인정받는지 등의 경제적·사회적 여러 조건을 종합해 판단한다.

---

16 대법원 2018. 4. 26. 선고 2016두49372 판결 참조.

위 요건을 갖추어 근로자로 인정받는다면 근로기준법 등 근로관계 법령이 적용된다는 점에서 여러 유리한 점이 있으나, 반면 저작권법 제9조의 '업무상저작물'에 해당되어 자신이 창작한 저작물의 저작자로 인정받지 못하는 경우가 있다. 업무상저작물이란 법인 및 단체 등 사용자 명의로 공표되는 저작물 중 사용자가 저작물의 작성에 관해 기획하고 법인 등의 업무에 종사하는 자에 의해 업무상 작성된 저작물을 말한다.[17]

사례 만화·웹툰 분야에서의 예술인 고용보험제도 현황[18]

가. 예술인 고용보험제도의 도입 취지

예술인의 경우 그간 근로자의 지위보다는 예술가로서의 지위 또는 정체성이 상대적으로 더 강했다. 때문에 업계에서의 계약 형태도 근로계약이 아니라 '연재계약' 형태가 주를 이루었다. 만화·웹툰의 경우에도, 2020년도 기준 웹툰 작가의 57.3% 상당이 단독 창작 형태로 작품 활동을 하고 있는 것으로 파악되었고, 웹툰 작가의 13.4% 상당이 웹툰 제작 업체들과 근로계약 등을 체결하고 회사 소속으로 작품 활동을 하고 있는 것으로 나타나고 있다.[19] 즉, 만화·웹툰 분야의 작가들 중 약 13% 정도만이 근로계약 형태로 창작 활동을 하고

---

17 저작권법 제2조 제31호, 제9조, 서울중앙지방법원 2016. 3. 18. 선고 2015가합553551 판결 참조.
18 이 글은 김성주 변호사가 한국콘텐츠진흥원(2021), 〈2021 만화 산업백서〉 제1장 제4절 '법·제도 주요정책' 분야에 수록한 원고에 기반하고 있습니다.
19 한국콘텐츠진흥원(2020), 〈2020 웹툰 작가 실태조사〉, 33쪽.

있는 것이다.

때문에 만화·웹툰 산업에서의 고용보험제도 가입률은 저조할 수밖에 없다. 근로계약의 경우 사업주가 고용보험을 포함한 4대 보험에 가입할 의무가 있지만, 근로계약 이외의 계약 형태에서는 위와 같은 고용보험 등 가입 의무가 없다.

때문에 정부는 지난해 12월 이들처럼 고용보험 사각지대에 있는 특수고용직 등을 포괄하는 '전 국민 고용보험'을 추진하면서 예술인 고용보험 제도를 별도로 만들었다. 2020. 6. 9. 법률 제17429로 일부개정된 고용보험법에서는 제5장의2에 "예술인인 피보험자에 대한 고용보험 특례" 조항을 신설하고, 위 장 이하 제77조의2부터 제77조의5까지의 규정을 신설하여 예술인에 대한 고용보험제도를 법률적으로 명문화하였다. 위 고용보험법은 2020. 12. 10.부터 본격적으로 시행되었고, 정부의 자체 추산에 따르면 2018. 8. 16. 현재 예술인 고용보험 적용 대상 약 7만 명 중 6만 명 이상이 가입을 마친 것으로 평가되고 있다.[20]

나. 예술인 고용보험 제도의 주요 내용

예술인 고용보험제도의 적용 대상은 예술인복지법 제2조 제2호[21]에 따른 예술인 등 대통령령이 정하는 사람 중 예술인복지법 제4조

---

20 한겨레, 예술인 고용보험 적용대상 7만 명 중 6만 명 이상 가입 (2021. 8. 16.)
21 제2조(정의) 이 법에서 사용하는 용어의 뜻은 다음과 같다.
  2. "예술인"이란 예술 활동을 업(業)으로 하여 국가를 문화적, 사회적, 경제적, 정치적으로 풍요롭게 만드는 데 공헌하는 사람으로서 문화예술 분야에서 대통령령으로 정하는 바에 따라 창작, 실연(實演), 기술지원 등의 활동을 증명할 수 있는 사람을 말한다.

의4[22]에 따른 문화예술용역 계약을 체결하고, 다른 사람을 사용하지 않고 자신이 직접 노무를 제공하는 사람이다.

다만, 문화예술용역 계약의 월평균 소득이 50만 원 미만인 경우에는 적용 대상에서 제외되며, 다만 계약건별 합산한 월평균소득이 50만 원 이상인 경우에는 예술인의 직접신청에 의하여 당연 적용된다. 또한 65세 이상의 신규계약자에 대해서도 고용보험 적용 대상에서 제외된다.[23]

피보험 자격과 관련하여서는 예술인의 계약 기간을 고려하여 일반예술인(1개월 이상)과 단기예술인(1개월 미만)으로 구분하였다. 그리고 피보험자격의 신고의무는 원칙적으로 사업주가 지되, 각 계약건별 월평균소득 50만 원 미만이나 중복 계약 기간 중 합산 월평균소득 50만 원 이상인 경우에는 예술인이 직접 신청하고, 고용보험법 제77조의2제3항에 따른 문화예술용역관련 도급사업 중 국가·지자체공공기관 발주사업의 경우에는 발주자 또는 원수급인이 신고하도록 하였다. 또한 피보험자는 보험관계가 성립되어 있는 둘 이상의 사업에 동시에 고용되어 있는 경우 고용 피보험 자격을 이중취득할 수 있도록 하였다.[24]

보험료의 경우, 문화예술용역 관련 계약 보수액에 실업급여요율을 곱한 금액으로 산출된다. 예술인의 고용보험료는 예술인과 사업

---

22 제4조의4(문화예술용역 관련 계약) ① 문화예술용역과 관련된 계약의 당사자는 대등한 입장에서 공정하게 계약을 체결하고, 신의에 따라 성실하게 계약을 이행하여야 한다.
23 문화체육관광부(2020), 〈문화예술용역 운용·지침서(가이드라인)〉, 32~33쪽.
24 문화체육관광부(2020), 위 운용·지침서, 35~36쪽.

주가 각 1/2씩 부담하는데, 2020년도 기준 실업급여요율은 근로자와 동일한 1.6% 수준이므로, 결국 각 0.8%씩의 보험료를 부담하게 된다. 보험료 산정의 근거가 되는 계약 보수액의 경우, 사업소득 또는 기타소득에서 비과세소득과 경비 등을 제외한 나머지 금액인데, 개인별 비용을 직접 계산하기 어렵다는 점을 감안하여 식대 등의 비용을 고려해 보수액에 일정한 공제율(20%)을 일률적으로 적용하게 된다.[25]

예술인고용보험 제도가 도입됨에 따라, 예술인 고용보험에 가입한 사람이 실업한 경우에는 실업급여를 지급받을 수 있게 되었다. 다만 모든 경우에 실업급여를 지급받을 수 있는 것은 아니고, ① 실업(피보험자격 상실) 상태에서, ② 이직일 이전 24개월 동안의 피보험단위기간이 통산하여 9개월 이상이고, ③ 이직사유가 수급자격 제한 사유(고용보험법 제58조)에 해당하지 않으며, ④ 이직일 이전 24개월 중 3개월 이상 예술인으로 피보험자격을 유지하고, ⑤ 단기예술인이 둘 이상의 사업장에 종사할 경우 실업을 신고한 다른 사업장에서 90일 이상 단기예술인으로 종사하였어야 하며, ⑥ 재취업 노력을 적극적으로 한 경우에 위 실업급여 지급 대상이 된다.[26]

또한 예술인이 임신·출산 등을 이유로 소득 활동이 중단되는 경우, ① 출산 또는 유산·사산할 날 이전에 예술인으로서의 피보험단위기간이 3개월 이상이고, ② 출산전후급여등을 수급받는 기간 동안 노무제공을 하지 아니하며, ③ 출산 또는 유산·사산할 날부터

25 문화체육관광부(2020), 위 운용지침서, 38~39쪽.
26 문화체육관광부(2020), 위 운용지침서, 46~49쪽.

12개월 이내에 출산전후급여를 신청할 경우 위 급여 또한 신청할 수 있다.[27]

다. 만화·웹툰 분야의 고용보험법 적용 과제

만화·웹툰 분야에 있어서도 위 예술인 고용보험의 적용됨에 따라, 수입이 불규칙하고 생활고의 위험에 놓일 수 있는 작가들을 위한 사회안전망이 확충되었다는 점에서 긍정적인 의미를 부여할 수 있다.

다만, 예술인 고용보험이 각 분야의 예술인을 모두 제도에 포섭시키는 과정에서, 만화·웹툰 분야에 종사하는 예술인들의 계약·고용 구조의 특성이 현실적으로 반영되지 못함에 따라 여전히 아래와 같은 쟁점들에 대해 논의가 필요하다.

1) 작가가 저작권을 가지는 '웹툰연재계약' 형태를 '문화예술용역'으로 볼 수 있을까?

문화체육관광부의 「문화예술용역 운용지침서(가이드라인)」에 따르면, 고용보험 적용 대상이 되는 "문화예술용역"의 유형으로서 만화·웹툰 분야의 경우 ① 작가(글, 그림, 채색 등), ② 교정기사, ③ 일러스트레이션 관련 업무, ④ 후가공 업무, ⑤ 위 각 항목에 준하는 기타문화예술용역에 해당하는 행위 등으로 구분된다.

우선 스튜디오나 제작사 등과 근로계약을 체결하고 '근로자'로서 창작 활동을 하는 작가들은 위 적용 대상인지 여부를 고민할 필요

---

27 문화체육관광부(2020), 위 운용지침서, 54쪽.

가 없다. 이미 해당 작가들은 '근로자'로서 사업주의 4대 보험 가입 의무에 따른 고용보험법 적용 대상이기 때문이다. 또한 '용역계약' 형태로 웹툰 제작의 일부 또는 전부를 담당한 후, 이를 업체에 제공하고 이에 따른 대가를 지급받는 형태로 창작 활동을 하는 작가들은 위 문화예술용역에 해당한다고 보고 고용보험 적용 대상으로 분류할 수 있을 것이다.

그런데 문제는 일반적인 웹툰 연재계약의 경우다. 창작자인 작가가 해당 작품의 저작권을 가지고 있고 플랫폼 등의 업체는 연재계약 기간 동안 이를 이용허락 받는 방식으로 계약을 체결하고 수익을 배분하는데, 이를 '문화예술용역'의 범위로 볼 수 있을지에 대해 아직 명확한 해석이나 합의가 이루어지지 않은 상황이다. 2020년도 기준 웹툰 작가의 약 57.3% 상당이 단독 창작 형태로 작품 활동을 하고 있음을 고려해 볼 때, 작가의 절반 이상은 근로계약 또는 용역계약 범주에 포섭되지 않는 '웹툰 연재계약' 형태로 창작 활동을 하고 있다. '문화예술용역'의 해석 여하에 따라서는 만화·웹툰 창작에 종사하는 작가들의 과반수가 고용보험 적용 대상이 아니라고 간주될 소지도 있는 것이다.

2) 어시스턴트를 고용하여 웹툰을 제작하는 작가들에게 고용보험을 적용할 수 있을까?

고용보험법 제77조의2(예술인인 피보험자에 대한 적용)에 따르면, 예술인 복지법에 따른 예술인 중 문화예술용역 계약을 체결하고, 다른 사람을 사용하지 않고 자신이 직접 노무를 제공하는 사람에 대하여 고용보험을 적용토록 하고 있다.

여기서 주목할 부분은 "다른 사람을 사용하지 않고 자신이 직접 노무를 제공"해야 한다는 것인데, 문화체육관광부의 「문화예술용역 운용지침서(가이드라인)」에 따르면, 다른 사람을 사용한다는 의미는 "예술인이 문화예술용역 관련 계약에 따라 노무를 제공하면서 예술인 자신의 업무를 보조 또는 지원하기 위하여 다른 사람(다른 예술인 또는 예술인이 아닌 사람)을 사용"한다는 것으로서, "예술인이 다른 사람을 사용하는 형태가 고용계약이 아니더라도 다른 사람을 사용한다고 할 수 있다"고 본다.[28] 이에 따르면, 작가가 어시스턴트와 함께 작업할 경우 고용보험 가입자격을 받지 못할 가능성이 높다.

많은 작가들이 정시 연재를 감당하기 위해 어시스턴트를 고용하거나 용역을 주는 방식으로 창작 업무에 보조 또는 지원을 받는다. 2020년도 기준 웹툰 작가의 약 52.6%가 어시스턴트 활용 경험이 있으며, 특히 작품을 현재 연재 중인 작가의 63.5%가 어시스턴트를 활용하거나 활용한 경험이 있는 것으로 조사되고 있다.[29]

이렇듯 만화·웹툰계의 창작 현실과 고용보험 적용 대상 간에는 일정 부분 괴리가 있어 보인다. 작가가 특정 계약 기간 동안 어시스턴트를 활용한다고 해서, 고용보험을 통한 사회 안전망에 포섭할 필요성이 없다고 볼 수 있는지 논의가 필요하다. 어시스턴트와의 협업은 웹툰 산업의 고도화, 분업화, 대량창작화라는 구조적 변화를 감당해야 하는 작가들이 불가피하게 선택하는 하나의 방식이다. 따라서

28 문화체육관광부(2020), 위 운용지침서, 32쪽.
29 한국콘텐츠진흥원(2020), 〈2020 웹툰 작가 실태조사〉, 35쪽.

작가가 웹툰 창작 업무에 대해 보조 또는 지원을 받는다고 하여 고용보험 가입자격에서 바로 제외하면, 웹툰 산업의 현 구조적 현실을 외면한 채 작가들에게만 위험부담 책임을 부여하는 결과를 낳을 수도 있다. 정부와 작가, 산업체 등이 함께 논의하여 가급적 고용보험 제도의 사각지대에 놓이는 작가들이 없도록 해야 할 필요성이 있다.

웹툰 에이전시나 플랫폼에서는 기획회의 참여나 편집, 수정 요구 등의 방법으로 기획이나 제작 과정에 관여하지만 일반적으로 이 정도의 참여로는 공동저작물이나 업무상저작물로 인정되지는 않고, 사업자가 저작물의 창작적 표현 형식에 기여했다는 것을 입증해야만 한다. 그러나 작가가 에이전시나 플랫폼 소속의 근로자라면 저작권법 제9조의 업무종사자로 보고 그가 창작한 저작물이 작가 개인이 아닌 사용자의 저작물로 인정될 가능성도 높아진다. 업무상저작물로 인정되면 작가에게는 저작인격권도 주어지지 않는다.

그러므로 계약을 할 때 무조건 근로자로 인정받아야 유리하다고 생각할 것이 아니라, 근로자가 되는 경우 저작자로서 인정받지 못할 가능성이 있다는 점을 염두에 두고 근로계약을 체결할지, 용역이나 도급계약(프리랜서계약)을 체결할지 전략적으로 판단해야 한다. 참고로 앞에서 소개한 웹툰 연재계약, 출판계약 등은 통상 근로계약이 아니다. 이미 완성된 원고의 저작권 이용에 관한 사항만 계약하는 경우에는 저작권이용계약으로서 창작에 착수하기 전 단계에서 계약하는 경우와는 구분되고, 근로와 도급을 구분할 필요가 없다.

사례 전국여성노조 디지털콘텐츠창작노동자지회의 출범

2018년 12월, 만화·웹툰 업계에 주목할만한 변화가 있었습니다. 업계 최초로 작가들이 '창작노동자'로서 헌법에 명시된 노동자의 권리를 주장하며 노동조합을 결성했습니다. 바로 전국여성노조 디지털콘텐츠창작노동자지회(이하 '디콘지회')입니다.

디콘지회는 많은 작가가 매절(저작권양도계약)로 대표되는 불공정 계약, 일방적인 계약 해지 요구에 무방비로 당하면서도 노동법에 따른 보호를 받지 못하고 있는 현실에 문제를 제기하고 있습니다. '프리랜서'로서 형식상으로는 업체와 대등한 지위에서 계약을 체결하지만, 실제로는 갑을 관계에 종속되면서 법적으로 사각지대에 놓여 있는 작가들이 계속 생겨나고 있다는 것입니다. 이러한 구조를 해결하기 위해서는 헌법상 보장된 노동3권(단체교섭권·단체행동권·단결권)이 작가들에게도 보장되어야 한다는 주장입니다.

매우 논쟁적이면서도 유의미한 이슈입니다. 창작자를 노동자로 볼 수 있을까요? 노동자는 자신의 노동력을 사용자에게 제공하고 그에 대한 대가로 급여를 받기 때문에 사용자로부터 업무 '지시'를 받고 '관리감독'을 받습니다. 그런데 창작자들은 어느 업종보다도 자율성과 독립성을 보장받아야 합니다. 사용자의 지시와 관리감독을 받는 대신 근로기준법의 보호를 받는 노동자의 지위를 인정받는 편이 나을까요? 노동자로서의 지위를 인정받지 못한다면, 실질적으로 종속 관계에 있는 경우가 많은 업체와 작가의 구조 속에서 작가들은 권익을 어떻게 보호받을 수 있을까요?

이러한 고민과 문제의식을 가지고 있는 여성작가들이 모여서 디콘지회를 만들었습니다. 이들은 논쟁적인 이슈에 침묵하지 않고 자신들의 권리를 주장하고 실천하고 있습니다. 이 움직임만으로도 이미 중요한 변화가 시작되었다고 할 수 있습니다.

8. 공모전, 지원사업 응모 시 유의사항

2013~2014년에 이미 특허청, 문화체육관광부와 한국저작권위원회에서 창작물과 아이디어의 저작권을 보호하기 위한 공모전 창작물(아이디어) 가이드라인을 공표한 바 있는데도, 아직도 대부분의 공모전에서 응모자의 저작권을 침해하는 위법하고 불공정한 관행이 계속되고 있다.

공모전은 주최 측과 응모자 사이의 민법상 계약의 일종(민법 제675, 678조 우수현상광고)으로 그 공고와 모집요강, 공개된 약관은 계약의 내용이 된다. 계약을 체결하기 전 계약서를 반드시 읽어보아야 하듯이 공모전의 공고 및 약관을 주의 깊게 확인하는 것은 기본 중의 기본이다.

1) 응모를 피해야 하는 공고 조항[30]

자신이 응모하려는 공모전의 공고, 약관에 아래와 같은 문구들이 들어 있지 않은지 꼭 살펴볼 필요가 있다. 공모전계약은 작가가 작품을 응모하고 그 작품이 수상 조건을 충족하면 주최 측에서 수상작으로 선정하고 상금 및 각종 특전 등 수상 대가를 제공하는 계약으로, 작품의 저작권 양도에 관한 사항은 포함하지 않으며 수상작에 한해서 별도로 협의하는 것이 원칙이다.

> • 저작권은 주최 측에 귀속된다.
> • 저작권 등 일체의 권리는 주최 측에 있다.

저작권은 저작재산권과 저작인격권을 포함하는 개념이고, 저작인격권은 저작자만이 가질 수 있는 권리이므로 양도할 수 없다. 따라서 모집요강이나 약관에 '저작권' '일체의 권리'와 같은 용어를 사용하는 것은 적절하지 못하며 그 용어를 '저작재산권'으로 명확히 해야 한다.

> • 접수된 작품에 대한 저작재산권은 주최 측에 귀속된다.
> • 수상 여부와 상관없이 모든 출품작의 저작재산권은 주최 측에 귀속된다.

---

30 문화체육관광부, 콘텐츠 공모전 표준 가이드라인, 2014 참조.

> • 출품작의 저작재산권 및 일체의 권리는 주최 측에 있다.

입상하지 않은 응모작에 대해서까지 저작재산권의 전체나 일부를 양수하는 것으로 일방적으로 결정해 고지하는 내용의 모집요강과 약관은 불공정한 약관으로 추정한다.

> • 당선 작품에 대한 저작권 등 지적재산권은 주최 측이 소유한다.
> • 주최 측은 수상작(선정작)을 추가계약 없이 이용할 수 있다.
> • 수상작(당선작)의 저작권을 포함한 일체의 권리는 주최 측에 귀속된다.

공모전의 주최 측은 다른 사람들보다 우선해 해당 저작재산권을 양수할 수 있으나, 응모자와 별도 합의(계약)를 해야 하며, 응모자에게 거래 관행에 따라 정당한 대가를 지급해야 한다. 따라서 수상작에 대한 저작권을 계약 없이 공모전 응모 당시 공고나 약관의 문구만으로 주최 측에 귀속시키는 것 또한 불공정한 행위가 될 수 있다.

위와 같은 조항이 포함된 공고나 약관을 공개하고 있는 공모전에는 응모하지 않는 것이 가장 좋다. 그러나 이를 모르고 응모했거나 반드시 응모해야 하는 공모전이라면 법적 분쟁 해결절차를 이용해 해당 조항의 위법 무효를 다투어야 할 것이다.

사례 ㅇㅇ문학상 수상거부 사건

오랜 역사와 권위를 지닌 ㅇㅇ문학상은 1년간 발표된 중·단편소설을 대상으로 대상 한 편을 선정해 상금 3,500만 원을 지급하고, 우수상 다섯 편을 선정해 각각 상금 100만 원씩 지급합니다. 그런데 2020년 우수상 수상 작가들이 수상 후 출판사로부터 저작권 양도를 강요당했다며 수상 거부를 선언하고 나섰습니다.

수상 작가들에게 제시했다는 계약 조건은 다음과 같았습니다. "대상 수상 작품의 저작권은 본상의 규정에 따라 주관사가 갖는다. 단 주관사의 작품집 발행 후 3년이 경과된 이후부터 동 대상 작품을 대상을 받은 작가의 작품집에 한해서 수록할 수 있다. 다만 어떤 경우에도 본 작품집의 표제(대상 작품명)와 중복되거나, 혼동의 우려가 없도록 하기 위해 대상 수상 작가가 발행하는 작품집 서명(書名, 표제)으로는 쓰지 않기로 한다." 위 조건은 대상의 계약 조건이지만 우수상 수상 작가들은 동일한 수상 조건을 제시받았다고 주장하고 있습니다.

논란이 커지자 출판사는 2020년 수상작을 발표하지 않고 "저작권 양도 기간 3년"을 "출판권 설정 기간 1년"으로, "수상작을 표제작으로 사용하는 것을 영구적으로 금지"하는 규정을 "표제작 사용 금지 기간 1년"으로 변경하겠다는 입장을 발표했습니다.

그러나 수정된 계약에 따르더라도 출판사와 약정한 기간이 지나고 나서도 작가의 작품집 외에 수상작을 사용하는 것을 영구적으로 제한하는 규정 등 불공정한 부분이 남아 있다는 점, 대상과 우수상의 대가가 현저히 차이 나는 상황에서 대상과 우수상에 동일한 계약 조건을 적용하는 점 등 여전히 해결해야 할 문제는 남아 있습니다.

이번 사례는 작가들이 수상 이후 불리한 조건으로 출판사에 양도해오던 저작권을 불공정한 관행을 '수상 거부'라는 적극적 행동으로 실천함으로써 사회에 알리고 개선을 요구한 바람직한 사례로 평가할 수 있습니다. 공모전 수상작에 대해 저작권 양도 약정을 하는 것이 무조건 불공정하다는 뜻은 아니지만, 출판사는 수상에 대한 대가와는 별도로 작가에게 저작권 양도에 합당한 대가를 지불해야 하고, 저작권의 양도 기한이 지난 후에도 작품집 외 수록 금지, 표제작 수록 금지 등 작가에게 불리한 조건을 부가해서는 안 됩니다.

사례 공모전에 과거 수상작들에 대한 저작권 및 소유권 반환을 요구했으나 반환받지 못한 사례

Q) A작가는 B사단법인이 주최한 공모전에 일러스트 작품을 출품하고, 5년 연속 수상작으로 선정되었습니다. 해당 공모전에는 별도의 상금이 없었고, 수상 작품은 B사단법인이 보관하며 전시 목적으로 이용할 수 있다는 요강이 있었습니다. A씨는 한 번도 작품을 어떤 용도로 사용했는지 보고받지 못했습니다. 공모전에 작품을 출품하고 심사하는 과정에서 B사단법인의 임원과 갈등이 있어 올해는 수상을 포기했습니다. 그 후 A씨는 지금까지 B사단법인에 보관을 위탁했던 수상작 전체의 반환을 요구했습니다. 그러나 B사단법인은 공모전 수상으로 수상작의 저작권 및 소유권이 B사단법인에 귀속

된다고 주장하며 반환을 거부하고 있습니다. A씨는 자신의 작품을 되찾을 수 있을까요?

A) B사단법인이 주최한 공모전의 모집요강을 담은 포스터 등에는 수상작의 저작권이나 소유권에 관한 내용이 포함되어 있지 않았습니다. 저작권 양도(귀속)나 소유권 이전에 관한 사항이 포함되어 있었더라도 해당 공모전에서 수상자에게 상금이나 별도의 계약으로 저작권 양도나 소유권 이전 대가에 상당한 금액을 지불할 것이 예정되어 있지 않았습니다. 따라서 수상작의 저작권이나 소유권이 B사단법인에 아무 제한 없이 이전되었다고 보기는 어렵습니다. 따라서 A씨는 B사단법인과의 사이에 묵시적으로 성립했던 작품의 위탁 및 저작권 이용허락계약을 해지하고 B를 상대로 작품의 반환을 청구할 수 있습니다.

9. 외주나 커미션의 경우에도 계약 조건을 명확히 정하자

웹툰 작가들이 연재나 출판 외에 일반적으로 접할 수 있는 계약으로 외주나 커미션(commission, '수수료'를 의미하며 보통 사적 용도의 창작 의뢰를 뜻한다)이 있다. 외주나 커미션은 보통 계약서를 작성하지 않기 때문에 '계약'의 일종이라는 사실을 인식하지 못하는 사람이 있을지도 모른다. 그러나 외주나 커미션으로 주고받는 대가가 비교적 소액이므로 계약서를 작성하지 않는 것일 뿐 엄연한 계약이다. 외주, 커미션은 건별로 따져보면 소액이나 최근 작가들의 부가수입원으로 중요하게 작용하고 있으므로 이 장에서 간단히 살펴보기로 한다.

법률적인 차이라고는 할 수 없지만 외주와 커미션은 크게 두 가지 차이가 있다. 외주는 보통 사업자 등록을 한 개인 사업자나 법인이 작가 개인에게 의뢰해 영리적, 상업적 이용을 목적으로 창작물(웹툰 작가의 경우에는 주로 일러스트)을 발주하는 계약이고, 완성해 납품한 창작물의 저작재산권을 발주자에게 양도하는 것이 관행이다(단 이 경우에도 공표권, 성명표시권, 동일성유지권 등의 저작인격권은 양도되지 않는다). 따라서 커미션에 비해서는 일반적으로 단가가 높다. 일반적으로 외주로 납품한 창작물을 작가 본인의 포트폴리오로 사용하거나 작가 개인의 웹사이트에 게시하는 것은 가능하나, 작가가 외주 창작물을 영리적으로 이용하거나 해당 작품을 활용하여 2차 창작을 하는 것을 허용하지 않는 발주자가 많다. 다만 외주계약서가 없는 경우에는 저작재산권 양도, 특히 2차적저작물작성권 양도에 대해 작가에게 권리를 유보하는 것으로 보고, 작가(원저작자)에게 유리하게 해석된다는 점을 알고 있으면 좋다.

커미션은 보통 개인이 작가 개인에게 사적 이용을 목적으로 창작물을 발주하는 계약이다. 커미션의 경우 별도의 약정이 없는 한 저작재산권까지 발주자에게 양도한다고 보지는 않고, 발주자는 창작물을 의뢰한 목적 범위 내에서 이용할 수 있을 뿐이다.

개별 사안마다 다르겠지만, 외주의 경우 되도록 정식으로 계약서를 작성해 계약을 체결하고 커미션은 수주를 받기 전에 미리 최소한의 계약 조건을 제시하고 증거를 남겨두는 것이 바람직하다. 만화 분야 표준계약서를 참고해 계약 조건을 정하되 외주나 커미션의 경우 특히 발주자의 이용 범위, 저작재산권의 양도 여부와 범위, 완성된 창작물의 납품 기한과 납품 조건(완성도의 기준을 구체적으로 합의), 수정 가능횟수 및 추가금의 발생 조건, 납품 전 발주자의 확인을 위한 중도마감이 있는지 여부, 작가의 성명 또는 필명을 표시하는지 여부, 원본 psd 파일을 제공하는지 여부 등을 최대한 구체적으로 정하는 것을 추천한다.

10. 웹툰을 창작하고 사업화하는 비용을 조달하는 다른 방법들

웹툰은 애니메이션처럼 창작 전 큰 규모의 자본이나 투자가 필요한 고비용 구조는 아니다. 그렇지만 적어도 작가의 인건비(어시스턴트가 있다면 어시스턴트의 인건비까지), 원화를 디지털로 스케치하고 채색하기 위한 도구나 배경제작 및 구입비용, 작업실 임대료(웹툰 작가들은 집에서 작업하기도 하지만 작업효율이나 공동작업을 위해 집과 분리된 별도의 독립 공간에서 작업하는 경우도 있다) 등을 충당하기 위한 비용이 있어야 창작에만 전념할 수 있다.

앞서 살펴보았듯이 플랫폼이나 에이전시와 계약하고 고료나 MG를 지급받으며 창작하는 방법이 보편적이기는 하지만 중간 유통 과정을 생략하거나 최소화하고 작가가 직접 소비자에게서 창작의 대가를 지급받는 방법도 있어 간략히 소개하고자 한다.

먼저 창작 콘텐츠를 주요 대상으로 하는 크라우드펀딩(crowd funding)은 투자를 원하는 사람이나 사업체가 자신의 사업을 인터넷에 공개하고 목표 금액과 모금 기간을 정해 익명의 다수에게 투자(후원)를 받는 방식이다. 이는 이미 상용화되어 작가와 사용자 양측에서 활발히 활용되고 있으며, 웹툰도 투자를 받는 주된 콘텐츠 중 하나이다.

대표적인 국내 크라우드펀딩 서비스로 창작 콘텐츠 중심 서비스인 '텀블벅'이 있다(https://tumblbug.com). 이미 유명 웹툰 작가들이 수차례 텀블벅에서 크라우드펀딩에 성공했으며, 최근에는 스케치업 프로그램을 이용한 웹툰의 3D 배경을 제작하는 프로젝트도 등장했다. 국내 최대 규모의 서비스인 '와디즈'에서도 웹툰 창작은 물론 웹툰의 2차적저작물 사업화(단행본 출판, 영화, 그래픽노블, 캐릭터 피규어와 같은 굿즈, 게임 제작 등)를 후원하는 프로젝트들이 다수 목표액 모금에 성공했다(https://www.wadiz.kr).

플랫폼의 역할을 대폭 축소하거나 플랫폼을 배제하고 창작자가 직접 전면에 나서서 자신의 작품을 사용자와 거래하는 획기적인 기술로 가상화폐의 일종인 '블록체인'도 각광받고 있다. 블록체인 기술은 분산형 데이터 저장 기술이라고도 한다. 쉽게 설명하면 누구나 열람할 수 있는 공개 장부를 만들어 거래 내역을 투명하게 기록하고 이를 여러 대의 컴퓨터에 복제하는 기술로, 상용화되면 개인도 자신이 제작한 콘텐츠에 블록체인을 적용해 거래 내역을 직접 관리할 수 있다. 웹툰을 비롯한 디지털 콘텐츠 산업에서 제작자(창작자)가 중개자나 유통 경로 없이 사용자에게 콘텐츠를 직접 판매할 가능성이 열린 것이다. 특히 웹툰 분야에 블록체인 기술이 본격적으로 도입되면 현재의 플랫폼 중심 거래 시스템에서 탈피해 작품의 소재, 장르 선정에서부터 연재 방식, 프로모션 등 작품과 관련된 모든 것을 창작자가 결정할 수 있다. 사용자도 유료 연재할 작품을 선정하는 과정에서부터 개입하여 평가를 통해 직접 참여할 수 있다.

11. 노블코믹스 계약

노블코믹스(Novel Comics)란? '웹소설을 원작으로 하는 웹툰'을 뜻하는 신조어다. 이처럼 원작이 따로 있는 저작물을 저작권법에서는 2차적저작물이라고 하며, 노블코믹스 웹툰은 웹소설의 2차적저작물이 된다. 노블코믹스는 성공한 웹소설을 각색해 제작하므로 초기 독자 유입에 유리하고, 웹툰이 흥행에 성공하면 다시 원작인 웹소설의 독자가 증가하면서 선순환 구조가 될 수 있다는 면에서 제작사나 플랫폼에게는 매력적인 사업 모델로 각광받고 있다.

반면에 창작자 입장에서는 스토리 개발의 부담을 덜 수 있지만, 계약상 지위나 저작권 등 법적 권리 확보의 관점에서는 한층 불리한 위치에 놓일 수밖에 없다. 대부분의 노블코믹스는 콘티(만화 또는 영상을 제작할 때 장면 구도의 기본적인 뼈대를 구성하는 설계도) 작가와 작화가가 분업하는 형태로 제작한다. 더 세분화하면 글 콘티와 그림 콘티 작가를 구분하고, 작화도 선화와 채색을 나누기도 한다. 제작사가 초기 기획안과 시놉시스를 제공하거나 후작업을 담당하는 등 제작사가 창작에 관여하는 정도도 일반 웹툰에 비해 높다.

그러다 보니 저작권 귀속 관계도, 계약 관계도 복잡 다양해진다. 제작사는 안정적으로 노블코믹스 콘텐츠를 유통하기 위해 창작자들에게 저작재산권 전체를 양도받는다. 일반 웹툰 계약의 경우 플랫폼과의 관계, 제작사와의 관계만 신경 썼다면 노블코믹스 계약은 원작자(원작 소설 출판사)와의 관계, 공동작업자와의 관계까지 두루 고려해야 한다.

1) 노블코믹스 계약 시 주의할 점

(1) 노블코믹스의 저작권, 원작의 저작권과의 관계

2차적저작물은 원작과 구별되어 독자적인 저작물로서 보호된다 (저작권법 제5조 제1항). 즉, 웹소설을 기반으로 웹툰이 만들어지면 원 저작자인 웹소설 작가가 아닌 웹툰 작가가 2차적저작물의 저작권을 가진다. 원작자와 2차적저작물 저작자의 관계는 공동저작 관계와는 구분해야 한다. 한편 2차적저작물의 보호는 그 원저작물의 저작자의 권리에 영향을 미치지 않는다(저작권법 제5조 제2항). 그러므로 원저작 자는 웹툰에 대한 권리를 제외한 나머지 원저작물의 저작권을 자유 롭게 행사할 수 있다.

여기까지만 보면 간단해 보이지만, 사실 노블코믹스의 저작권과 원작 소설의 저작권을 구분하는 것이 그리 간단한 문제는 아니다. 노 블코믹스의 저작권이 '보호받는 범위'는 원작 소설의 저작권이 미치 는 범위를 제외하고 웹툰 작가가 창작한 부분으로 한정된다. 예를 들 면 소설과 같은 어문저작물에서는 구현할 수 없는 시각적 캐릭터 디 자인, 콘티를 통해 만화화된 에피소드, 만화의 개별 컷(일러스트) 등 을 들 수 있다. 제3자가 캐릭터 디자인이나 노블코믹스의 고유한 에 피소드를 이용하고자 할 경우 노블코믹스 저작권자의 허락을 받아야 한다. 여기서 말하는 제3자에는 원작자도 포함된다.

그렇다면 노블코믹스의 저작권자는 노블코믹스 창작 외에도 캐릭 터 디자인이나 만화화된 에피소드, 일러스트를 자유롭게 행사할 수 있을까? 가령 노블코믹스 작가가 자신이 고안한 디자인을 이용한 캐 릭터 상품을 제작해 판매하려고 한다고 가정했을 때, 원작자의 허락이 필요할까? 결론부터 말하자면 원작자의 허락이 필요하다. 노블코믹스 저작물에는 원작의 캐릭터와 스토리가 노블코믹스의 고유한 창작 부분과 분리될 수 없는 형태로 녹아 있고, 캐릭터 디자인도 그 원형이 원작자의 캐릭터이기 때문이다. 노블코믹스를 원작으로 영상화를 할 때도 마찬가지다. 아무리 노블코믹스를 원작으로 한다고 하더라도 원작자의 허락을 얻어야 한다.

이처럼 노블코믹스 저작권자라 하더라도 원작자의 허락 없이는 그 저작권을 자유롭게 행사할 수 없기 때문에, 노블코믹스 계약에서는 저작권을 지키기보다는 저작재산권을 양도하고 대신 저작인격권의 보장과 충분한 보상(대가)을 받는 데 주력하는 경향이 있다.

사례 노블코믹스 작가가 원작 소설가의 허락 없이 캐릭터의 한 컷짜리 그림이나 표지, 원화 등을 이용한 캐릭터 상품을 판매할 수 있을까?[31]

일본 만화 《캔디 캔디》는 원작 소설을 만화화한 작품입니다. '노블코믹스'라는 개념이 생겨나기도 전에 창작된 작품이지만 오늘날의 노블코믹스와 같다고 볼 수 있습니다. 이 만화가 인기를 끌자 만화가는 주인공의 한 컷짜리 그림이나 표지, 원화 등을 이용한 캐릭터 상품을 원작자의 동의 없이 제작하여 판매하였습니다. 그러자 원작자는 만화가를 상대로 저작권에 대한 확인청구와 위 캐릭터 상품 등에 대한 제작·복제·배포의 금지를 청구하였습니다.

---

31 동경지방법원 1999. 2. 25. 판례시보 1673호 66면, 동경지방법원 2000. 3. 30. 판례시보 1726호 162면, 일본 최고재판소 2001. 10. 25. 판례타임즈 1077호 174면 참조, 이른바 '캔디 캔디' 사건, 오승종, 저작권법 제5판(2020), 239-240면에서 재인용

제1심 판결은 소설과 만화의 관계를 원저작물과 2차적저작물로 보고, 원작자가 2차적저작물인 만화에 대하여 원저작자로서의 권리를 가지므로 만화의 일부인 한 컷짜리 캐릭터 그림, 표지 그림, 만화 출간 이후에 만화가가 새로 그린 원화에 관해서도 마찬가지의 권리를 가진다고 판시하였습니다. 그 후 항소심 판결은 "2차적저작물에는 원저작물의 창작성을 이어가는 부분과 2차적저작자의 독자적인 창작성 부분이 모두 들어 있다. 그러나 엄밀히 말하면 2차적저작물을 형성하는 부분에 원저작물의 창작성에 의거하지 않은 부분은 존재하지 않는다."고 하면서, "만화와 별도로 제작된 캐릭터 원화 및 표지화 역시 그것이 이 사건 만화의 주인공인 캔디를 묘사한 것인 이상, 이 사건 만화의 복제물(또는 2차적저작물)로서의 성질을 잃는 것은 아니다."라고 하였습니다. 이러한 항소심의 판단은 상고심인 최고법원 판결에서도 그대로 받아들여졌습니다.

2) 제작사와의 관계

제작사(에이전시)가 원작을 제공하고 작품 제작을 의뢰, 투자한 것만으로는 작가와 공동저작 관계가 될 수 없다. 2인 이상이 저작물의 작성에 관여한 경우 그중에서 창작적인 표현 형식 자체에 기여한 자만이 그 저작물의 저작자가 되고, 창작적인 표현 형식에 기여하지 아니한 자는 비록 저작물의 작성 과정에서 아이디어나 소재 또는 필요한 자료를 제공하는 등의 관여를 하였다고 하더라도 그 저작물의 저작자가 되는 것은 아니며, 설사 저작자로 인정되는 자와 공동저작자로 표시할 것을 합의하였다고 하더라도 달리 볼 것이 아니다.[32] 다만 구체적인 사건마다 당사자들의 창작적 기여 정도가 다르므로, 공동저작자인지 아닌지는 개별 사건마다 달리 판단해야 한다. 이러한 저작권법의 저작자 결정의 원칙을 '창작자주의'라고 한다.

사례 제작사가 전체적인 기획과 가이드라인 제공, 수정을 담당하였다면 제작사를 노블코믹스의 공동저작자로 인정할 수 있을까?[33]

지상파 방송을 통해 방송되어 흥행한 어린이 만화영화와 관련하여 제작사 A와 공동사업인인 B 사이에 저작권 분쟁이 있었습니다. A와 B는 2002년 5월 방송용 애니메이션을 공동으로 제작하기로 하고, 업무를 분담하여 A가 캐릭터 디자인 및 애니메이션 제작을, B가 기획 및 마케팅을 나눠 맡았습니다. 그런데 작품 방영 이후 B가 자신들이 '주인공 캐릭터의 아빠'라고 소개하고 언론에 창작자인 것처럼 홍보하자 A는 B를 상대로 저작자확인 등 청구소송을 제기하였습니다.

법원은 이 사건에서 B도 캐릭터의 구체적 표현에 관여하였으므로 극중 캐릭터는 공동저작물이라고 판단하였습니다. "캐릭터의 창작적 표현에 양측이 모두 기여했으므로 A와 B는 캐릭터에 대한 공동저작권자라고 보는 것이 타당하다. (중략) B가 캐릭터 디자인에 대한 외형, 얼굴, 소품 등에 대한 가이드라인을 제시하거나 A 측이 작

32 대법원 2009. 12. 10. 선고 2007도7181 판결 참조.
33 서울고등법원 2013. 11. 21. 선고 2013나39638 판결 참조.

성한 캐릭터에 대해 눈동자 위치, 발 모양 등 수정 의견을 제시했다. (중략) 캐릭터의 이름을 짓거나 목소리 더빙 등 작업에도 관여했기 때문에 캐릭터 특유의 말투, 목소리 등 구체적 표현 형식에 기여한 점을 볼 때 B 역시 저작인격권을 갖고 있다"고 하였습니다.

이처럼 창작을 주도하지 않는 위치에 있었더라도 창작적 기여가 인정된다면 공동저작자로 인정받을 수도 있습니다.

그런데 저작권법에는 창작자주의의 중대한 예외가 있다. 바로 업무상저작물 규정인데, 웹툰계에서는 흔하지 않았지만 최근 노블코믹스 산업이 발전하면서 웹툰 작가가 제작사와 근로계약을 맺고 고정급을 받으면서 작업한 경우 웹툰이 업무상저작물이 되어 제작사에 저작권이 귀속되는 사례가 늘어나고 있다.

업무상저작물은 법인·단체 그 밖의 사용자의 기획 하에 법인 등의 업무에 종사하는 자가 업무상 작성하는 저작물을 말하며(저작권법 제2조 제31호), 법인 등의 명의로 공표되는 업무상저작물의 저작자는 계약 또는 근무규칙 등에 다른 정함이 없는 때에는 그 법인이 된다(저작권법 제9조 본문).

이때 '법인 등의 업무 종사자'는 반드시 근로자와 같다고 할 수는 없다. 업무상저작물에서 말하는 사용관계란 고용관계만을 의미하는 것이 아니라 실질적 지휘감독관계를 포괄한다고 보는 판례도 있다.[34] 그러나 통상 법인 등과 고용관계에 있는지 여부가 판단 기준이 되고,

---

34 서울고등법원 2007. 12. 12. 선고 2006나110270 판결 참조.

프리랜서 작가의 저작물을 업무상저작물로 보지는 않는다. 프리랜서 작가가 창작한 저작물의 저작권은 저작권법에 따라 창작자인 작가에게 우선 귀속되고, 저작재산권의 양도로 볼 수 있는 계약이 있는 경우 제작사로 이전한다.

법적으로는 공동저작 관계가 되면 저작권 행사에 제한을 받는다. 공동저작자들이 저작권을 행사하기 위해서는 원칙적으로 저작권자 전원이 그 당사자가 되어야 하고(저작권법 제15조 제1항, 제48조 제1항), 수익도 특약이 없으면 각자의 이바지한 정도에 따라 배분된다(저작권법 제48조 제2항). 저작권자들의 합의로 저작권을 대표해서 행사할 자를 정할 수도 있는데(저작권법 제15조 제2항, 제48조 제4항), 노블코믹스 계약에서는 제작사와 작가를 공동저작 관계로 규정하고 대표자를 제작사로 정한 사례를 드물지 않게 볼 수 있다. 그러한 합의조차 없이 제작사가 전권을 행사하는 경우도 많다.

분업하여 공동저작물을 창작하는데도 저작물에 대한 모든 책임을 작가 한 사람이 부담한다는 책임과 보증(guarantee) 조항도 자주 발견된다. 일반적인 1인 창작자의 웹툰 계약인 경우 저작권과 저작물의 내용에 대한 책임은 작가가, 출판(발행)과 유통에 대한 책임은 제작사가 부담하는 것이 맞다. 그러나 공동저작관계에서 원작과 기획안, 콘티를 제공받아 작화만 하는 작가에게 저작물에 대한 모든 책임을 떠넘기는 계약 조항은 작가에게 부당하게 불리하다. 원작, 기획안 등 제작사가 제공한 부분에 대한 책임은 제작사가 지고, 캐릭터 디자인 등 작가가 창작한 부분에 대한 책임은 작가가 지는 것이 합당하지 않은가?

웹툰 업계에서 공동저작물과 업무상저작물의 문제는 흔히 기업형,

공장형 창작 스튜디오에 고용되거나 프리랜서 연재계약을 맺은 작가들의 계약서에서 나타난다. 저작권을 빼앗기지 않으려면 제작사에 입사할 때부터, 계약할 때부터 신중히 알아보아야 한다. 특히 근로계약이나 취업규칙에 '업무상 작성하는 저작물의 저작권은 제작사가 아닌 작가에게 있다.'는 문구를 포함하면 업무상저작물에 관한 저작권법의 규정이 적용되지 않아 작가를 저작자로 인정한다는 점을 계약할 때 꼭 알아 둘 필요가 있다.

3) 공동창작자와의 관계

노블코믹스 제작 시 한 사람이 웹툰 제작을 전담하는 경우는 많지 않다. 보통 글/그림 콘티를 담당하는 스토리 작가와 작화를 담당하는 그림 작가가 협업하여 작품을 만든다. 우리 판례 중에서는, 만화스토리작가가 스토리를 창작하여 시나리오 또는 콘티 형식으로 만화가에게 제공하고 만화가는 이에 기초하여 다양한 모양과 형식으로 장면을 구분하여 배치하는 등 그림 작업을 하여 만화를 완성한 사안에서, 그 만화는 만화스토리작가와 만화가가 이를 만들기 위해 공동창작의 의사를 가지고 각각 맡은 부분의 창작을 함으로써 주제, 스토리와 그 연출방법, 그림 등의 유기적인 결합으로 완성되어 각 기여부분을 분리하여 이용할 수 없는 공동저작물이라고 본 사례가 있다.[35]

제작사와 공동저작자들의 관계를 하나의 계약으로 규율하는 경우

---

[35] 서울북부지방법원 2008. 12. 30. 선고 2007가합5940 판결 참조.

는 드물다. 제작사는 공동저작자마다 따로 계약을 체결하여 관리하고 공동저작자 상호 간에는 연락이나 의사소통이 제한되는 경우가 많다. 따라서 공동저작자들 간에 동업 계약을 체결하는 경우도 드물다. 그렇게 관리하는 이유는 여러 가지가 있겠지만 노블코믹스의 제작 환경과도 연관이 있다. 노블코믹스는 일반 웹툰에 비해서 스토리 작가와 그림 작가가 유기적으로 협업하기보다는 철저히 작업을 분담하고, 제작사가 양 작가 사이의 매개자 역할을 하면서 플랫폼과의 대외적 관계에서는 제작사만이 저작권자를 대표하는 특징을 갖는다. 계약을 쪼개어 제작사만이 전체 계약 관계를 알고 관리하는 만큼 작가들의 저작권이나 대외적으로 주장할 수 있는 권리가 상대적으로 약화되는 측면도 있다.

　필자가 상담한 사례 중에서 계약서에 공동저작자 1인에 대하여 생긴 사유에 대해 다른 공동저작자에게까지 연대 책임을 지게 하는 독소 조항이 포함되어 있었던 사례가 있다. "갑(스토리 작가) 또는 을(그림 작가) 중 1인의 사정으로 연재 중단 또는 장기 휴재한 경우에도 갑과 을이 병에 대하여 연대하여 책임을 진다."는 내용이었다. 이러한 조항은 노블코믹스 제작 환경을 고려하면 작가에게 지나치게 불리할 수 있다. 제작사에서 작가를 각각 섭외하여 작가들이 서로 알지 못하는 사이인 경우가 대부분이므로, 채무자 사이의 주관적 관계에 기하여 각자가 채무 전부에 대해서 이행의무를 부담하는 연대채무 약정은 채무의 성질상 맞지 않다.

4) 계약의 중도 해지(탈퇴)와 저작인격권의 보장

노블코믹스는 저작권이 작가 1인에게 전속되어 있지 않기 때문에, 계약이 중도 해지되더라도 후속 작가를 섭외해서 작품의 제작을 이어가는 경우가 많다. 계약 체결 시점에는 제작사와의 관계가 원만하고 작품에 대한 의욕과 애정이 충만하더라도, 웹툰 연재는 체력과 정신력이 뒷받침되어야 완주할 수 있는 장기 레이스다. 사람의 일은 어떻게 될지 모르기 때문에 계약을 중도 해지할 경우의 권리관계에 대해서도 미리 꼼꼼하게 약정해 놓는 편이 좋다.

앞서 언급했듯이 계약을 중도 해지하더라도 작가 1인이 온전한 저작권을 가지고 나오기란 사실상 불가능하다. 그러므로 저작재산권적 측면보다 탈퇴 전까지 작업한 분량에 대한 저작자로서 저작인격권인 성명표시권과 동일성유지권의 보장에 집중할 필요가 있다.

영화 시나리오에 관한 판례이기는 하지만, 집필 과정에서 작가가 여러 번 교체되었다면 성명표시권이 시나리오 집필에 참여한 모든 작가에게 반드시 인정되는 것은 아니라고 판단한 판례가 있다. 그 작가의 창작이 최종 시나리오에 '상당한 기여'를 한 경우에 한하여 성명표시권을 주장할 수 있다는 것이다.[36] 반면, 영화의 시나리오 창작 과정에서 작가와 제작사 사이에 의견이 맞지 않아 새로운 시나리오 작가를 섭외하여 수정 작업을 진행하도록 합의하였는데 영화의 크레딧에 원래 시나리오 작가가 빠진 사건에서 법원은 원래 시나리오 작가의 손해배상 청구에 대하여 성명표시권을 침해하였으니 위자료로

---

36 서울지방법원 2003. 10. 22. 선고 2003나8359 판결 참조.

금 1,500만 원을 지급하라고 판결한 사례도 있다.[37]

참고로, 후속 작가와의 관계는 탈퇴한 작가가 작업한 분량과 성격에 따라 공동저작 관계로 보기도 하고, 원저작물과 2차적저작물 저작자 관계로 보기도 한다.

2인 이상이 시기를 달리하여 순차적으로 창작에 기여함으로써 단일한 저작물이 만들어지는 경우에, 선행 저작자에게 자신의 창작 부분이 하나로 완성되지는 아니한 상태로서 후행 저작자의 수정·증감 등을 통하여 분리이용이 불가능한 하나의 완결된 저작물을 완성한다는 의사가 있다면, 이들에게는 각 창작 부분의 상호 보완에 의하여 단일한 저작물을 완성하려는 공동창작의 의사가 있는 것으로 인정할 수 있다.

반면에 선행 저작자에게 위와 같은 의사가 있는 것이 아니라 자신의 창작으로 하나의 완결된 저작물을 만들려는 의사가 있을 뿐이라면 설령 선행 저작자의 창작 부분이 하나의 저작물로 완성되지 아니한 상태에서 후행 저작자의 수정·증감 등에 의하여 분리이용이 불가능한 하나의 저작물이 완성되었더라도 선행 저작자와 후행 저작자 사이에 공동창작의 의사가 있다고 인정할 수 없다. 따라서 이때 후행 저작자에 의하여 완성된 저작물은 선행 저작자의 창작 부분을 원저작물로 하는 2차적저작물로 볼 수 있을지언정 선행 저작자와 후행 저작자의 공동저작물로 볼 수 없다.[38]

---

37 서울고등법원 2009. 9. 3. 선고 2009나2950 판결 참조.
38 이상 대법원 2016. 7. 29. 선고 2014도16517 판결 참조.

3부

웹툰의 부가가치 창출

: 2차적저작물의 계약

김성주

2014년 10월부터 12월까지 tvN을 통해 방영된 〈미생〉은 최고시청률 8.6%를 기록한 인기드라마다. 이 드라마는 바둑이 인생의 모든 것이었던 주인공 장그래가 프로 입단에 실패한 후 대기업 비정규직으로 입사하면서 벌어지는 이야기를 다룬 드라마로, 평범한 직장인들이 회사 생활을 하면서 겪는 일들을 실감 나게 그려서 많은 호응을 얻었다.

이 드라마는 윤태호 작가의 웹툰 〈미생〉을 기반으로 제작되었는데, 10억 건 이상의 조회수를 기록하는 신드롬을 일으킨 작품이다. 〈미생〉은 단행본으로도 출간되어 200만 부 이상의 판매고를 올리기도 했다.

이외에도 주호민 작가의 웹툰 〈신과 함께〉도 영화화되어 2000만 관객을 돌파했고, 윤태호 작가의 웹툰 〈내부자들〉 또한 영화화되어 700만 관객을 돌파하는 등, 웹툰 원작을 기반으로 하는 드라마와 영화가 흥행에 성공하는 사례가 종종 나오고 있다.

이렇듯 웹툰을 원작으로 하여 새로운 유형의 콘텐츠가 만들어지면 우리는 그 콘텐츠를 '2차적저작물'이라 부른다. 즉 '2차적저작물'이란 원저작물을 번역·편곡·변형·각색·영상제작 등의 방법으로 작성한 창작물이다(저작권법 제5조).

웹툰 콘텐츠에 관련한 산업이 발전하면서 웹툰 저작물을 활용한 2차적저작물이 점차 많아지는 추세다. 그래서 작가와 계약을 체결하는 웹툰 플랫폼이나 웹툰 프로덕션 회사들도 영화화나 드라마화를 염두에 두고 계약 조건을 제안한다.

작가 입장에서도 자신의 작품이 영화나 드라마를 통해 인기를 끌게 되면 환영할 일이다. 그렇기 때문에 2차적저작물 계약을 통해 자신의 콘텐츠로부터 부가가치의 창출을 적극적으로 도모하면 좋을 것이다.

문제는 2차적저작물에 대한 계약을 언제, 어떠한 조건으로 하는지를 잘 판단해야 한다는 것이다. 제3부에서는 2차적저작물 계약을 체결할 때 작가들이 어떤 점을 특히 주의해야 하는지 실제 사례들을 중심으로 설명해보고자 한다.

1. 2차적저작물 관련 계약(권리 이용허락)의 구조

일반적으로 2차적저작물 관련 계약은 작가(원저작자)와 제작사(2차적저작물 사용권자) 간에 이루어진다. 작가가 에이전시(저작권 관리 및 계약 체결 대행 등을 하는 업체) 소속일 경우 에이전시가 작가를 대신해 제작사와 계약을 체결할 수 있다. 또는 작가가 소속한 프로덕션(작가들을 모집해 콘텐츠를 기획·제작·유통하는 업체)에서 업체의 이름으로 제작사와 계약하는 경우도 있다.

웹툰의 창작과 유통 방법이 다양해지면서, 2차적저작물의 이용허락계약 주체나 계약 방식 역시 다양해지고 있다. 그러나 변하지 않는 원칙이 있다. 저작물의 사업화에 대한 일체의 권리는 원칙적으로 원저작자(작가)에게 있다. 그러므로 웹툰 에이전시 등 저작권 대리행사를 하는 업체는 2차적저작물 사용 관련 계약에 대한 제반 권한을 작가에게서 반드시 위임받아야 한다.

2차적저작물의 이용허락에 대한 권리에는 2차적저작물(영화, 드라마, 연극 등)의 창작뿐 아니라, 배급, 판매, 제3자의 이용허락까지 다양한 유형이 포함된다. 그런데 작가 입장에서는 2차적저작물 관련 권리 범위가 어디까지인지, 이 중 어느 부분을 허락한다는 것인지 파악하기 어렵다. 작가는 국내 영화 제작 및 유통만 하는 줄 알고 2차적저작물 계약서에 서명했는데, 정작 계약서상에는 해외수출 판권까지 전부 이용하고 허락하는 것으로 되어 있다면, 작가는 나중에 해외수출 부분에 대해서 추가적인 사용료를 지불해달라고 주장할 수 없다. 따라서 2차적저작물 계약의 기본적인 구조를 이해하고, 특히 작가가 이용을 '허락'하는 권리들에 어떤 내용이 포함되는지를 잘 확인해보아야 한다.

1) '용어의 정의' 조항을 잘 살펴야 한다

일반적인 계약서의 구조를 보면, 제1조에 계약의 '목적'이 적혀 있고, 제2조 또는 제3조 정도에 '용어의 정의' 관련 조항이 나온다. 그런데 계약을 체결하는 사람들은 대부분 '계약 용어'를 꼼꼼하게 보지 않는다. '정의'라는 게 무언가 교과서적이고 외워야만 할 것 같은 느낌을 준다. 내용을 봐도 일반적인 설명인 것 같고 중요한 것 같지도 않다. 그래서 잘 안 보고 넘어간다.

제○조(용어의 정의)

본 계약에서 사용하는 용어의 의미는 다음과 같다.

  (1) 2차적저작물 권리: 본건 작품을 영상화, 공연(연극, 뮤지컬) 등의
방법으로 개작한 저작물을 제작·이용할 수 있는 권리 및 이를 국내
나 해외에 판매할 수 있는 권리로, 캐릭터 상품 사용권, 스폰서 사
용권, 서적 및 기타 출판물 판매권, 영화의 국내·해외 리메이크 및
전·후편 저작물의 작성권, 국내외에서의 공연 및 전시로 제작할 수
있는 권리, 게임 판권, 기타 머천다이징 판권 등을 말한다.

위 계약 조항은 한 영화제작사의 2차적저작물 이용허락계약서 중
'용어의 정의' 조항 일부를 발췌한 것이다. 참고로 위 계약서의 제목
은 '영화화 권리 이용허락계약서'다. 분명 '영화화'에 관한 2차적저작
물 계약서로써 작성되었지만, 이것이 영화화를 위한 것인지, 아니면
가능한 모든 2차적저작물의 사업화를 위한 것인지 알 수 없을 정도
로 포괄적으로 정의되어 있다.

작가가 영화제작사와 위 계약서에 서명한다고 생각해보자. 만약
작가가 계약서 내용 중 '용어의 정의' 부분, 특히 그중에서도 '2차적
저작물 권리' 부분을 꼼꼼하게 보지 않고 넘긴다면, 작가는 영화뿐
아니라 공연(연극, 뮤지컬), 캐릭터, 스폰서, 서적 등의 출판물, 리메이
크 작품, 공연 및 전시, 게임, 머천다이징 판권 등에 관한 모든 이용
권리를 영화제작사에게 넘기게 되는 것이다.

작가는 영화화에 관한 부분만 대가를 받고 이용허락을 했다고 생
각했는데, 나중에 영화제작사가 작품을 출판물로도 내놓고 게임으로

도 만들면서도 작가에게 아무런 연락을 하지 않을 수 있다. 그때 가서 따져봐야 소용이 없다. 오히려 제작사는 위 계약서 조항을 내밀면서 2차적저작물의 이용허락 범위 안에 포함된 것을 제작했을 뿐인데 왜 이제 와서 다른 소리를 하느냐고 항의할 것이다. 작가가 뒤늦게 불공정계약이라는 등의 이유로 소송을 제기해도, 계약서 문구에 그 내용이 명백하게 표기되어 있다면 이를 소송으로 뒤집기 쉽지 않은 것이 현실이다.

결국 어떤 계약이라도 마찬가지지만, 용어의 정의 부분부터 꼼꼼하게 검토해야 한다. 2차적저작물 계약을 맺을 때는 반드시 '2차적저작물 권리'의 범위가 어떻게 되는지를 따져봐야 한다. 그렇게 해야 작가가 이용허락을 하는 권리의 범위를 명확하게 이해할 수 있고, 제작사와 협상할 때 작가가 원하는 조건들과 원하지 않는 조건들을 정확히 제시할 수 있다.

2) '이용허락' 관련 세부 조항을 꼼꼼히 검토하자

제○조(이용허락)

① '작가'는 '제작사'에게 "작품"에 대한 극장용 장편영화 1편(이하 "본건 영화"라 한다)을 제작해 전 세계에 배급, 판매, 이용할 수 있는 권리를 독점적으로 이용할 것을 허락한다.

② '제작사'가 "본건 영화"를 제작할 수 있는 기간은 계약 체결일로부터 ___년이다.

---

③ '제작사'는 위 ②항의 기간이 만료되기 1개월 이전에 적절한 기간을 정해 '작가'에게 기간 연장을 요청할 수 있다. 계약 기간의 연장 조건에 대해서는 '제작사'와 '작가'가 별도의 서면으로 합의해 정한다.

④ "본건 영화"의 언어는 ＿＿＿＿＿로 한다. 다만 다른 언어가 대사에 부분적으로 사용되거나, "본건 영화"를 다른 언어로 자막, 더빙 처리하는 것은 가능하다.

⑤ 영화화 기간 내에 "본건 영화"의 주 촬영이 개시된 경우 영화화 기간 이후라도 '제작사'는 촬영, 편집, 색보정, 음악, 음향 등 제작을 진행할 수 있고, '작가'는 영화화 기간 만료를 이유로 제①항의 권리를 '제작사' 이외의 제3자에게 양도 또는 이용허락을 해서는 안 된다.

⑥ '작가'는 "작품"이 영화화 과정에서 제목, 스토리, 캐릭터 등 모든 요소가 변형 및 각색될 수 있다는 것을 인지하고 있으며 이를 허락한다.

⑦ '작가'는 영화화 기간 동안 '제작사' 이외의 제3자에게 "작품"에 대한 영화화 및 배급·판매·이용의 권리를 양도하거나 이용허락을 해서는 안 되고, 영화화 기간 동안 "본건 영화"가 제작되는 경우에도 같다.

위 예시로 인용한 영화제작 관련 이용허락계약서 내용을 보자. 우선 제1항에서는 작가가 제작사에게 이용을 허락하는 권리의 내용과 이용허락의 범위를 알 수 있다. 우선 작가는 자신의 작품에 대한 영화제작 권리뿐 아니라, 제작된 영화를 배급, 판매, 이용할 수 있는 권리를 허락하는 것이다. 이 권리는 제작사가 전 세계를 대상으로 독점적으로 행사할 수 있다.

이용을 허락하는 기간에 대해서도 명시해둔다. 이는 2차적저작물의 종류(영화, 드라마, 연극, 게임 등)와 조건에 따라 달리 정하게 된다. 그리고 계약 기간을 연장할 경우 쌍방이 합의에 의해 서면으로 하는 것이 좋다. 가끔 '명시적인 거절의 의사 표시가 없으면 계약 기간을 자동으로 연장한다.'는 조항을 넣는 경우가 있다. 자칫 사업화 가능성이 없는 상태에서도 계약 기간이 연장되었음을 이유로 계약 관계를 끝내지 못할 수 있다.

일단 제작사와 독점적인 계약이 체결되면, 작가는 제3자와 2차적저작물의 제작 및 배급 · 판매 · 이용 등에 관한 별도의 계약을 체결할 수 없다. 따라서 계약할 때 '2차적저작물 권리'의 종류와 범위를 잘 설정하는 것이 중요하다. 앞서 설명했듯이 영화화 관련 이용허락계약을 체결한다고 생각했는데 자칫 게임에 대한 사업화까지 체결하게 되면, 나중에 게임 관련 제작 업체와 별도의 계약을 체결할 수 없게 되기 때문이다.

3) 2차적저작물 사업화가 되면 원저작자는 대가를 얼마나 어떻게 받을 수 있을까

제○조(영화화 권리 이용허락의 대가 지급)

① '제작사'는 본 계약 체결일로부터 ____일 이내에 "작품"의 영화화

권리 이용허락의 대가로 금 _____원을 법령에 따라 원천징수
해야 할 세금을 공제한 후 '작가'에게 지급한다.

② "작품"의 순이익이 발생한 경우 '제작사'는 제작사 몫 수익지분율
의 ____%를 '작가'에게 지급한다. 단 '작가'에게 지급되는 본문의
수익지분율을 0%로 정하거나 공란으로 두어서는 아니된다.

③ '제작사'는 메인투자사로부터 받은 "본건 영화"의 국내 극장 개봉
이후, "본건 영화"의 총수익, 순이익 발생 여부 및 그 구체적인 내
역을 확인할 수 있는 정산 서류를 '작가' 또는 '작가'가 지정하는
제3자에게 아래와 같은 정산기준일에 따라 제공해야 한다. 또 제
②항에서 약정한 수익지분율에 따라 계산한 금액을 '제작사'와
'작가' 간의 정산 기준일이 속한 달의 익월 말일까지 '작가'에게
지급해야 한다. 또한 '제작사'는 사실상·법률상의 폐업, 해산, 기
타 이에 준하는 사유로 본 항의 의무를 이행하지 못하는 경우를
대비해 메인투자사로 하여금 '작가'에게 본 항과 동일한 의무를
부담하도록 해야 한다.

1) 1차: "본건 영화"의 극장 종영일로부터 90일 이내에 정산한다.

2) 2차~5차: 연 4회, 매분기별 정산을 원칙으로 하며 구체적인 정
산일은 '작가'와 '제작사'가 상호 합의해 결정한다.

3) 6차~7차: 연 2회, 반기별 정산을 원칙으로 하며, 구체적인 정
산일은 '작가'와 '제작사'가 상호 합의해 결정한다.

4) 8차 이후: 매년 1회 정산을 원칙으로 하며, 구체적인 정산일은
'작가'와 '제작사'가 상호 합의해 결정한다.

④ 제③항과 별도로 '작가'는 필요한 경우 "본건 영화"의 정산 및 수

익 분배와 관련한 서류를 교부할 것을 '제작사'에게 요구할 수 있고, '제작사'는 위 요구를 받은 날로부터 ___일 이내에 해당 서류를 교부해야 한다.

2차적저작물 이용허락계약을 통해 작가가 얻을 수 있는 금전적 대가는 크게 두 가지로 나뉜다. 하나는 계약을 체결함에 따라 원저작물을 제공하는 대가로 지급받는 돈이고, 그리고 다른 하나는 2차적저작물에 대한 수익이 발생할 경우 수익 배분 약정에 따라 지급받는 돈이다.

제작사는 보통 계약 체결 시점에 작가에게 작품의 당시 인기, 2차적저작물 제작 규모, 유통 범위, 시장에서의 성공 가능성 등을 종합적으로 판단해 계약금을 제시할 것이다. 작가 입장에서는 이용허락을 하는 권리의 종류(영화, 드라마, 게임, 연극, 출판물 등), 권리의 범위(독점인지 비독점인지, 국내용인지 해외수출을 포함하는지 등)를 고려해 제작사가 제시하는 금액이 얼마나 합리적인지를 따져보고 계약을 진행할 필요가 있다.

'수익 배분' 조항의 경우, 먼저 '수익'의 개념을 어떻게 볼 것인지를 따져봐야 한다. '매출' '영업이익' '당기순이익' 등 수익의 범주에 여러 개념이 섞여서 사용된다. 그렇기 때문에 계약서에 별도의 조항을 두어 이 계약에서 정의하는 '수익'의 의미가 무엇인지 명확하게 규정해야 한다. 가령 앞 계약서에서는 '순수익'이라는 표현을 사용했다. 그리고 계약서 말미에 [별첨]을 두어, '순수익의 정의'를 따로 규정해 두었다.

순수익의 정의에 대해 작가와 제작사 간 합의가 있었다고 해도, 작가 입장에서는 순수익이 어떤 과정으로 산출되는지 정확히 알 수 없다. 수익을 산정하기 위한 모든 자료는 제작사가 가지고 있기 때문이다. 작가 입장에서는 제작사가 "이만큼 수익이 났습니다."라고 통보했을 때, 이를 믿고 그냥 받으면 되는 것일까?

이러한 문제를 해결하기 위해서 작가가 수익 정산 시 제작사에게 정산 근거자료를 요구할 수 있고, 제작사는 작가에게 관련 근거자료를 제시할 의무를 부과하도록 하는 조항이 필요하다. 자세한 내용은 2장에서 별도로 다룰 예정이다.

4) 2차적저작물 권리는 누구에게 있을까

작가의 작품을 기반으로 새로 탄생한 '2차적저작물'의 권리는 누구에게 있을까? 가령 영화 〈내부자들〉의 저작권은 윤태호 작가의 것일까, 영화제작사의 것일까?

일반적으로는 영화제작사가 2차적저작물의 저작권을 가진다. 저작권법에 따르면 2차적저작물은 독자적인 저작물로서 보호되기 때문이다(저작권법 제5조 제1항). 즉 영화 〈내부자들〉이 제작되면, 영화는 영화대로 저작권이 생기고, 영화를 제작한 주체가 권리를 가지게 된다.

작가는 원칙적으로 '영화'에 대한 권리를 제외한 나머지 원저작물의 저작권은 자유롭게 행사할 수 있다. 2차적저작물의 보호는 그 원저작물의 저작자의 권리에 영향을 미치지 않기 때문이다(저작권법 제5조 제2항).

2차적저작물을 기반으로 다른 2차적저작물을 제작할 경우, 원저작자인 작가의 허락을 받아야 할까? 예를 들어 영화 〈내부자들〉을 기반으로 연극 〈내부자들〉이 제작된다고 가정해보자. 영화제작사는 원저작자인 작가에게 연극제작사의 제안을 알리고 작가에게도 동의를 받아야 할까?

이에 대해서 법이 명확하게 규정하고 있지는 않다. 그러나 영화 자체가 원저작물인 작가의 작품으로부터 제작된 것이라면, 이로부터 '연극'이라는 형태로 다시 파생된 저작물 또한 원저작물을 기반으로 창작된 것임은 분명하다. 따라서 2차적저작물에 대해 다시 2차적저작물이 제작된다고 해도, 원저작자인 작가의 동의를 받는 것이 타당하다고 본다. 작가 입장에서도 2차적저작물 계약을 체결할 때, 2차적저작물의 파생 저작물에 대해서 동의 및 대가를 지급하도록 계약서에 명기해두는 편이 안전하다.

이와 같이 '권리의 귀속' 관련 계약 조항에서는 2차적저작물의 권리가 누구에게 귀속되는지, 귀속되는 범위는 어디까지인지, 2차적저작물의 파생 저작물에 대한 제작 조건 등을 상호 합의 하에 최대한 자세히 규정해두는 것이 좋다.

제○○조 (권리의 귀속 등)

① '작가'는 영화화 기간 중에도 "작품"에 대해 본건 계약에 따라 '제작사'에게 부여된 권리를 제외한 모든 저작재산권을 행사할 수 있다. 다만 '작가'와 '제작사'는 별도의 서면 합의 및 대가 지불을 통해, 본건 계약에 따른 권리를 제외한 기타 저작재산권에 대한

행사 제한 등의 조건을 정할 수 있다.

② "본건 영화"에 대한 저작권은 '제작사'에게 귀속된다. 단 '제작사' 는 "본건 영화"의 2차적저작물 권리를 행사하기 위해서는 '작가' 와 협의를 거쳐 '작가'에게 별도의 대가를 지불해야 한다. 대가의 정도나 지급 방식은 '제작사'와 '작가'가 서면으로 합의해 정한 다.

③ "본건 영화"가 "작품"과 주요 인물묘사, 플롯의 전개, 주요 시퀀 스의 사건, 신 별 대사 및 지문 등이 다른 '새로운 창작물'이라고 '제작사'가 입증하는 경우에는 '제작사' 단독으로 "본건 영화"에 대한 2차적저작물 권리를 보유 및 행사할 수 있고 '작가'에게 별 도의 대가를 지불할 의무가 없다.

5) 더 추가해야 하는 기타 조항

이외에도 계약상 상호 간 알게 되는 영업상 비밀이나 중요 계약 조건 들에 대해서 대외적으로 공개하지 않도록 하는 비밀유지 조항, 계약 의 해제 또는 해지 및 손해배상 관련 조항 등 계약상 일반적으로 필 요한 조항들이 있다.

2. 2차적저작물 계약 시 주의할 점

1) 웹툰 연재계약에 포함시키지 말고 별도의 계약을 체결하자

2018년 3월 27일, 공정거래위원회가 웹툰 서비스를 하는 26개 업체에 대해 불공정약관 유형을 적발, 이에 대한 시정조치를 했다고 밝혔다.[1] 공정거래위원회가 웹툰 서비스 업체들에게 시정을 요구한 대표적인 조항은 바로 '2차적저작물에 대한 포괄적 권리양도'에 관한 조항이다. 예를 들어 이런 내용이다.

> 제○조(2차적저작물의 사업화 권리)
> 본 계약에 따른 콘텐츠에 대해 출판, 영화, 드라마, 연극, 게임 또는 캐릭터 상품화 등의 형태나 방법으로 2차적저작물을 작성해 사용할 권리는 "갑"(플랫폼 업체)에게 있다.

위 조항을 풀어 설명하자면, 웹툰 서비스 업체들이 작가들과 웹툰 연재계약을 체결하면서 웹툰을 원작으로 하는 드라마, 영화 등을 제작하고 판매하는 등의 방법으로 사용할 권리까지 가져간다는 것이다. 이 조항에 따르면 웹툰의 원작자인 작가에게 동의를 구할 필요도

---

[1] 공정거래위원회 홈페이지, 〈콘텐츠의 2차적저작물 사용 권리를 설정할 땐 별도 계약을 체결해야〉, 2018. 3. 27. 게재글 참조.

없다. 이미 서비스 업체에게 '2차적저작물의 사업화 권리' 일체가 넘어갔기 때문이다. 웹툰 서비스 업체들은 원작자인 작가들이 아니라 출판·영화·드라마 제작 업체와 협상을 하면 될 뿐이다.

공정거래위원회는 위 2차적저작물 포괄적 양도 조항이, 웹툰 작가가 다른 업체와 더 좋은 조건으로 계약을 체결할 권리를 부당하게 제한하는 조항이라고 판단했다.[2] 이는 옳은 판단이다. 2차적저작물 전체의 작성권을 포괄적으로 웹툰 서비스 업체에 주면 웹툰 작가는 작품의 영화화나 드라마화 과정에서 아무런 목소리를 낼 수 없다. 혹시 운이 좋아서 웹툰 서비스 업체에서 사업화 소식을 전해주면서 조건에 대한 협의를 해올 수도 있다. 그러나 업체에 계약상 협의 의무는 없으므로 작가는 자신의 작품이 2차적저작물로 만들어진다는 것을 전혀 모르다가 언론기사를 통해 알 수도 있다.

공정거래위원회의 시정조치는 웹툰에 대한 연재계약을 체결할 때는 웹툰에 대한 내용 중심으로 계약을 체결하고, 2차적저작물에 대한 계약을 체결할 때는 작가와 웹툰 서비스 업체 간에 별도의 계약을 체결하라는 취지에서 내려졌다. 작가 입장에서는 자신의 웹툰 작품에 대해 기존 업체보다 더 좋은 조건을 제시하면서 사업화를 권유하는 업체가 있다면 당연히 새로운 업체와의 계약을 추진해볼 수 있다. 이러한 기회를 원천적으로 막아버리는 것은 작가의 2차적저작물 사업화에 대한 결정 권리를 부당하게 제한하는 일이다.

공정거래위원회의 시정권고조치 이후 다수의 웹툰 서비스 업체들이 2차적저작물작성권의 포괄적 양도 조항을 시정했다. 이제 상당수

---

2 경향신문, 〈'2차 저작물까지…' 웹툰 불공정계약 무더기 시정조치〉, 2018. 3. 27. 기사 참조.

업체들의 계약서에는 2차적저작물 권리에 대해서는 별도의 서면계약을 체결한다고 명시되어 있거나, 기존 웹툰 서비스 업체에 우선협상권만을 부여하고 최종 결정은 웹툰 작가가 하도록 되어 있다.

그럼에도 일부 업체들은 여전히 '업계 관행'이라는 이유로 신규 연재계약을 체결하는 작가들에게 2차적저작물에 대한 포괄적 권리까지 모두 업체가 가지게끔 하는 내용의 계약을 요구하고 있다. 그러나 '관행'은 정당한 권리가 없는 쪽에서 명분을 내세우기 위해 사용하는 용어일 뿐이다. '관행'이라는 용어를 '권리'라는 용어로 바꿔보면 금방 이해할 수 있다. 2차적저작물의 작성권이 '업계의 권리'일까? 아니다. 저작권법 제22조(2차적저작물작성권)에는 "저작자는 그의 저작물을 원저작물로 하는 2차적저작물을 작성해 이용할 권리를 가진다."고 명백히 나와 있다. 2차적저작물작성권은 저작자, 즉 웹툰 작가에게 있다. 따라서 원작을 2차적저작물로 사업화할지, 사업화한다면 어떤 형태로 누구와 사용계약을 체결할지는 저작자인 작가가 선택하는 것이 맞다.

※ 참조: 2차적저작물 사용 관련 예시 조항

> 제○조(2차적저작물 및 재사용 이용 등에 대한 허락)
>
> ① 서비스 업자는 이 계약에서 규정한 권리만을 가지며, 그 외 2차적저작물작성권 등 다른 저작재산권을 이용하기 위해서는 저작자와 별도로 계약을 체결해야 한다.

② 저작자가 계약 기간 중 제3자로부터 대상 저작물에 대한 출판, 2차적저작물 제작, 캐릭터 이용 등의 제안을 받고 협의가 필요하다면 제안을 받은 날로부터 ___일 이내에 서비스 업자에게 그 내용을 서면으로 통보해 서비스 업자가 이 계약으로 부여받은 권리가 침해되지 않는지를 확인할 수 있도록 해야 한다.

③ 이 계약서에서 서비스 업자에게 부여하지 않은 권리는 모두 저작자에게 있다.

사례 작품의 해외판매 시 별도의 계약 없이 원계약의 수익 배분 조건대로 정산한 사례

Q) A작가는 웹툰 매니지먼트사 B와 연재계약을 체결한 후 작품을 완결해 프랑스와 미국, 일본에도 수출했습니다. 그 과정에서 A씨는 해외판 서비스의 계약 조건을 모르고 정산 내역만 일방적으로 통보 받았으며, 해외판권에 대한 계약서 작성도 요청했으나 아직까지 받지 못했습니다. 이에 A씨는 위와 같은 이유로 B업체와의 계약을 해지하고자 합니다. 계약 해지가 가능할까요?

A) 처음 연재계약을 체결할 때 계약 범위에 해외판권에 관한 사항이 포함되어 있지 않았다면, 해외판 서비스를 하기 전 별도로 해외판권계약을 체결해야 합니다. 그러나 이 사건은 별도로 해외판권계약을 체결하지 않은 채 B업체가 임의로 해외판 서비스를 하고 본 계

약의 수익 배분 조건대로 해외판권의 수익 배분 비율을 정해 정산한 사례입니다. 본 계약과 해외판매 시의 수익 배분 비율을 동일하게 정하는 것에 대해 A씨의 동의를 얻었다면 본 계약에서 정한 비율대로 해외판매 수익을 배분하는 것도 가능하겠지만 A씨의 동의를 얻지 않았다면 그와 같은 수익 배분은 위법하며, A씨는 A씨의 허락을 얻지 않고 해외판 서비스를 한 것 자체에 대해 저작권 침해를 주장할 수도 있습니다. 신뢰 관계의 파탄 및 본 계약상 A씨가 허락한 B업체의 권리 범위 위반을 이유로 본 계약을 해지할 수도 있습니다.

사례 작가가 해외판권 양도를 거절했다는 이유로 갱신계약 체결에 불이익을 받은 사례

Q) A작가는 2015년경 웹툰 연재 플랫폼 B사와 해외판권 양도 조항이 포함된 연재계약을 체결하고 B업체의 플랫폼에서 연재하던 중, 담당피디로부터 갱신계약서를 받고 "별도 해외판권 조항에는 동의하지 않으니 삭제하기를 원합니다."라는 의사를 밝힌 메일을 보냈습니다. 그러자 담당피디는 날인한 계약서 발송을 보류해달라고 하며 갱신이 되지 않을 수도 있다는 의사를 표시해왔습니다. A씨는 B업체가 갱신계약을 거절하는 이번 경우가 시장에서의 우월한 지위를 이용한 불공정행위인지 아닌지 상담을 요청했습니다.

A) 최초 연재계약에 해외판권 양도에 관한 사항이 포함되어 있었다

면, 갱신계약 시 상대방과의 합의 없이 해외판권 양도에 관한 사항을 삭제하는 것은 원칙적으로 허용되지 않습니다. A씨가 해외판권까지 양도하기를 원하지 않았다면 최초 연재계약을 체결할 때 해당 조항을 계약 내용에 포함하지 않았어야 합니다. 그러나 A씨가 처음 계약할 때는 담당피디로부터 계약서에 포함되어 있는 조항의 수정이나 삭제는 불가능하고 모든 작가에게 동일하게 들어가는 조건이라는 설명을 들었기 때문에 계약 내용을 수정할 수 없었던 점, A씨와 B업체의 계약 이후 공정거래위원회에서 해외판권을 포함, 2차적 저작물작성권을 기본계약에 포함하는 조항의 불공정성을 인정하여 웹툰 플랫폼에 대한 불공정약관 시정조치를 내린 점 등을 고려하면 연재 중 다른 특별한 사정이 없음에도 해외판권 양도 조항을 삭제해달라는 A씨의 요구를 이유로 계약 갱신을 거절하는 것은 위법·부당할 수 있습니다.

사례 저작재산권을 양도하면 2차적저작물작성권도 함께 양도될까?[3]

이 사건의 신청자 A씨는 영화 〈클래식〉의 영상물 제작·배급 업체이고, 피신청인 B업체는 드라마 〈사랑비〉를 제작한 방송프로그램 제작사입니다. 피신청인 C씨는 방송 사업자로서 2012년 3월 26일부터 2012년 5월 29일까지 국내 공중파 TV를 통해 이 드라마를 방영

---

3   서울중앙지방법원 2012. 7. 20. 2012카합1315 결정 참조.

했고, 피신청인 D씨는 방송 콘텐츠 사업자로서 이 사건 드라마에 관한 유통 사업을 하고 있었습니다. 신청인은 〈사랑비〉가 〈클래식〉의 2차적저작물작성권을 침해했다는 이유로 드라마 방영금지 및 저작물처분금지가처분을 신청했습니다.

피신청인은 신청인이 이미 투자사에 〈클래식〉에 대한 저작재산권 일체를 양도했기 때문에 피보전권리가 없다고 주장했습니다. 재판부는 투자배급계약 당시의 저작권법(2003. 5. 27. 법률 제6881호로 개정되기 전의 것) 제41조(저작재산권의 양도) 제2항에 따르면, "저작재산권의 전부를 양도하는 경우에 특약이 없는 때는 제21조의 규정에 의한 2차적저작물 또는 편집저작물을 작성할 권리는 포함되지 않은 것으로 추정"되는데, 피신청인들의 주장 및 위 투자배급계약서의 문언만으로는 신청인과 투자사 사이에 2차적저작물작성권에 관한 양도 특약이 있었다고 인정하기에 부족하다고 판단했습니다. 따라서 신청인에게는 이 사건 영화에 관한 2차적저작물작성권이 남아 있음이 소명되므로, A씨가 〈클래식〉의 저작재산권을 투자사에 양도했다고 하더라도 2차적저작물의 작성권자임이 인정된다고 판시했습니다.

그러나 재판부는 〈사랑비〉가 〈클래식〉의 줄거리나 일부 장면에서 모티브를 얻었을 가능성이 있더라도, 둘 사이에는 예술성과 창작성을 완연히 달리하는 별개의 작품으로 '실질적 유사성'이 인정되지 않는다고 보아 신청인의 신청을 기각했습니다.

2) 2차저저작물의 분야별로 별건의 계약을 체결하자

2차적저작물은 영화, 드라마, 연극, 단행본 출판물, 캐릭터 상품화 등 그 형태가 다양하고 제작 규모 또한 천차만별이다. 그렇기 2차적저작물 작성의 방식에 따라 그 권리 또한 다양한 방법으로 세분될 수 있다.

그런데 사업화를 도모하는 업체의 입장에서는 가능한 한 많은 형태의 2차적저작물작성권을 한 번의 계약으로 얻고 싶어 한다. 영화가 성공할지, 드라마가 성공할지, 단행본이 성공할지 알 수 없기 때문이다.

그러나 처음부터 영화나 드라마 또는 다른 분야로 재창작될 것을 염두에 두고 창작되는 웹툰은 드물다. 그리고 창작 분야별 시장의 규모와 통상의 계약 조건은 모두 각양각색이다. 그렇기 때문에 다양한 분야의 2차적저작물 시장에 대해 일괄적인 판권료 또는 수익 분배율을 미리 정해두는 것은 쉽지 않다. 따라서 2차적저작물의 종류와 분야에 따라 개별 계약을 체결하는 것이 안전하고 합리적인 방안이다.

3) 수익 정산에 대한 근거자료를 반드시 요구하자

웹툰 작품이 드라마나 영화 등으로 만들어진 후 시청률이나 관객 동원에서 소위 '대박'을 쳤을 때, 많은 사람이 그 수익이 얼마인지에도 관심을 가진다. 2017년부터 2018년 사이에 두 편을 연달아 개봉한 영화 〈신과 함께〉는 1, 2편의 수익이 2,000억 원이라는 보도가 나왔다.

그런데 2차적저작물에 수익이 발생하면 원저작자인 웹툰 작가에게는 어느 정도의 수익이 분배될까? 1,000만 관객을 동원한 한 영화의 원작 작가가 영화의 성공으로 건물을 샀다더라, 수억 원을 벌어들였다더라 등의 '카더라'식 이야기도 심심찮게 들을 수 있다. 진실은 원작 작가만 알고 있겠지만, 수익 분배 약정을 어떤 방식으로 했는지에 따라서 허황된 이야기일 수도, 아닐 수도 있다.

한국만화가협회를 통해 한 작가가 상담을 요청해왔다. 문의 내용의 요지는, 자신에게 매달 발생하는 수익 금액이 제대로 산정된 것인지 불분명한데 웹툰 서비스 업체에서 수익 금액 산정 방식을 공개하지 않는다는 것이었다. 업체는 작가가 수익 정산에 대한 근거자료를 요구하자 구독자수, 구매액, 수익 배분 약정에 따른 배분액 등 산정 '결과'만 알려주었다. 그런데 정작 중요한 구독자수와 구매액 등을 산출한 근거자료는 영업비밀이라는 이유로 공개를 거부했다는 것이다.

작가 입장에서 업체가 엑셀로 정리해서 보내준 결과만으로 전적으로 업체를 신뢰할 수는 없다. 물론 업체가 임의로 수익 정산 근거수치를 조작할 가능성은 낮다. 그러나 이제까지의 웹툰계약 분쟁 과정을 보면, 결국 작가와 웹툰 서비스 업체 간 신뢰 관계가 훼손되는 과정에서 모든 문제가 시작된다.

웹툰 서비스 업체나 작가나 모두 결국 콘텐츠의 판매 수익에 민감할 수밖에 없다. 그런데 판매 수익에 관한 모든 근거자료는 애초부터 업체가 독점하고 있는 것이 현실이다. 작가 입장에서는 업체가 산정한 수익 정산 결과를 믿고 이를 받아들이는 수밖에 없는 셈이다.

이렇듯 가장 민감하고 중요한 수익 관련 정보의 비대칭성, 이로 인한 신뢰 관계의 훼손을 막기 위해서는 반드시 '웹툰 서비스 업체가 작가에게 ㅅ이 ㄹㄱㅈㅈ를 ㅅㄱ척으로 제공'하는 취지의 계약 조항이 필요하다. 이미 일부 웹툰 서비스 업체의 경우, 매달 정기적으로 수익 정산자료를 작가에게 보내서 동의를 얻고, 이 과정에서 작가가 정산 관련 추가자료를 요구하면 이를 지체 없이 작가에게 보내주도록 계약서에 명시하고 있다.

이는 작가의 당연한 권리이기도 하다. 작가는 자신의 창작물을 더 많은 독자에게 선보이고 판매하기 위해 웹툰 서비스 업체와 계약하는 것이고, 업체는 작가의 창작물을 독자들에게 전송할 플랫폼을 제공함으로써 수익을 얻는다. 그리고 이 수익을 작가와 배분한다. 따라서 작가에게는 창작물의 제공에 따른 대가가 정당하고 정확하게 산정되었는지를 알 권리가 당연히 있다.

4) 웹툰 연재계약 시, 2차적저작물 우선협상권 조항이 있는지 확인해보자

> 제ㅇ조(2차적저작물 우선협상권)
> ① 회사는 본 계약에 따른 작품의 서비스 존속 기간 중 2차적저작물 사업화에 대해 우선협상권을 가진다.
> ② 작가는 회사와의 2차적저작물 사업화에 대한 계약 여부의 최종 결정권을 가진다.

플랫폼과 웹툰 연재계약을 체결해본 작가들이라면 '우선협상권'이라는 말을 한 번쯤은 들어봤을 것이다. 만약 이 용어를 들어본 적이 없다면 둘 중 하나다. 플랫폼이 작가의 작품에 대한 2차적저작물까지 한 번에 가져갔기 때문에 우선협상권 조항이 필요 없거나, 플랫폼이 작품의 2차적저작물에 별 관심이 없는 경우다.

사실 웹툰 연재계약에 2차적저작물에 대한 '우선협상권'이라는 용어가 처음부터 사용되었던 것은 아니다. 플랫폼이 작가와 연재계약을 체결하면서 2차적저작물의 작성권을 모두 가져가는 경우가 많았다. 그러나 앞서 소개한 공정거래위원회 시정권고 사례에서 보다시피, 2차적저작물 관련 권리를 포괄적으로 가져가는 계약은 불공정하다는 판단이 나왔다. 그렇기 때문에 이제는 플랫폼이 작가에게 2차적저작물에 대한 모든 권리를 요구하는 것은 쉽지 않다.

그런데 작가와 연재계약을 체결하는 플랫폼들은 불만이 생길 수 있다. 작가 작품의 성공 가능성을 믿고 고료를 지불하면서 작품을 연재했는데 작품이 인기를 끌자 다른 업체가 나타나서 작가에게 더 좋은 조건을 제시하면서 2차적저작물의 권리를 가져가겠다는 것이다. 이것을 좋아할 플랫폼은 없을 것이다.

이런 입장의 차이를 조율하는 과정에서 나온 대안이 바로 '우선협상권'이다. 즉 웹툰 작품의 연재계약을 체결한 플랫폼에게 2차적저작물의 제작 및 사용 조건에 관해 작가와 우선적으로 협상할 권리를 부여하는 것이다. 작가는 우선협상권이 부여된 기간 동안은 다른 업체와 2차적저작물의 사업화 관련 계약을 협상할 수 없다.

그러나 '우선협상권'이 있다고 하여 작가가 반드시 해당 플랫폼과 2차적저작물의 사업화에 대한 계약을 체결해야 하는 것은 아니다. '우선협상권'에 대응하는 작가의 권리는 '최종결정권'이라고 볼 수 있다. 즉 작가는 플랫폼 업체와 우선협상 기간 동안 논의한 계약 조

거을 받아들이기 맡기에 대한 최종설정권을 가진다. 만약 계약 조건에 대한 합의가 이루어지지 않거나, 작가가 기존 플랫폼과의 2차적 저작물 사업화에 대한 계약을 체결할 의사가 없을 경우, 우선협상권 부여 기간의 종료 시점부터 자유롭게 다른 플랫폼 등과 2차적저작물의 사업화에 대한 계약을 체결할 수 있다.

4부

분쟁 해결절차

신하나, 임애리

1. 계약 관계에서 발생하는 불공정행위 대처법

1) 자주 일어나는 불공정행위, 어떻게 대처할 것인가

'공정한 계약' '불공정한 행위'와 같은 말은 흔히들 쓰지만 정확한 법적 의미를 알고 쓰는 사람은 의외로 많지 않다. 보통 거래 관계에서 당사자 일방이 상대방보다 우월한 지위를 가지고 있어 거래 조건을 협상하기 어렵거나 불가능해 사실상 일방이 제시한 거래 조건을 수용할 수밖에 없을 때 '불공정거래'라고 한다.

우선 민법 제104조의 '불공정한 법률행위' 조항은 당사자의 궁박, 경솔, 무경험으로 인해 현저하게 공정을 잃은 법률행위를 무효로 하는 강력한 규정을 두고 있다. 그러나 민법 제104조 위반에 해당하려면 거래상의 객관적 가치와 현저히 차이 나는 가격으로 계약하고, 피해 당사자의 거래 경험이 부족해야 하며, 급박한 상황으로 인해 합리적인 판단 능력을 상실했어야 하는 등 상당히 엄격한 요건을 충족할 것을 요구한다.

그러나 시장에서 이뤄지는 다양한 거래 관계 중에는 웹툰 작가와 에이전시 또는 플랫폼 사업자, 예술인과 문화예술 기획업자와의 계약 관계와 같이 일반적·보편적으로 불공정성을 내재한 관계도 있다.

쉽게 말하면 보통 유명세와 인시노를 얻지 못한 작가들은 자신의 작품을 연재할 기회를 얻으려면 플랫폼과 자신을 연결해줄 에이전시 또는 플랫폼 사업자를 찾아 계약해야만 하는데, 이때 사업자와 계약을 못해 연재 기회를 상실하는 위험이 지나치게 크기 때문에 사실상 사업자가 제시하는 계약 조건을 맞춰줄 수밖에 없다.

저작권에 대해 잘 알지 못하는 신인 작가들의 경우, 상대방이 저작권 자체를 양도하도록 유도하거나 강요하는 경우가 있다. 또한 출판권, 2차적저작물 등 추후 수익이 발생할 수 있는 사안에 대한 권리를 상대방에게 양도하라고 유도하거나 강요하기도 한다.

신인 작가는 네이버나 카카오 같은 포털사이트, 케이툰 같은 통신사, 레진코믹스 같은 웹툰 전문사가 운영하는 플랫폼 안에 들어가야만 경쟁을 시작할 수 있다. 플랫폼 진입 여부를 결정하는 플랫폼과 콘텐츠 유통사(CP·Contents Provider)가 갑이고 작가는 을이 될 수밖에 없다. 유명 작가가 되어 자체 경쟁력을 가지지 않는 한 이런 구조를 깨고 나오기는 어렵다. 기울어진 시장에서 작가는 기본적인 권리조차 누리기 어렵다. 많은 작가가 플랫폼 및 콘텐츠 유통사에게 불공정한 계약을 강요당했고, 일방적인 연재 중단 요구에도 저항하지 못하고 있다. 콘텐츠진흥원 실태 조사 결과 만화·웹툰 작가 중 25.8%는 계약 체결 전 계약서 수정을 요구했으나 거부당했고, 계약서를 사전에 제공하지 않아 미리 살펴볼 여유를 주지 않은 채 계약을 맺은 경우가 22.1%였다.

만화계약의 경우 계약이 저작권 자체를 양도하는 것인지, 출판권 등 저작재산권 일부를 기한을 정해 사용할 수 있는 것인지, 2차적저작물(영화, 드라마 제작 등)을 제작할 권리도 주어지는 것인지 등을 구체적으로 반영해야 한다. 특히 작가 입장에서는 굳이 저작물의 2차적저작권(작성권)을 처음부터 계약하지 않는 편이 좋을 수 있는데, 계약서를 작성할 시 2차적저작권까지 넘기는 '매절계약'(고료를 지급할 때 인세가 아닌, 쪽당 혹은 권당 일시불로 지급하는 방식으로, 작품에 대한 대가가 발행부수의 양과 상관없이 결정되는 계약)이 될 가능성이 높기 때문이다. 특히 최근에는 국내 웹툰 플랫폼들이 해외시장에 진출하고 있기 때문에 해외출판권 계약을 포괄해 계약하는 경우도 있다. 그러나 작품이 얼마나 흥행이 될지 알 수 없는 시점에서 한 번에 모든 권리를 넘기는 계약은 작가에게 불리하게 작용할 가능성이 높다. 2차적저작물의 가치는 저작물이 1차 매체(출판 등)를 통해 세상에 알려지기 전에는 적정하게 형성되기 어렵기 때문에, 이에 대한 권리를 모두 양도하도록 하는 것은 저작자가 더 나은 조건으로 제3자와 계약을 체결할 권리를 부당하게 제한하는 일이 될 수 있다.

물론 모든 작가와 사업자 간의 관계가 그러한 것은 아니다. 작가 중에서는 자신이 계약할 사업자를 선택할 수 있는 위치에 있는 경우도 있다. 그러나 이 책을 읽는 작가들은 대부분 사업자의 계약 조건 강요나 계약 이행 과정에서 발생하는 불공정행위로 피해를 본 경험이 있거나 그런 상황에 처할 경우를 대비하고자 할 것이다.

문화예술 분야뿐만 아니라 가맹계약, 대리점계약, 하도급계약 등 일반적·보편적으로 일방 당사자(가맹 사업자, 대리점 사업자, 수급 사업자)가 상대방(가맹본부, 공급업자, 발주자, 원사업자)에 비해 불공정한 지위에 놓이는 거래 관계가 많이 있다. 이러한 거래 관계를 규제해 자유로운 시장거래 질서를 확립하고자 설립된 기관이 공정거래위원회이며, 공정거래위원회가 주관하는 독점규제 및 공정거래에 관한 법

률('공정거래법'), 하도급거래 공정화에 관한 법률('하도급법'), 약관의
규제에 관한 법률('약관법') 등의 공정거래 관련 법률이 존재한다.

그렇다면 작가도 사업자와의 거래에서 불공정한 대우를 당하면 공정거래
위원회를 찾으면 될까? 공정거래위원회는 2014년에 공모전에서 정당
한 대가를 지급하지 않고 저작권을 주최 측에 귀속시키는 조항을 불
공정약관으로 판단하고 시정조치한 사례도 있고, 2018년 3월에는 웹
툰 플랫폼 약관을 전수 조사해 불공정조항을 시정조치하고, 2018년
5월에는 오디션 방송 프로그램의 출연계약서와 매니지먼트계약서에
포함된 불공정조항을 시정조치하기도 했다.

그러나 공정거래위원회가 원칙적으로 계약의 해지나 계약금의 반환 등 개
인 간의 사적인 채권·채무 관계에서 발생하는 분쟁을 해결하는 기관은 아니
다. 예술인들은 보통 다른 창구를 통해서 권리구제를 받는다. 대표적인 창구
로는 한국만화가협회 법률상담, 한국저작권위원회 조정감정팀, 콘텐
츠분쟁조정위원회, 한국예술인복지재단 예술인신문고 등이 있고, 각
지방자치단체에서 운영하는 문화예술 불공정피해 상담센터와 서울
시 문화예술·프리랜서 분쟁조정협의회도 있다. 각 기관에서 접수한
사건은 사안의 심각성에 따라 자체적으로 공정거래위원회에 통보하
는 절차를 두기도 한다.

2) 구제 방법

(1) 민법 제104조에 해당해 무효임을 주장

민법 제104조는 "당사자의 궁박, 경솔 또는 무경험으로 인해 현저

하게 공정을 잃은 법률행위는 무효로 한다."고 정하고 있다. 따라서 작가들은 민법 제104조 소정의 불공정계약에 해당함을 이유로 계약의 무효를 주장할 수 있다. 이는 급부와 반대급부 사이에 현저한 불균형이 존재하고, 그와 같이 균형을 잃은 거래가 피해 당사자의 궁박, 경솔 또는 무경험을 이용해 이루어진 경우에 성립하는 것이고, 피해 당사자가 궁박한 상태에 있었다고 하더라도 그 상대방 당사자에게 그와 같은 피해 당사자 측의 사정을 알면서 이를 이용하려는 의사, 즉 폭리행위의 악의나 또는 급부와 반대급부 사이에 현저한 불균형이 존재해야 한다. 그리고 어떠한 법률행위가 불공정한 법률행위에 해당하는지는 법률행위 당시를 기준으로 판단해야 한다. 따라서 계약 체결 당시를 기준으로 계약 내용에 따른 권리의무 관계를 종합적으로 고려하여 판단한 결과가 불공정해야 계약이 무효임을 인정받을 수 있다.[1]

얼마 전 한 웹툰 플랫폼의 대표가 미성년자 작가와 계약을 체결하면서 창작에 아이디어를 제공하는 대가로 작품 수입의 일부를 공동저작자로서 가져가는 계약을 체결한 것이 밝혀져 논란이 된 일이 있었다. 해당 작가에 따르면 플랫폼 대표가 작가에게 데뷔를 제안하면서 아이디어를 주고 콘셉트 설정에 조언해준 것만으로 업계의 관행을 이유로 대며 수익을 배분받았다고 했다. 작가는 계약 체결 당시 미성년자였고, 저작권의 개념을 전혀 알지 못하는 상황에서 데뷔 제안을 하는 대표의 말을 믿고 계약을 체결했다. 그러나 제2부에서 설명했다시피 아이디어를 제공한 것만으로는 저작권리를 인정받을 수 없다.

1 대법원 2013. 9. 26. 선고 2011다53683 전원합의체 판결 등 참조.

그런데도 미성년자인 작가가 법률적 지식이 부족하다는 점을 이용해 부당하게 작가의 권리를 침해하는 계약을 체결했다면, 이는 민법 제104조에 따른 불공정계약에 해당해 무효가 될 가능성이 있다.

한편 웹툰 작가의 경우 청소년 시절부터 창작 활동을 하면서 작가로 데뷔하는 이들도 많다. 플랫폼이 미성년자 작가들과 계약을 체결할 때도 특히 유의해야 할 점이 있다. 원칙적으로 미성년자(만 19세 미만) 작가와 계약을 체결하려면 법정대리인 동의를 얻어야 한다(민법 제5조 제1항). 여기서 법정대리인이란 친권을 행사하는 부모 또는 후견인을 의미한다(민법 제911조). 만약 미성년자가 법정대리인의 동의를 얻지 않고 체결한 계약은 취소할 수 있다(민법 제5조 제2항). 그러나 미성년자가 성년이 된 후 3년 내에 취소권을 행사하지 않으면 그 이후부터는 취소권을 행사할 수 없다(민법 제146조).

(2) 약관규제법 위반임을 주장

약관의 규제에 관한 법률('약관규제법')은 ① 약관계약을 제안받은 자(이하 '고객')에게 부당하게 불리한 조항, ② 고객이 계약의 거래 형태 등 관련된 모든 사정에 비추어 예상하기 어려운 조항, ③ 계약의 목적을 달성할 수 없을 정도로 계약에 따르는 본질적 권리를 제한하는 조항 등의 내용을 정하고 있는 조항은 공정성을 잃은 약관으로 위 조항은 무효라고 정하고 있다(약관규제법 제6조).

(3) 사전조치의 중요성

앞에서 계약의 효력을 다툴 수 있는 근거를 제시했지만, 한 번 체결된 계약의 효력을 부인하기는 쉽지 않다. 따라서 불공정계약 체결을 막기 위해서는 무엇보다 계약서를 꼼꼼하게 살펴보고 적극적으로 계약서 수정을 요청해야 한다. 작가 개인으로는 쉽지 않은 현실을 감안해, 많은 작가가 힘을 합쳐 목소리를 높일 필요가 있다.

3) 계약 위반

계약은 계약서에 명시되어 있는 계약 당사자에게, 계약 기간 동안, 계약의 내용대로 효력을 발생하는 것이 원칙이다. 다만 그 계약의 해석에 대해 다툼이 있는 경우 이에 대해 명확한 해석을 할 필요가 있다. 대법원은 "법률행위의 해석은 당사자가 그 표시행위에 부여한 객관적인 의미를 명백하게 확정하는 것으로서 당사자 사이에 계약의 해석을 둘러싸고 이견이 있어 문제되는 경우에는 문언의 내용, 그와 같은 약정이 이루어진 동기와 경위, 약정에 의해 달성하려는 목적, 당사자의 진정한 의사 등을 종합적으로 고찰해 논리와 경험칙에 따라 합리적으로 해석해야 한다."[2]며 그 기준을 제시하고 있다.

다만 일부 플랫폼 및 유통사들은 이용허락계약의 범위를 넘어서 작가들의 저작권을 이용하거나, 계약 기간이 종료했음에도 작가들의 저작권을 이용하는 경우가 있다. 이와 같은 경우 전술한 저작권법 위반을 원인으로 한 형사고소, 민사상 손해배상청구, 지식재산권 처분금지 가처분 등의 조치를 취할 수 있다.

---

2   대법원 2005. 1. 27. 선고 2004다50877 판결, 2005. 6. 24. 선고 2005다17501 판결, 2005. 7. 15. 선고 2005다19415 판결 등 참조.

2011년에 제정되고 2012년부터 시행한 예술인복지법에도 불공정행위를 금지하는 조항(제6조의 2)이 있다. 일반 거래를 규율하는 다른 법률과 달리 예술인복지법은 문화예술 창작 활동을 하는 예술인만을 보호하기 위해 만들어진 법률이지만, 법에서 정하는 불공정행위로 인정받기 위한 요건이 간단하지만은 않다.

우선 웹툰 작가는 만화 분야의 예술인으로서 위 법의 보호 대상에 포함되지만, 계약의 상대방이 웹툰 플랫폼이나 에이전시 등 문화예술 용역에 관한 기획·제작·유통업에 종사하는 자여야 한다. 다른 웹툰 작가와의 계약 관계(예를 들어 스토리 작가와 작화가의 공동저작계약, 작가와 어시스턴트의 계약)나 일반 상거래에서 발생한 불공정행위는 예술인복지법의 적용 범위에 포함되지 않는다.

예술인복지법은 불공정행위를 크게 네 가지 유형으로 구분하고 있다.

① 우월한 지위를 이용해 예술인에게 불공정한 계약 조건을 강요하는 행위다. 여기에는 문화예술 기획업자가 예술인에게 경제적 이익의 제공을 요구하거나 업자가 부담해야 할 비용을 예술인에게 전가하는 행위도 포함된다. 가령 만화 분야에서는 차기작 연재를 조건으로 임금이나 용역 제공의 대가를 삭감하는 경우가 이에 해당한다.

② 예술인에게 적정한 수익 배분을 거부·지연·제한하며 불공정하게 수익을 배분하는 행위로, 가장 빈번하게 발생하는 불공정행위 유형이다. 그 보상의 규모가 소액이라고 하더라도 다른 불공정행위와 비교할 때 대부분의 예술인이 가장 직접적인 피해를 입는 사안이기 때문에 매우 중요하다. 보상에 대한 미지급 등이 이에 해당된다. 보상 그 자체가 적

정한 수준인가에 대한 문제 역시 중요하다. 즉 권력 관계에서 약자의 위치에 있기도 하지만 특히 창작 활동의 기회가 많지 않은 예술인의 경우에는 예술인의 지위를 유지하고 예술인으로서의 존재 가치를 확인하기 위해서 적절하지 않은 보상만 받는다 해도 창작 활동을 하려고 하는 경우가 많기 때문에 불공정한 수익 배분은 시장에서 매우 광범위하게 퍼져 있는 불공정행위라고 할 수 있다.[3]

③ 셋째는 부당하게 예술인의 예술창작 활동을 방해하거나 지시·간섭하는 행위다. 만화나 일러스트 분야 계약서에 흔히 들어가는 '사업자는 작가에게 필요한 경우 작품의 수정을 요구할 수 있다'는 조항을 근거로 완전원고를 인도받은 후에 원고 전체의 그림체를 수정할 것을 요구하는 사례가 있는데, 이는 정당한 수정 요구의 범위를 넘어서 예술인의 창작 활동에 지나치게 간섭하는 행위로 볼 수 있다. 또 문화예술 기획업자가 작가에게 성희롱, 모욕 등의 불법행위를 해서 정상적인 창작 활동을 수행하지 못하도록 하는 경우도 창작 활동의 방해라고 본다.

④ 계약 과정에서 알게 된 예술인의 정보를 부당하게 이용하거나 제3자에게 제공하는 행위다. 예를 들어 사업자가 작가와의 계약 교섭 과정에서 제공받은 아이디어가 담긴 시놉시스나 캐릭터 디자인을 제3자에게 제공해 작품을 제작하게 하는 경우가 이에 해당한다.

이 네 가지 유형의 불공정행위로 피해를 본 작가는 다음과 같은 절차를 이용해 권리구제에 필요한 도움을 받을 수 있다.[4]

3 〈문화예술 분야 불공정행위 금지제도 운영체계 연구〉, 문화체육관광부, 2017년 5월, 50쪽 참조.
4 한국예술인복지재단 홈페이지 http://www.kawf.kr '예술인신문고 안내' 참조. http://www.kawf.kr/social/sub06_1.do

불공정행위 피해로 인한 신고 시 진행 절차

STEP1. 사전상담 신고 / 접수

처리기관: 한국예술인복지재단

– 방문, 온라인 신고 상담

– 재단 홈페이지 및 전화(02-3668-0200)

▼

STEP2. 사실 조사

처리기관: 한국예술인복지재단, 문화체육관광부

– 신고 내용, 기초 사실 관계, 제출자료 확인

– 문화체육관광부 조사담당관이 출석 조사 등 사실 관계 조사 실시 및 자료 제출 요구

– 보고 · 자료 제출 요구 미이행 시 '예술인복지법'에 따른 과태료 부과

(1차 200만 원, 2차 300만 원, 3차 400만 원 부과)

▼

STEP3. 위원회

처리기관: 문화체육관광부

– 조사 내용 검토 후 의견 제시, 필요시 분쟁조정

▼

STEP4. 시정명령

처리기관: 문화체육관광부

– 피신고인 의견진술절차를 거쳐 시정명령 부과

※ 종류: 불공정행위의 중지, 계약 조항의 삭제 · 변경, 사실의 공표, 기타 필요한 조치 등

※ '불공정한 계약 강요 행위' 중 공정거래법 적용 대상일 경우 공정거래위원회 이첩

– 시정명령 미이행 시 과태료 부과 (1차 300만 원, 2차 400만 원, 3차 500만 원)

▼

STEP5. 소송 지원

처리기관: 한국예술인복지재단, 대한법률구조공단

신고인이 소송을 통해 구제받고자 할 경우 소송 비용 지원 (1인당 최대 200만 원)

※ 기준 중위소득 125% 이하인 예술인은 '대한법률구조공단'을 통한 지원 검토

※ 기준 중위소득 125% 이상인 예술인은 '예술인복지재단'을 통한 지원 검토

사례 출판사가 수익을 정산해주지 않았음에도 예술인복지법상의 불공정행 위인지 여부를 두고 다툰 사례

Q) A작가는 동료 만화가들과 함께 창작단체 B를 설립하고 이 단체 의 대표자로 사업자등록을 마친 뒤 2008년경 C출판사와 학습만화 출판을 위한 계약을 체결했습니다. C업체는 2009년경 A씨에게 해 당 학습만화의 해외판권에 관한 수익 분배 조항을 삭제하는 내용으 로 계약의 변경을 요구해, A씨는 C업체가 요구하는 대로 변경계약 을 체결했습니다.

만화 창작은 B단체의 소속 작가들이 공동으로 했으며 A씨는 제 작팀장으로서 전체 제작을 총괄했습니다. 그 후 10년이 지난 어느 날 A씨는 우연히 C업체가 2008년부터 위 학습만화를 해외에 출판 해 수익을 얻고 있었던 사정을 알게 되어 C업체에게 수익 정산을 요구했습니다. 그러나 C업체는 2009년 변경계약 체결 이전 발생한 해외수익만 정산이 가능하고 그 이후 발생한 수익은 분배할 수 없 다는 입장을 표시했습니다. 그러나 A씨는 변경계약을 체결할 당시 해외출판 사실을 알지 못했으므로 변경계약은 무효이며 해외인세 전체를 분배받아야 한다고 주장하며 C업체와의 변경계약을 요구했 고, 해외수익을 분배하지 않은 행위가 예술인복지법상의 불공정행 위에 해당한다고 주장했습니다. C업체의 행위는 불공정행위에 해 당할까요?

A) 2013년 12월 30일에 신설된 이래 지금까지 시행 중인 예술인복 지법 제6조의2 제1항에서는 여러 불공정행위 유형을 규정하고 있

습니다. 그중에서도 이 사건에 해당하는 유형은 '우월적인 지위를 이용해' '예술인'에게 불공정한 계약 조건을 강요한 행위(제1호), '예술인'에게 적정한 수익 배분을 거부, 지연, 제한하는 행위(제2호)에 해당합니다.

이 사건에서 상대방 C업체는 이렇게 주장했습니다. 우선 계약 체결이 법 제정 전인 2008년에 이루어졌으므로 금지 대상에 해당하지 않으며, B단체 소속 다른 작가들과는 달리 A씨는 학습만화 창작에 직접적으로 기여한 바 없으므로 예술인이 아니고, A씨의 경력이나 변경계약 당시 A씨가 별다른 이의를 제기하지 않았던 사정을 보면 계약 내용 변경이 C업체의 우월적 지위를 이용해 불공정하게 강요한 것이 아니라고 했습니다.

그러나 현재까지 수익 분배가 완료되지 않은 이상 계약 관계가 종료되었다고 할 수 없어 예술인복지법의 적용 대상에서 배제하기 어렵고, A씨가 시리즈 전체의 기획 및 캐릭터 디자인에 관여하는 등 창작적 기여가 있었으므로 예술인복지법의 보호를 받는 예술인으로 볼 수 있고, C업체만이 알 수 있는 해외출판 여부에 관한 사항을 숨기고 변경계약을 요구한 것은 거래상의 우월적 지위를 이용했다고 볼 수 있으므로 C업체의 행위는 예술인복지법에서 정하는 불공정행위에 해당할 가능성이 있습니다.

◎ 지난 2021년 8월 31일 국회를 통과하여 2022년 9월 25일부터 시행될 예정인 예술인의 지위와 권리의 보장에 관한 법률(예술인권리보

장법)에도 예술인복지법의 불공정행위와 유사한 조항이 있다.

제13조(불공정행위의 금지)

① 국가기관등, 예술지원기관 및 예술사업자는 예술인의 자유로운 예술 활동 또는 정당한 이익을 해치거나 해칠 우려가 있는 다음 각 호의 어느 하나에 해당하는 행위(이하 "불공정행위"라 한다)를 하거나 제 3자로 하여금 이를 하게 하여서는 아니 된다.

1. 우월한 지위를 이용하여 예술인에게 불공정한 계약 조건을 강 요하거나 계약 조건과 다른 활동을 강요하는 행위
2. 예술인에게 적정한 수익배분을 거부·지연·제한하는 행위
3. 부당하게 예술인의 예술 활동을 방해하거나 지시·간섭하는 행위
4. 계약과정에서 알게 된 예술인의 정보를 부당하게 이용하거나 제3자에게 제공하는 행위
5. 그 밖의 부정한 방법으로 예술인에게 불이익이 되도록 부당하 게 거래조건을 설정 또는 변경하거나 그 이행과정에서 불이익을 주는 행위

이 법의 시행에 맞추어 예술인복지법에 있던 불공정행위 규정은 삭제될 예정이지만, 각각의 불공정행위의 의미가 크게 변하지는 않 는다. 다만 예술인복지법과 비교해서 불공정행위의 인적 적용 범위 가 넓어졌다는 점에 주목할 만하다. 불공정행위의 주체(불공정행위 피 해 신고 대상)가 문화예술용역 기획·제작·유통업자에 국한되지 않고

국가기관, 지방자치단체, 예술지원기관, 예술사업자로 확대되었다.

또한 위 불공정행위를 포함한 '예술인권리침해행위'를 폭넓게 규정하여 신고 대상으로 삼고 있다(제2조 제10호). 불공정행위 외에 예술인권리침해행위를 간단히 살펴보면 다음과 같다.

• 공무원, 예술지원기관 또는 예술교육기관에 소속된 자가 폭행, 협박, 불이익의 위협, 위계 등을 행사하여 예술인 또는 예술단체의 예술 활동이나 예술 활동의 성과를 전파하는 활동을 방해하는 행위
(제7조 제2항, 예술의 자유 침해 행위)

• 국가기관등 및 예술지원기관이 합리적인 이유 없이 성별, 종교, 장애, 나이, 사회적 신분, 출신 지역, 출신 국가, 출신 민족, 피부색, 용모 등 신체 조건, 기혼·미혼·별거·이혼·사별·재혼·사실혼 등 혼인과 관련된 사항, 임신 또는 출산과 관련된 사항, 가족 형태 또는 가족 상황, 인종, 사상 또는 정치적 의견, 형의 효력이 실효된 전과, 성적 지향, 학력, 병력 등을 이유로 예술지원사업에서 특정 예술인 또는 예술단체를 우대·배제·구별하거나 불리하게 대우하는 행위
(제8조 제2항, 예술지원사업의 차별 행위)

• 국가기관등 소속 공무원 또는 예술지원기관의 임직원이 정당한 이유 없이 예술지원사업에서 차별행위를 할 목적으로 예술인 또는 예술단체의 명단을 작성하거나 예술지원기관에 작성을 지시하여 이를 이용 또는 이용에 제공하거나 이를 제공받아 이용하는 행위

등(제9조, 예술지원사업의 공정성 침해 행위)

- 국가기관등, 예술지원기관 또는 예술사업자가 정당한 이유 없이 제2항에 따른 예술인조합과의 협의를 거부하거나 해태하는 행위 등 (제14조 제4항, 예술인조합 활동방해 행위)

예술인권리침해행위 외에도 '예술 활동 관련 성희롱·성폭력 행위' 또한 신고 대상이다(제2조 제8, 9호, 제16조 제2, 3항, 제28조 제2항).

2. 다른 저작자가 내 작품의 저작권을 침해한 경우

창작자 중 일부는 자신의 작품을 '자식'으로 표현한다. 그 정도로 창작자에게 자신의 작품은 매우 소중하다. 작품에는 창작자의 시간과 노력이 녹아들어 있으며, 무엇보다 작가 자신의 내면세계가 외현되어 있기 때문이다. 그래서 작가들은 자신의 작품이 표절된 경우를 보면 크게 분노하고 고통스러워 한다. 하지만 모든 표절, 즉 모든 '베끼기'가 저작권법에 침해되는 것은 아니며, 손해배상청구가 가능한 것도 아니다. 창작자의 작품이 저작권법에서 정의하는 '저작물'에 해당하지 않아 저작권법에 의한 구제를 받지 못하는 경우도 있고, 상대방의 행위가 저작권 침해로 판단되지 않는 경우도 있다. 따라서 작가들은 상대방의 표절 행위에 대해 어떻게 법적으로 구제받을 것인지 잘 알아둘 필요가 있다.

1) 불법유통 영상 '링크'의 공유가 저작권법 위반의 방조죄에 해당할까?[5]

지난 2021년 9월 9일, 저작권법 관련하여 상당히 유의미한 대법원의 판결이 있었다. 대법원은 전원합의체 판결을 통해, 저작권을 침해하여 불법으로 유통된 영화 등을 시청할 수 있는 인터넷 링크를 게시하는 방법으로 공유한 행위에 대하여 저작권법 위반 방조죄에 해당한다는 취지로 판단하였다(대법원 2021. 9. 9. 선고 2017도19025 전원합의체 판결).

재판에 회부되었던 피고인은 각종 영화·드라마·예능프로그램을 시청할 수 있는 불법 저작물 감상 사이트를 개설하고, 접속자 트래픽 수를 늘려서 불법 광고수익을 얻는 방식으로 해당 사이트를 운영하였다. 특히 위 피고인은 각종 영상 콘텐츠들을 유형별로 구분하고, 구분된 각 영상의 링크를 사이트에 게시함으로써 사이트의 이용자들이 피고인이 게시한 링크를 통해 각종 불법 유통 영상저작물에 용이하게 접근할 수 있도록 하였다.

피고인이 콘텐츠 링크를 게시한 행위는, 종전 대법원 판례에 따르면 죄를 물을 수 없는 행위였다. 즉 종래 대법원은 불법 유통 사이트 또는 해당 사이트와 연결되어 불법으로 유통되는 콘텐츠의 '링크'를 게재하여 다른 사람과 공유하는 행위에 대하여는 저작권법 위반의 책임을 묻기 어렵다고 판단하였다. 인터넷 링크는 인터넷에서 링크하고자 하는 웹 페이지나, 웹 사이트 등을 서버에 저장된 개개의 저

---

5 이 글은 김성주 변호사가 2021. 11. 30. 디지털만화규장각에 기고한 글 〈불법유통 영상 '링크'의 공유가 저작권법 위반 방조죄에 해당할까?〉의 원고를 보완하여 수록한 것임을 밝힙니다.

작물 등의 웹 위치 정보나 경로를 나타낸 것에 불과하다는 이유에서였다. 또한 링크 게재자가 저작권법 위반의 '방조범'인지 여부에 있어서도 '공중송신권 침해행위의 실행 자체를 용이하게 한다고 할 수는 없다'는 이유로, 링크 행위만으로는 저작권법상 공중송신권 침해의 방조행위에 해당한다고 볼 수 없다는 법리를 전개하고 있었다(대법원 2015. 3. 12. 선고, 2012도13748 판결).

그러나 대법원은 이번 전원합의체 심리를 통해 링크 행위도 공중송신권 침해의 방조에 해당할 수 있다며 기존 판례를 변경하고 원심을 파기 환송한 것이다.

구체적인 판단 근거를 살펴보자. 우선 대법원은 인터넷상에서 이루어지는 '링크'의 의미와 사회적 기능을 설명하였다. 즉 "링크는 인터넷 공간을 통한 정보의 자유로운 유통을 활성화하고 표현의 자유를 실현하는 등의 고유한 의미와 사회적 기능을 가진다"면서, "인터넷 등을 이용하는 과정에서 일상적으로 이루어지는 링크 행위에 대해서까지 공중송신권 침해의 방조를 쉽게 인정하는 것은 인터넷 공간에서 표현의 자유나 일반적 행동의 자유를 과도하게 위축시킬 우려가 있어 바람직하지 않다."는 점을 전제하였다.

그러나 대법원은 링크 행위가 어떠한 경우에도 공중송신권 침해의 방조행위에 해당하지 않는다는 종전의 대법원 판례는 방조범의 성립에 관한 일반 법리 등에 비추어 볼 때 재검토할 필요가 있다면서, 이는 링크 행위를 공중송신권 침해의 방조라고 쉽게 단정해서는 안 된다는 것과는 다른 문제라고 선을 그었다.

그러면서, "저작권 침해물 링크 사이트에서 침해 게시물에 연결되는 링크를 제공하는 경우 등과 같이, 링크 행위자가 정범이 공중송신권을 침해한다는 사실을 충분히 인식하면서 그러한 침해 게시물 등에 연결되는 링크를 인터넷 사이트에 영리적·계속적으로 게시하는 등으로 공중의 구성원이 개별적으로 선택한 시간과 장소에서 침해 게시물에 쉽게 접근할 수 있도록 하는 정도의 링크 행위를 한 경우에는 침해 게시물을 공중의 이용에 제공하는 정범의 범죄를 용이하게 하므로 공중송신권 침해의 방조범이 성립한다"고 판시하였다.

최근 들어 만화·웹툰, 방송프로그램, 영화 등을 볼 수 있는 게시물로 연결되는 링크를 불특정 다수에게 제공하고, 이들을 미끼로 배너광고를 유치하여 광고 수익을 얻는 불법 침해 사이트들이 급속히 확산되고 있다. 만화·웹툰 분야의 경우 '밤토끼', '어른아이'와 같은 사례가 대표적이다. 물론 위 사이트의 운영자들은 검거되었지만, 제2의 '밤토끼'와 '어른아이'가 여전히 성행하고, 확산되고 있다.

특히 온라인에서 대규모로 이루어지는 조직적인 불법 침해 사이트의 경우, 주로 해외에 조직적 기반과 서버를 두고 침해가 이루어지기 때문에 적발과 책임 추궁이 쉽지 않다. 침해 사이트들 상당수가 이른바 'CDN'(Content Delivery Network)이라고 불리는 서비스를 이용하고 있는데, 이는 본래 인터넷에서 동영상이나 음악 스트리밍, 파일 다운로드 등 대용량 파일로 인한 트래픽 증가로 전송속도가 떨어질 때, 네트워크 주요 지점에 설치한 전용 서버에 해당 콘텐츠를 미리 저장하여 이용자 가까운 곳의 서버가 이를 내보내 인터넷QoS(Quality of Service)를 유지시켜주는 서비스를 의미한다.[6]

CDN 서비스 업체들은 고객들이 직접 구축한 서버 대신 CDN 서

---

6 홍범석 외, 〈CDN 서비스의 현황 및 이슈〉(2008), 정보통신정책 제20권 1호, 3쪽.

비스업체가 제공하는 서버를 이용하는 대가로, 고객들에 대한 디도스 등 사이버 공격을 대신 방어해주고 공격자들의 접근을 차단한다. 그리고 이에 보안을 필요로 하는 이용자들은 위 CDN 서비스업체들을 이용한다. 즉 침해자들은 CDN 서비스의 원서버 보호기능을 악용하기 위해 위 서비스를 적극적으로 이용하면서, 불법 침해자 자신의 실제IP를 감추고 사법당국의 추적을 피해왔다. 때문에 해당 서버 제공업체들에 대한 소재 국가와의 사법공조 절차가 없이는 검거 자체도 불가능하거나 어려운 경우가 많을 수밖에 없었던 것이다.

대법원 전원합의체 다수의견은, "이러한 상황에서 저작권 침해 물링크 사이트를 통해 침해 게시물 등에 연결되는 링크를 영리적·계속적으로 제공하는 등으로 정범의 범죄 실현에 조력하는 행위자마저도 방조범으로 처벌하지 않는다면 저작권이 침해되는 상황을 사실상 방치하는 결과가 되고, 이는 권리자에게는 지나치게 가혹"하다는 점을 지적하면서, "저작권 침해물 링크 사이트에서 제공하는 링크로 말미암아 침해 게시물에 대한 공중의 접근이 용이해지는 반면 피해자인 저작재산권자로서는 적법한 저작물 제공을 통한 수익이나 향후 수익 기회를 상실하게 된다"는 점에 주목하였다. 저작재산권 침해의 피해자들에 대한 권리 구제를 위해 보다 적극적인 법 해석이 필요하다는 입장을 피력한 것이다.

불법 침해자들이 활용하는 게시물 '링크' 그 자체는 인터넷상에서 연결 통로의 역할만 한다는 의미에서는 중립적 기술이라고 볼 수도 있다. 그러나 이러한 링크가 제공되는 환경, 링크의 게시 목적과 방법 등의 여러 사정을 고려한다면, '전송'의 방법으로 저작재산권을 침해하는 행위가 될 수 있다는 것이 이번 판례변경의 핵심 취지라고 볼 수 있을 것이다.

다만 이러한 판례 변경이 있었다고 하여 모든 '링크' 행위에 대하여 저작권법 위반의 방조가 인정된다는 의미는 아니다. 즉, 링크 게재자가 링크 대상 게시물에 대한 불법성을 명확하게 인식하고 이를 공중에게 송신할 목적으로 게시했다는 점이 엄격하게 증명될 경우에만 저작권법 위반의 책임을 묻게 되는 것이다.

한편 저작권법 침해의 방조죄가 성립되지 않는다는 전원합의체 소수(반대)의견도 주목해 볼 필요가 있다. 소수의견을 낸 대법관들은 "현재 저작권 침해물 링크 사이트 등에 대한 처벌 근거조항 마련을 위한 입법 논의가 이루어지고 있음에도, 대법원이 종전 견해를 바꿔 방조 개념의 확장 등을 통해 형사처벌의 범위를 넓히는 것은 형벌불소급의 원칙 등과 조화되지 않는다"면서 "저작권 침해물 링크 사이트의 영리적·계속적 링크의 폐해에 대해서는 입법을 통해 대처하는 것이 바람직하다"는 입장을 밝혔다.

소수의견이 언급하고 있는 '입법'은, 저작권법 개정을 통해 '링크' 행위를 별도의 저작재산권 침해행위로 간주하고 처벌하자는 논의에 관한 것이다. 이러한 저작권법 개정 논의는 '링크' 행위의 공중송신권 침해에 대한 방조범 성립 가능성을 부정한 기존 대법원 판례에서 비롯되었다. 즉 종전 판례가 선고된 이후 저작권 침해물 링크 사이트가 범람하고 있는 상황을 입법적으로 해결해보고자 하는 시도가 있는 것은 사실이다. 이러한 저작권법 개정을 통해 '링크'행위 자체를 법적으로 규율할 수 있는 확실한 근거를 마련하는 방안이 보다 확실하고 명료한 해결책이 될 수는 있을 것이다.

다만 이러한 입법을 통한 문제 해결 가능성이 요원한 상황이라는 점, 그리고 이번 대법원 전원합의체 판결이 '링크' 행위를 현행법의 해석으로도 충분히 공중송신권 침해의 방조행위에 해당한다고 볼 수 있다고 선언하였다는 점에 있어서, 이번 판례 변경은 저작재산권자의 보호 및 권리구제에 한 발짝 더 다가서는 계기로 작용하였다고 평가할 수 있을 것이다.

2) 한국저작권위원회 저작권 분쟁조정 제도를 이용하는 방법

작가는 저작권 침해에 대한 증거를 확보한 뒤, 내용증명 우편이나 이메일 등을 통해 침해자에게 침해 사실을 통보하고, 이에 대한 침해 정지와 손해배상 등을 요구할 수 있다. 이후 상대방과 합의절차를 진행할 수 있는데, 합의 의사는 있지만 구체적인 합의 조건에 이견이 있는 경우에는 한국저작권위원회의 저작권 분쟁조정 제도를 이용할 수 있다.

3) 형사고소를 하는 방법

저작재산권, 그 밖에 이 법에 따라 보호되는 재산적 권리를 복제, 공연, 공중송신, 전시, 배포, 대여, 2차적저작물작성의 방법으로 침해한 자는 5년 이하의 징역 또는 5,000만 원 이하의 벌금에 처하거나 징역형 및 벌금형을 모두 받을 수 있다(저작권법 제136조 제1항). 또한 저작자의 인격권을 침해해 저작자의 명예를 훼손한 자는 3년 이하의 징역 또는 3,000만 원 이하의 벌금에 처하거나 징역형 및 벌금형을 모두 받을 수 있다(저작권법 제136조 제2항).

민사와 달리 형사는 '국가'가 법을 위반한 사람을 심판해 벌을 내리는 절차이다. 경찰과 검찰이 수사해 법 위반 사실을 밝혀내야 하고, 검사가 기소를 해야 형사재판을 통해 법 위반 행위에 대해 법원의 판단을 받을 수 있다. 따라서 상대방이 저작권법 위반으로 처벌받기 위해서는 경찰이나 검찰이 이 사실을 알아야 한다. 자신의 피해 사실을 알리며 수사를 요구하는 행위를 '고소', 제3자가 타인의 피해 사실을 알리며 수사를 요구하는 것을 '고발'이라고 한다.

고소(고발)는 고소장(고발장)을 작성해 경찰이나 검찰에 제출하는 것으로 시작된다. 저작권법 위반 건으로 고소장(고발장)을 제출할 때는 전문가의 도움을 받는 편이 좋다. 수사 실무자들이 저작권법에 대한 이해가 부족할 수 있으므로, 저작권법에 대한 이해와 피해 사실을 하나하나 잘 설명해줄 필요가 있기 때문이다. 고소장(고발장)이 접수되면 피해자는 경찰 또는 검찰에 출석에 피해 사실을 진술하게 된다. 상대방과 대질신문을 하는 경우도 있다. 그리고 경찰과 검사에 의한 수사가 끝나고 혐의가 인정되어 기소가 되면 형사재판이 시작되는 것이다.

4) 민사상 손해배상을 청구하는 방법

상대방이 표절을 통해 나의 저작권을 침해한 경우, 형사고소뿐 아니라 상대방에게 민사상 손해배상을 청구할 수 있다. 민사소송에서는 청구할 손해액을 원고가 입증해야 하는데, 실무적으로는 손해액을 입증하기는 꽤 까다롭다. 저작권법에는 저작권자가 손해액을 입증하는 데 곤란을 겪는 일을 완화하기 위해 저작재산권에 관한 별도의 손해액에 관한 추정 규정이 있다.

저작권법 제125조에 따르면, 저작재산권자 등이 받은 손해액을 기준으로 그 권리의 행사로 통상 받을 수 있는 금액에 상당하는 금액을 손해배상액으로 청구할 수 있다. 고의 또는 과실로 권리를 침해한 자가 그 침해행위를 통해 이익을 얻은 때는 그 이익의 액을 손해의 액으로 추정한다. 또한 정신적 피해에 대한 위자료를 별도로 청구할 수 있다.

사례 저작권 침해에 따른 손해배상액 산정[7]

드라마 〈사랑이 뭐길래〉의 원작자는 드라마 〈여우와 솜사탕〉이 자신의 작품을 표절했다는 이유로 MBC와 피디, 작가에게 저작권 침해에 따른 손해배상과 정신적 피해에 따른 손해배상을 청구했습니다. 재판부는 MBC가 〈여우와 솜사탕〉을 통해 얻은 광고수익은 손해배상액으로 인정하지 않았고, 원고가 다른 작가로 하여금 〈사랑이 뭐길래〉를 리메이크하도록 승낙했을 때 그 대가로 받을 수 있는 금원을 산출하도록 했는데, 직접 집필한 경우 받을 수 있는 금액의 3분의 1로 정했습니다. 〈여우와 솜사탕〉 작가가 지급받은 금원은 위 금원보다 적기 때문에 인정되지 않았습니다.

---

7   서울고등법원 2005. 9. 13. 선고 2004나27480 판결.

5) 부정경쟁방지법에 위반되는 경우

부정경쟁방지 및 영업비밀보호에 관한 법률('부정경쟁방지법') 제2조 제1호 (카)목은 "그 밖에 타인의 상당한 투자나 노력으로 만들어진 성과 등을 공정한 상거래 관행이나 경쟁질서에 반하는 방법으로 자신의 영업을 위해 무단으로 사용함으로써 타인의 경제적 이익을 침해하는 행위"를 부정경쟁행위로 규정하고 있다. 경우에 따라 저작권으로 보호되지 않는 저작물이라고 판단된다고 하더라도, 부정경쟁방지법 제2호 제1호 (카)목에 해당하는 행위임을 입증한다면, 침해자는 형사처벌을 받을 수 있고, 저작권자는 침해자에게 손해배상을 청구할 수 있다.

캐릭터 상품의 경우 부정경쟁방지법 제2조 제1호 (자)목에 따라, 캐릭터를 모방한 상품을 양도·대여 또는 이를 위한 전시를 하거나 수입·수출하는 행위가 금지되고 있다. 다만 상품의 시제품 제작 등 상품의 형태가 갖추어진 날로부터 3년이 지난 상품과 타인이 제작한 상품과 동종의 상품(동종의 상품이 없는 경우에는 그 상품과 기능 및 효용이 동일하거나 유사한 상품)이 통상적으로 가지는 형태를 모방한 상품은 이 법의 적용을 받지 않는다.

6) 지식재산권 침해금지 가처분 신청을 하는 방법

지식재산권 침해금지 가처분이란 저작권, 특허권, 실용신안권, 의장권, 상표권 등 지식재산권에 기한 침해금지 청구권을 피보전권리로 해서 그 지식재산권을 침해하는 행위를 금지시키는 것을 의미한다. 쉽게 말하면, 상대방의 지식재산권 침해행위를 본안소송(민사소송)이 끝날 때까지 일시적으로 금지시키는 처분이다. 지식재산권 침해가 영화 부분에서 일어난 경우에는 상영금지 가처분을, 웹에 게시된 경우에는 게시금지 가처분을, 출판물의 경우에는 출판금지 가처분을 신청할 수 있다.

지식재산권 침해금지 가처분을 신청하려면, 상대방이 나의 지식재산권을 침해할 우려가 있다는 점을 소명해야 한다. 제조 준비, 생산 재개, 판매를 위한 소지, 카탈로그 반포 등을 한 경우는 대체로 침해의 우려가 있다고 보고 있다.

7) 저작권 등록과 관련하여 유의해야 할 사항

한국에서 저작권 등록을 한 경우, 창작연월일이 등록일 기준 1년을 초과하지 않았다면 창작연월일이 법률상 추정된다. 따라서 저작권 등록이 되어 있고 나의 저작물과 상대방의 저작물이 표현 면에서 실질적 유사성이 있다면 저작권 침해에 따른 민사상 손해배상청구, 형사상 저작권 침해죄로 고소 등을 할 수 있다. 한편 저작권 등록이 외국에서 이루어졌다면 국제조약에 따라 외국인의 저작물도 내국인의 저작물과 동등하게 보호되므로 저작권 침해에 따른 민형사상 제재를 요청할 수 있다.

사례 대학에서 수업 목적으로 웹툰을 이용하는 경우 보상금을 내야 할까?

Q) 다수의 프로 만화가를 배출해온 A대학교의 만화창작과 B교수는
수업 목적으로 타인이 창작한 웹툰을 이용하는 경우 해당 작가에게
보상금을 지급해야 하는지 문의했습니다.

A) 저작권법 제25조 제2항에 따라 학교의 수업 목적상 저작물이 필
요하다고 인정되면 공표된 저작물의 일부를 복제, 배포, 공연, 방송,
전송의 방법으로 이용할 수 있고, 저작물의 성질이나 이용의 목적
및 형태에 비추어 저작물의 전부를 이용하는 것이 부득이한 경우에
는 전부를 이용할 수도 있습니다.

　이때 저작권자에게 사전 이용허락을 받을 필요는 없으나, 문화체
육관광부에서 정한 수업 목적 저작물 이용 보상금 기준 고시(제2014-
8호, 2014. 2. 26. 시행)에 따라 사단법인 한국복제전송저작권협회에 소
정의 보상금을 납부해야 합니다.

3. 저작인격권을 침해당한 경우(작품 훼손 및 작품 폐기, 크레디트 누락 등)

1) 저작인격권의 뜻을 알아보자

저작인격권에는 저작물을 공개적으로 오픈할 수 있는 공표권(제
11조), 저작자의 이름을 표시할 수 있는 성명표시권(제12조), 저작물의

동일성을 유지할 수 있는 동일성유지권(제13조)이 있다. 이는 저작자에게 오롯이 속하는 권리로서, 타인에게 양도하는 경우를 상정하기 어렵다(제14조). 웹툰은 저작자의 인격과 개성이 고도로 드러나는 저작물이므로, 저작자의 저작인격권을 침해하는 것은 매우 큰 문제를 일으킬 수 있다.

2) 저작인격권 침해 유형에는 무엇이 있을까?

(1) 작품 훼손

웹툰 작가들이 게시한 웹툰의 내용을 마음대로 훼손하는 경우가 있다. 예를 들어 15세 관람가를 준수하기 위해 작품의 일부 내용을 삭제하거나, 대사를 수정하는 등의 행위 등이 그러하다. 또 작품의 길이를 합의 없이 조정하거나 캐릭터의 디자인 등을 수정하는 일도 일어날 수 있다. 이는 엄연히 저작인격권 중 동일성유지권을 침해하는 행위다.

(2) 크레디트 누락

글이나 그림을 소개할 때 "○○의 글입니다." 혹은 "○○의 그림입니다."라고 말한다. 여기에서 '누구'에 해당하는 것이 '이름', 즉 성명이다. 이름에 대한 권리는 우리 저작권법에서 저작인격권 중 성명표시권(제12조)으로 규정하고 있다. 플랫폼과 유통사가 작가의 의사에 반해 성명을 표시하지 않은 경우, 이는 저작인격권 중 성명표시권을 침해한 것이다.

성명은 실명(實名)으로 표시할 수도 있고, 예명(藝名), 아명(雅名), 필명(筆名), 아호(雅號), 약칭(略稱) 등 이명(異名)으로 표시할 수도 있다. 그 사람의 신분이나 직함 등을 표시하는 것도 성명표시에 포함된다. 표시 방법이 문자기재 방식만 있는 것은 아니다. 그림의 낙관처럼 표시하는 방법, 연주회에서 사회자가 연주자의 이름을 불러주는 방법 등 다양한 방법이 인정된다. 영화처럼 장면마다 성명표시가 어려운 경우는 엔딩크레디트에 성명을 표시해도 된다는 것이 판례의 입장이다. 작가가 성명을 알리기 싫다면 표시하지 않아도 된다. 저작물에 이름을 쓰지 않고 무기명으로 할 수도 있다.

3) 저작인격권을 침해당했을 때 구제받을 방법은 무엇일까?

저작권 침해가 현재 이루어지고 있는 경우 저작권자는 그 권리를 침해하는 자에게 침해 정지를 청구할 수 있다. 또 침해가 예상되는 경우 침해 예방 또는 손해배상의 담보 및 침해행위에 의해 만들어진 물건의 폐기나 그 밖에 필요한 조치를 청구할 수 있다(제123조). 그러나 침해가 없다는 내용의 판결이 확정된 때는 신청자는 그 신청으로 인해 발생한 손해를 배상해야 한다.

고의 또는 과실로 저작재산권을 침해한 자에게 저작재산권자는 손해배상을 청구할 수 있다. 그 손해배상액은 침해자가 그 침해행위로 인해 얻은 이익액 또는 저작재산권자가 권리 행사로 통상 얻을 수 있는 금액 등을 기준으로 삼아 책정한다(제125조). 또한 손해액을 산정하기 어려운 때는 변론의 취지 및 증거 조사의 결과를 참작해 상당한 손해액을 인정할 수 있다(제126조).

저작재산권자 등은 고의 또는 과실로 권리를 침해한 사람에 대해 사실심의 변론이 종결되기 전에는 실제 손해액을 청구할 수 있다. 또는 인정 손해액에 갈음해 침해된 각 저작물 등마다 1,000만 원(영리를 목적으로 고의로 권리를 침해한 경우에는 5,000만 원) 이하의 범위에서 상당한 금액의 배상을 청구할 수 있다. 이렇게 법정 손해배상을 청구하기 위해서는 침해 행위가 일어나기 전에 그 저작물 등이 등록되어 있어야 한다. 이러한 청구를 받으면 법원은 변론의 취지와 증거 조사의 결과를 참작해 위 범위 내에서 상당한 손해액을 인정할 수 있다(제125조의 2).

저작권자는 고의 또는 과실로 저작인격권을 침해한 자에게 손해배상을 청구하거나 손해배상과 함께 명예회복에 필요한 조치를 청구할 수 있다(제127조).

저작인격권을 침해하여 저작권자의 명예를 훼손시키거나 허위로 등록한 경우에는 3년 이하의 징역 또는 3,000만 원 이하의 벌금에 처하며, 출처 명시를 위반한 경우에는 500만 원 이하의 벌금에 처한다.

한편 저작권 침해와 관련된 형사제재는 친고죄로서, 저작권자로부터 고소가 있어야 한다. 다만 영리를 목적으로 또는 상습적으로 저작권을 침해한 경우나 업으로 또는 영리 목적으로 기술적 보호조치 무력화, 권리관리 정보제거 등을 한 경우, 저작권 허위등록, 저작자가 아닌 자의 저작자 표시, 저작자 사후의 저작인격권 침해, 무허가 저작권 위탁관리업 운영 등의 경우는 비친고죄에 해당한다. 또한 프로그램의 저작권을 침해해 만든 프로그램의 복제물을 그 사실을 알면서 취득한 자가 이를 업무상 이용하는 경우는 피해자의 명시적 의사에 반해 처벌하지 못하는 반의사불벌죄이다.

이 밖에도 저작권법상 권리를 침해해 만든 복제물과 그 복제물의 제작에 주로 사용된 도구나 재료 중에 그 침해자, 인쇄자, 배포자 또는 공연자의 소유에 속하는 것은 몰수할 수 있으며, 법인 등의 종사자가 저작권 침해죄를 범할 때는 그 행위자를 벌하는 외에 그 법인 등에 대해서도 벌금형을 과하도록 하는 양벌규정을 두고 있다(법인 또는 개인이 그 위반행위를 방지하기 위해 해당 업무에 관해 상당한 주의와 감독을 게을리 하지 않은 경우 제외).

4. 웹툰 불법복제사이트의 등장과 대응

최근 불법공유사이트가 횡행하고 있어 작가들이 많은 피해를 보고 있다. 특히 2013년경부터 유료 웹툰 플랫폼들이 본격적으로 정착하기 시작하자, 콘텐츠를 불법적인 방법으로 복제해서 이용자들에게 무료로 제공하고, 그 과정에서 도박이나 음란물 광고를 붙여 수익을 얻어가는 기업형 불법사이트 운영자가 등장하기 시작했다.

국내에서 가장 유명세를 떨쳤던 불법사이트로는 '밤토끼'가 있다. '밤토끼' 운영자들은 유료 웹툰 플랫폼 작품 수만 편을 복제한 후, 국내에서 추적하기 어려운 해외서버에 기반을 둔 사이트들에 무료로 게재했다. 그리고 각종 SNS를 통해 이 사이트에서는 유료 웹툰을 '무료'로 즐길 수 있다고 홍보했다. 입소문을 타고 이용자들이 늘어나자, 불법도박사이트와 음란물사이트의 유료 배너 광고를 유치해서 수익을 얻었다.

'밤토끼' 운영자들은 2018년 5월경 경찰의 적극적인 수사 끝에 검거되었다. 그러나 문제는 하나의 '밤토끼'가 없어지면 다른 '밤토끼'가 생겨난다는 것이다. '밤토끼' 폐쇄 이후 3개월 만에 다른 웹툰 불법복제사이트들의 트래픽 총합이 이미 '밤토끼' 운영자 검거 이전인 2018년 5월 이전 수준으로 복귀했다.[8] 힘 빠지는 소식이다.

더 심각한 문제는, 해외에서 벌어지는 저작권 침해는 단속은커녕 침해 규모조차 파악하기 어렵다는 것이다. 우리 웹툰이 적극적으로 해외진출을 모색하기 시작하면서, 불법으로 복제한 웹툰을 각 언어별로 번역해서 무료로 제공하는 불법사이트들이 우후죽순 생겨나기 시작했다. 언어도 영어, 중국어, 스페인어, 러시아어 등으로 다양하다. 그러나 복제 현황에 대해 조사조차 이루어진 적이 없는 것이 현실이다.

국내 이용자들을 대상으로 운영되는 대부분의 불법사이트는 해외에 서버를 두고 있다. 이런 사이트 자체를 차단하기 위해서는 인터넷 회선 사업자(ISP)들이 해당 사이트로 연결되는 회선을 강제로 차단해야 하기 때문에 법률상 심의절차가 필요하다. 따라서 네이버, 카카오, 레진코믹스 등 웹툰 플랫폼사는 무단 도용된 게시물, 불법사이트 발견 시 신고하고 있다. 사이트 차단을 위해서는 보통 전체 게시글 중 약 70% 이상이 불법게시글임을 입증해야 한다. 작가나 플랫폼사가 한국저작권보호원에 게시글, 사이트 차단을 요청하면 한국저작권보호원에서 일차 판단 후, 문화체육관광부 명의의 공문으로·방송통신

---

8 웹툰가이드, 〈한국 웹툰 1만 편 시대, 글로벌화와 불법복제 (상)〉, 2019. 11. 26. 기사 참조.
http://dml.komacon.kr/webzine/cover/27293

심의소위원회에 최종 심의를 요청한다. 이후 방송통신심의소위원회에서 최종 심의를 통해 가결되면 인터넷 회선 사업자에 심의 명령을 부과해 해당 사이트 접속을 차단하고 있다.

하지만 절차가 복잡한 데다가 신고부터 최종 승인까지 약 2주에서 길게는 한 달 넘는 시간이 걸린다. 문제를 근본적으로 해결하기에는 사실상 어려움이 있다. 복잡한 절차에 따라 신고를 해도 3주 내에 불법사이트가 주소를 바꿔 신고 소용이 없어지는 경우도 다반사다. 그러면 플랫폼사는 또 이를 찾아 신고하지만 복잡한 절차와 승인까지 소요 시간이 길어 결국 결과적으로 그동안의 노력이 아무런 소용이 없어져버린다.

가장 확실한 방법은 '밤토끼' 사례처럼 불법침해자를 직접 검거하고 서버를 폐쇄하는 것이다. 그러나 '밤토끼' 운영자들이 검거된 것은 상대적으로 예외적인 사례다. 대부분의 불법사이트들은 운영자를 파악하는 것부터 쉽지 않다.

이는 아이러니하게도 이들 불법사이트가 매우 '합법적으로' 신원을 보호해주는 서버를 이용하고 있기 때문이다. 조직적 불법침해사이트 상당수는 이른바 'CDN(Content Delivery Network)'라고 불리는 서비스를 이용해서 사이트를 개설한다. 원래 이 'CDN' 서비스는 많은 이용자가 몰려 서버 트래픽이 증가하면서 이용 속도가 저하될 때, 네트워크 주요 지점에 설치한 전용 서버를 이용해서 이용 서비스의 질(Quality of Service)을 유지해주는 서비스다.[9] CDN 서비스의 가장 큰 장점은 서비스 이용 고객의 원(原) 서버를 뒤로 숨겨주고 CDN 업체의 서버를

---

9 홍범석 외, 〈CDN 서비스의 현황 및 이슈〉, 정보통신정책, 2008년 제20권 1호, 3면.

전면에 내세우면서, 디도스와 같은 악의적인 트래픽(malicious traffic)으로부터 고객들의 원래 서버를 보호해주는 것이다. 그래서 CDN 서비스 이용자들은 자신들의 본래 IP를 외부에 공개하지 않고도 안정적으로 홈페이지를 운영할 수 있다.

웹툰 불법사이트 운영자들에게 CDN 서비스는 매우 반가운 존재다. 트래픽이 늘어날수록 수익이 늘어나는 불법사이트의 특성상, 트래픽 증가에도 속도를 유지시켜주는 CDN 서비스를 이용하면 수월하기 때문이다. CDN 업체들이 이용자들의 IP와 개인정보를 쉽게 공개하지 않으므로 사법당국의 추적을 피하기도 수월하다.

그렇기 때문에 불법운영자들을 검거하고 서버를 폐쇄하기 위해서는 CDN 서비스 업체들의 협조가 절실하다. 또한 이 업체들은 대부분 미국 등 해외에 본사를 두고 운영하므로, 해외 각 사법당국과의 수사 공조가 필요하다. 이는 개별 창작자들이나 웹툰 플랫폼 등 민간 업체 차원에서만 논의하기 어려운 문제다. 창작자와 웹툰 플랫폼들은 침해 상황과 피해 정도를 적극적으로 모니터링하고, 정부와 침해 대응기관은 가능한 해외현지에서 신속한 사법 대응이 이루어지도록 공조 체계를 마련할 필요가 있다.[10]

사례 한국만화가협회의 밤토끼 등 불법복제사이트 운영자 고발조치

웹툰 불법복제의 가장 큰 피해자는 창작자들입니다. 자신의 창작물

---

10 해외 불법침해사이트들의 침해 현황과 침해 방법, 대응방안 등을 분석한 김성주, 이영욱, 〈해외에서의 웹툰 저작권 보호방안〉, 문화체육관광부, 2019 연구보고서 참조.

에 대한 저작권리가 침해되는 문제가 있을 뿐 아니라, 정당한 대가를 받지 못함에 따라 경제적 손실을 고스란히 감수해야 하기 때문입니다. 작가 중에는 불법사이트에 작품이 게재된 이후 약 70%의 소득 감소를 경험한 작가도 있다고 합니다.[11]

만화가들의 단체인 '한국만화가협회'는 2018년 5월경 작가들의 피해 사례를 수집한 후 '밤토끼' '어른아이' '툰코' '헬로야키' 등의 운영자들을 상대로 대검찰청에 고발장을 접수했습니다.[12] '아트로' 소속 변호사들이 증거 수집 및 고발장 작성을 도왔습니다.

불법사이트 운영자들에게 제일 먼저 적용되는 죄목은 저작권법 위반입니다. 저작권법에 따르면, 저작재산권, 그 밖에 이 법에 따라 보호되는 재산적 권리(제93조에 따른 권리는 제외)를 복제, 공연, 공중송신, 전시, 배포, 대여, 2차적저작물 작성의 방법으로 침해한 자는 5년 이하의 징역 또는 5,000만 원 이하의 벌금에 처하도록 하고 있습니다(저작권법 제136조 제1항).

검찰은 '밤토끼' 운영자들에 대해 국민체육진흥법 위반 혐의도 적용했습니다. 국민체육진흥법 제26조 제2항 제1호에 따르면, 누구든지 '정보통신망 이용촉진 및 정보보호 등에 관한 법률' 제2조 제1항 제1호에 따른 정보통신망을 이용해 체육진흥투표권이나 이와 비슷한 것을 발행하는 시스템을 설계·제작·유통 또는 공중이 이용하도록 제공하는 행위를 해서는 안 됩니다(국민체육진흥법 제26조 제2항

---

11 웹툰인사이트, 〈불법웹툰 피해작가 52명, '밤토끼' 운영자에게 20억 규모의 손해배상 소송〉, 2018. 9. 21. 기사 참조.
12 《중앙일보》, 〈검찰, 웹툰 불법유통 '밤토끼' 본격 수사… 형사부 배당〉, 2018. 5. 25. 기사 참조.

제1호). 불법사이트 운영자들은 사이트에서 불법도박 배너를 개설해서 불특정 이용자들이 쉽게 도박에 접근하도록 하고 있습니다. 이는 위 국민체육진흥법에 위반되는 행위라는 것입니다.

청소년보호법 위반 혐의 적용도 가능합니다. 청소년보호법에 따르면, 영리를 목적으로 청소년에게 청소년유해매체물을 판매·대여·배포하거나 시청·관람·이용하도록 제공한 자에 대해서는 3년 이하의 징역 또는 3,000만 원 이하의 벌금에 처하도록 하고 있습니다(청소년보호법 제58조 제1호). 불법사이트에 음란물사이트 배너 광고들이 노출되고 있는데, 해당 사이트에는 청소년들도 아무런 제한 없이 접속이 가능하므로, 청소년보호법에 저촉되어 처벌될 가능성 또한 높습니다.

5. 작가가 불법행위를 당한 경우

작가들은 독자들의 관심을 많이 받는 위치에 있고, 때로 과도한 악성 댓글이나 사생활 침해 등 불법행위를 당하는 경우가 발생할 수 있다. 불법행위의 피해자가 되면 어떻게 구제를 받을 수 있는지 그 방법들을 살펴보도록 하겠다.

1) 명예훼손죄

명예훼손은 특정인에 대한 사회적 평가를 저하하는 행위로, 형법상으로는 명예훼손죄(형법 제307조)를 구성하고 민법상으로는 불법행위가 성립한다(민법 제750조, 제751조 제1항). 형법상 명예훼손죄는 2년 이하의 징역이나 금고 또는 500만 원 이하의 벌금에 처한다. 허위의 사실을 적시한 경우에는 처벌이 가중되어 5년 이하의 징역이나 10년 이하의 자격정지 또는 1,000만 원 이하의 벌금에 처한다. 만약 사람을 비방할 목적으로 신문·잡지 또는 라디오, 기타 출판물에 의해 사람의 명예를 훼손하는 경우 출판물 등에 의한 명예훼손죄가 성립하는데(형법 제309조), 진실한 사실을 적시한 경우에는 3년 이하의 징역이나 금고 또는 700만 원 이하의 벌금, 허위의 사실을 적시한 경우에는 7년 이하의 징역이나 10년 이하의 자격정지 또는 1,500만 원 이하의 벌금에 처한다. 다만 명예훼손죄는 피해자의 의사에 반해 검사가 기소를 할 수 없는 반의사불벌죄다.

따라서 명예훼손이 성립하는 경우, 작가는 상대방에 대한 형사고소 및 민사상 손해배상청구를 할 수 있다. 또한 타인의 명예를 훼손한 자에 대해서 법원은 피해자의 청구에 의해 손해배상에 갈음하거나 손해배상과 함께 명예회복에 적당한 처분을 명할 수 있다(민법 제764조).

형법상 명예훼손죄는 공연히 사실 또는 허위의 사실을 적시해 명예를 훼손해야 성립하는데, 누구에게나 진실을 말할 권리가 있으므로 그 행위가 오로지 공익을 도모할 목적으로 행한 경우에는 그로 인해 어떤 특정인의 사회적인 평가가 저하하는 결과를 빚어낸다고 하더라도 불법행위로 인정되지 않는다.

2) 모욕죄

모욕죄는 구체적인 사실을 적시하지 않고, 상대방에 대해 욕, 조롱 또는 악평을 가하는 등 추상적 판단, 경멸적 감정 표현을 통해 성립하고, 상대방의 체면이나 명예감정을 해치는 범죄이다(형법 제311조). '나쁜 놈'이니 '얼빠진 놈' 등의 말을 해서 사람을 욕한다거나 또는 얼굴에다 엉덩이를 내미는 동작을 하는 따위가 이에 속한다. 명예훼손죄와 같이 여러 사람 또는 불특정인이 인식할 수 있는 상태에서 이루어져야 한다. 형은 1년 이하의 징역이나 금고 또는 200만 원 이하의 벌금에 처한다.

모욕죄는 명예훼손죄와는 달리 피해자의 고소 없이는 처벌할 수 없는 친고죄다(형법 제312조). 머리카락을 잡아당긴다거나, 머리를 쥐어박는다든가 하면서 욕설을 하면 폭행죄와 모욕죄의 상상적 경합이 성립한다.

모욕죄가 성립하는 경우, 작가는 상대방에 대한 형사고소 및 민사상 손해배상청구를 할 수 있다. 다만 6개월 이내에 고소해야 한다는 사실을 잊어서는 안 된다.

3) 사이버명예훼손죄

댓글을 통해 익명성을 이용해 특정인을 모욕하고 명예훼손을 하는 경우 사이버명예훼손죄가 성립한다(정보통신망법 제70조). 이른바 '악플'이 여기에 해당한다. 사이버명예훼손죄가 성립하기 위해서는 ① 정보통신망을 이용해야 한다. 즉 인터넷 포털사이트 또는 커뮤니티 사이트, 인터넷 기사에 타인의 명예를 훼손하는 댓글 또는 게시물을 게시하는 행위를 해야 한다. ② 비방하려는 목적을 가지고 행해야 한다. 루머를 만들거나 기존의 루머를 다시 배포하는 등 비방 목적이 인정되어야 한다. 단 공익과 관련된 진실한 사실을 적시했다면 비방 목적을 인정받지 못할 수 있다. ③ 공연성이 있어야 한다. 다수나 불특정이 인식할 수 있는 상태여야 한다. 따라서 대화방이나 일대일 게시판 등에서 일어난 행위는 처벌할 수 없다. ④ 사이버명예훼손죄는 피해자의 의사에 반해 처벌할 수 없는 반의사불벌죄이다. 또한 이용자는 정보통신서비스 제공자에게 삭제나 임시조치 등을 요구할 수 있다.

사이버명예훼손죄가 입증되면 3년 이하의 징역 또는 3,000만 원 이하의 벌금에 처할 수 있다. 만약 적시한 내용이 허위일 경우, 가중 처벌되어 7년 이하의 징역 또는 10년 이하의 자격정지, 5,000만 원 이하의 벌금형에 처할 수 있다.

정보통신망법 제44조에 의하면, ① 이용자는 사생활 침해 또는 명예훼손 등 타인의 권리를 침해하는 정보를 정보통신망에 유통시켜서는 안 되고, 정보통신서비스 제공자는 자신이 운영·관리하는 정보통신망에 제1항에 따른 정보가 유통되지 않도록 노력해야 하며, ③ 방

성희롱 및 성폭력범죄의 종류

유형	내용	법
강간	폭행 또는 협박으로 가해자가 자신의 성기를 피해자의 성기에 강제로 삽입하는 행위	형법 제297조 등
유사강간	폭행이나 협박으로 구강, 항문 등 신체(성기 제외)의 내부에 성기를 삽입하거나 성기, 항문에 손가락 등 신체(성기 제외)의 일부 또는 도구를 넣는 행위	형법 제297조의 1 등
강제추행	폭행이나 협박으로 가슴, 엉덩이, 성기 부위 접촉, 강제키스, 피해자의 신체를 노출시키게 하는 행위, 가해자의 성기를 노출시키는 등의 성적 수치심을 유발하는 행위	형법 제298조 등
준간강·준강제추행	피해자의 심신상실 또는 항거불능의 상태를 이용해 강간·추행행위를 한 행위	형법 제299조 등
디지털 성폭력	카메라 등 촬영 ① 카메라나 그 밖에 이와 유사한 기능을 갖춘 기계 장치를 이용해 성적 욕망 또는 수치심을 유발할 수 있는 다른 사람의 신체를 그 의사에 반해 촬영하거나 그 촬영물을 반포·판매·임대·제공 또는 공공연하게 전시·상영하는 행위 ② 촬영 당시에는 촬영 대상자의 의사에 반하지 않는 경우에도 사후에 그 의사에 반해 촬영물을 배포·판매·임대·제공 또는 공공연하게 전시·상영한 행위	성폭력처벌법 제14조
	통신매체를 이용한 음란행위 자기 또는 다른 사람의 성적 욕망을 유발하거나 만족시킬 목적으로 전화, 우편, 컴퓨터, 그 밖의 통신매체를 통해 성적 수치심이나 혐오감을 일으키는 말, 음향, 글, 그림, 영상 또는 물건을 상대방에게 도달하게 하는 행위	성폭력처벌법 제13조
	음란물 배포, 판매, 전시 음란한 부호·문언·음향·화상 또는 영상을 배포·판매·임대하거나 공공연하게 전시하는 내용의 정보	정보통신망 이용촉진 및 정보보호 등에 관한 법률 제44조
기타	성적 목적을 위한 공중밀집장소에서의 추행, 침입, 스토킹 등	

송통신위원회는 정보통신망에 유통되는 정보로 인한 사생활 침해 또는 명예훼손 등 타인에 대한 권리 침해를 방지하기 위해 기술개발·교육·홍보 등에 대한 시책을 마련하고 이를 정보통신서비스 제공자에게 권고할 수 있다.

또한 동법 제44조의 2에 따르면, ① 정보통신망을 통해 일반에게 공개를 목적으로 제공된 정보로 사생활 침해나 명예훼손 등 타인의 권리가 침해된 경우 그 침해를 받은 자는 해당 정보를 처리한 정보통신서비스 제공자에게 침해 사실을 소명해 그 정보의 삭제 또는 반박 내용의 게재(이하 '삭제 등'이라 한다)를 요청할 수 있고, ② 정보통신서비스 제공자는 제1항에 따른 해당 정보의 삭제 등을 요청받으면 지체 없이 삭제·임시조치 등의 필요한 조치를 하고 즉시 신청인 및 정보게재자에게 알려야 한다. 이 경우 정보통신서비스 제공자는 필요한 조치를 한 사실을 해당 게시판에 공시하는 등의 방법으로 이용자가 알 수 있도록 해야 한다. 또한 정보통신서비스 제공자는 자신이 운영·관리하는 정보통신망에 유통되는 정보가 사생활 침해 또는 명예훼손 등 타인의 권리를 침해한다고 인정되면 임의로 임시조치를 할 수 있다(동법 제44조의 3).

4) 프라이버시권(성명권, 초상권, 개인정보 주체로서의 권리) 침해

현대사회에서 프라이버시권은 '사생활을 공개당하지 아니할 권리'라든가 '사생활의 자유로운 형성과 발전을 방해받지 아니할 권리'뿐만 아니라 '자기와 자기 책임 하에 있는 자에 관한 정보를 통제할 수 있는 권리'를 내용으로 하는 복합적 권리로 파악된다.[11] 성명권 침해, 초상권 침해, 과거의 경력·병력 등의 폭로, 전신·전화의 도청, 미행, 엿보기, 가족 관계 폭로나 비방·중상 등은 모두 프라이버시권을 침해하는 행위이다.

프라이버시 침해가 명예훼손이나 모욕에 이르는 경우, 형사고소를 하거나 민사상 손해배상을 청구할 수 있다. 또한 타인의 이름을 도용해 공표하거나 광고하는 경우 형법상 사문서위조(제231조)나 동 행사죄(제234조) 또는 자격모용에 의한 사문서작성죄(제232조)에 해당될 수 있다. 타인의 초상 등 사진을 무단사용하거나 공표권이나 성명표시권 등의 저작인격권을 침해하여 저작자의 명예를 훼손하거나 저작자 아닌 자를 저작자로 해서 실명·이명을 표시해 저작물을 공표하면 저작권법상 저작권 침해죄(제98조), 부정발행죄(제99조)에 해당된다. 또한 타인의 성명이나 상호 등 인격적 징표를 영업적 이익의 확보를 위해 이용하는 경우 부정경쟁방지법에 저촉될 수 있다. 즉 국내에 널리 인식된 타인의 성명 또는 상표 등을 사용하거나 이것을 이용한 상품을 판매 또는 수입·수출하여 타인의 상품과 혼동을 일으키거나(제2조 1항 가목), 타인의 영업상 시설 또는 활동과 혼동을 일으키게 하는 경우(같은 호 나목)에는 이 유형의 프라이버시권을 침해하는 행위가 된다.

1   권영성, 〈언론중재〉, 《사생활권의 의의와 역사적 변천》, 1983년 통권 7호, 7~8쪽.

5) 폭행 및 성폭력에 대처하는 방법

예술계는 인맥 위주로 연결되는 경우가 많고, 고용형태가 불안정한 편이다. 또한 학교와 업계가 실질적으로 이어져 있는 경우가 많고, 특정 개인에게 계약과 고용, 인력 선발 권한이 집중되어 있다. 또한 일대일, 일대 소수의 도제식 교육이 많다(소위 '문하생'). 그렇기 때문에 종사하는 사람들 간의 힘의 불균형이 생기기가 쉽고, 폭행·협박· 성희롱·성추행·성폭행 등의 범죄에 노출되기 쉬우며, 피해자의 적극적인 대처가 어렵다. 웹툰계도 예외는 아니다. 이에 각종 범죄행위에 대한 구제 방법을 살펴보도록 하자.

(1) 폭행 및 협박 등 범죄행위
a. 폭행죄·특수폭행죄

폭행죄는 사람에 대해서 모든 종류의 유형력를 행사해 성립하는 범죄이다. 2년 이하의 징역이나 500만 원 이하의 벌금, 구류 또는 과료에 처한다. 반의사불벌죄이고(형법 제260조 3항), 상습으로 폭행죄를 범하면 이분의 일까지 그 형이 가중된다(형법 제264조). 만약 단체 또는 다중의 위력을 보이거나 위험한 물건을 휴대해 폭행하는 경우, 특수폭행죄가 성립한다(형법 제261조). 흉기뿐만 아니라 유리컵 등 일반적인 상식에서 위험하다고 생각되는 물건을 이용해 폭행하면 특수폭행죄에 해당한다. 특수폭행죄는 5년 이하의 징역 또는 1,000만 원 이하의 벌금에 처한다. 상습범은 가중 처벌하고(형법 제264조), 10년 이하의 자격정지를 동시에 부과할 수 있다(형법 제265조).

b. 협박죄 · 특수협박죄

협박죄는 사람을 협박함으로써 성립하는 범죄이다. 3년 이하의 징역이나 500만 원 이하의 벌금, 구료 또는 과료에 처한다. 상습으로 협박죄를 범하면 이분의 일까지 형이 가중된다(형법 제264조). 위험한 물건을 휴대해 협박하면 특수협박죄가 성립하고, 7년 이하 징역, 1,000만 원 이하 벌금에 처한다. 협박이란 상대방에게 공포심을 일으키게 할 목적으로 해악을 가할 것을 통지하는 것을 말한다(형법 제283조). 단체 또는 다중의 위력을 보이거나 위험한 물건을 휴대하고 협박한 경우에 성립하는 특수협박죄(제284조)가 성립하고, 상습적인 경우 상습협박죄(제285조)가 성립한다.

해악의 내용은 특별히 정해져 있는 것은 없으므로, 상대방이 공포심을 일으킬만한 내용이면 모두 포함된다. '내 말을 듣지 않으면 데뷔시켜주지 않겠다.' '계약에서 불이익을 주겠다.' 등 명시적 · 묵시적 발언은 모두 협박으로 볼 수 있다. 해악의 통지 방법은 구두, 서면, 명시적, 묵시적 방법을 모두 포함하며, 그 시기도 현재 · 미래를 불문한다. 그리고 해악을 고지받은 자가 꼭 피해자 본인이 아니어도 괜찮다. 협박 정도는 현실적으로 상대방이 공포심을 일으키는 정도이고, 여기에 미치지 못하면 미수범이 성립된다.

c. 대응 방법

① 증거 확보

범죄 사실을 입증하기 위해서는 피해 증거를 확보해두는 일이 무엇보다 중요하다. 폭행이나 협박의 근거가 되는 통화내역, 문자메시지, 이메일, SNS 내용을 모두 보관해두어야 한다. 그리고 피해 즉시 생생하게 그 상황에 대해서 자세하게 기록해두어야 한다. 사건을 기록할 때는 육하원칙에 따라 시간과 환경, 맥락을 담은 당시 상황과 목격자 여부, 피해를 당한 후의 심경을 모두 최대한 자세하게 기록하는 편이 좋다. 가능하다면 목격자에게도 문자메시지나 이메일, 사실확인서 등을 통해 그 상황에 대한 진술을 받아두는 것이 범죄 사실을 입증하는 데에 좋다.

대화 내용을 녹음을 하는 방법도 있다. 자신의 대화를 녹음하는 것은 현재 통신비밀법상 금지되는 행위가 아니므로, 폭행이나 협박을 당할 때 그 현장을 녹음해 상대방의 죄를 입증할 수 있다. 만약 당시 현장에서 녹음을 하지 못했다고 하더라도, 가해자와 당시 상황에 대해 대화를 하거나 피해자가 사과를 요구하는 현장을 녹음하는 것도 의미가 있다.

② 형사고소 및 민사소송

형사고소는 수사기관에 가해자를 고소해 경찰과 검찰에게 가해자에 대한 수사와 처벌을 요구하는 것이며, 민사소송은 범죄로 인한 피해와 정신적 피해를 금전적으로 배상받는 손해배상청구를 하는 것이다. 형사고소는 고소장 접수, 경찰수사, 검찰수사, 재판 단계를 거쳐 이루어진다. 민사소송은 소장을 접수하는 것으로 시작하는데, 소장 청구 취지에 기재한 금액 상당을 가해자에게 청구하는 것이다. 원고의 소장이 접수되면 법원에서 소장을 심사한 뒤 피고에게 통지한다. 피고가 이후 답변서를 제출하면 원고에게 이것이 송달되고, 원고와 피고의 재답변이 제출된 뒤 판결이 이루어진다.

(2) 성희롱 및 성폭력범죄

a. 성희롱

성희롱이란 상대방이 원하지 않는 성적인 말이나 행동을 하여 상대방에게 성적 굴욕감이나 수치심을 느끼게 하는 행위를 말한다. 언어적 성희롱, 시각적 성희롱, 육체적 성희롱, 이외 사회통념상 성적 굴욕감 또는 혐오감을 느끼게 하는 말이나 행동 등이 포함된다.

'양성평등기본법' '남녀고용평등과 일·가정 양립 지원에 관한 법률' '국가인권위원회법'에 따르면, 지위를 이용하거나 업무와 관련해 성적 언동으로 성적 굴욕감 또는 혐오감을 느끼게 하거나 상대방이 성적 언동 또는 그 밖의 요구에 따르지 않았다는 이유로 고용 등에서 불이익을 주는 것을 의미한다.

b. 성폭력

성폭력은 상대방의 동의 없이 신체적·사회적 지위, 근속연한, 경력, 인맥, 평판, 성별, 경제력 등의 힘의 차이를 이용해 상대방의 성적 자기결정권을 침해하는 모든 성적 행위를 의미한다. 형법, 성폭력범죄의 처벌 등에 관한 특례법, 성폭력방지 및 피해자 보호 등에 관한 법률, 아동·청소년의 성보호에 관한 법률 등에 의해 처벌되는 범죄는 271쪽의 표와 같다.

c. 2차 가해

2차 가해는 사건 발생 이후 가족, 친구, 동료, 사법기관, 의료기관, 언론 등에서 피해의 원인을 피해자의 탓으로 돌리거나 피해자의 명예를 실추시키거나, 피해자에게 불이익을 주는 행위를 하거나, 가해

자가 악성루머를 퍼뜨리거나, 신고에 대한 보복과 협박, 명예훼손죄
나 무고죄로 고소하는 등의 2차 공격을 하는 것을 의미한다. 2차 가
해를 당하는 경우, 주변 사람들에게 도움을 구하고 전문가에게 상담
을 요청해 해결 방법을 모색해야 한다.

d. 대응 방법

① 증거 확보

성희롱, 성폭력도 증거 확보가 상당히 중요하다. 성희롱이나 성폭
력 사건을 당하면 당시의 기억을 잊기 위해 통화내역, 문자메시지,
이메일, SNS를 지우는 경우가 많은데, 꼭 모두 보관해두어야 한다.
또한 피해 즉시 생생하게 그 상황에 대해 자세하게 기록해둔 자료도
필요하다. 사건을 기록할 때는 육하원칙에 따라 당시 상황(시간, 환경,
맥락), 주변 목격자, 피해를 당한 후의 심경을 모두 최대한 자세하게
기록하는 것이 좋다. 가능하다면 목격자에게도 문자메시지나 이메
일, 사실확인서를 통해 그 상황에 대한 진술을 받아둘 필요가 있다.
특히 성폭력의 경우 신체에 남는 증거들을 수집하기 위해 몸을 씻거
나 옷을 갈아입지 않은 채 성폭력 전문기관이나 관련 전문가, 경찰
등에게 증거를 제출하는 편이 좋다.

② 전문기관 지원

한국예술인복지재단에서 운영하는 예술인성폭력피해 신고상담센
터는 예술인, 예비예술인, 출판 및 관련 산업 종사자, 예술계 종사자
및 문화·예술 관련 협력 단체 구성원의 성희롱·성폭력 피해자를 보
호하고 지원한다. 또한 콘텐츠성평등센터 '보라'는 만화, 에니메이션,

캐릭터, 방송, 게임 등 콘텐츠 산업계의 성폭력 예방 및 피해자 지원 서비스를 지원하고 있다.

이외에 해바라기센터, 성폭력상담소, 디지털 성범죄 피해자 지원 센터 등을 통해서도 지원을 받을 수 있다.

③ 형사고소 및 민사소송

형사고소는 수사기관에 가해자를 고소해 경찰과 검찰에게 가해자에 대한 수사와 처벌을 요구하는 것이며, 민사소송은 범죄로 인한 피해와 정신적 피해를 금전적으로 배상받는 손해배상청구를 하는 것이다. 형사고소는 고소장 접수, 경찰수사, 검찰수사, 재판 단계를 거쳐 이루어진다. 민사소송은 소장청구 취지에 기재한 금액 상당을 청구하는 소장을 접수하는 것이다.

사례 스토리 작가가 작화가를 성추행하고 폭언, 욕설, 작업일정 통제한 사건

Q) 유명 스토리 작가인 A씨는 작화가를 구하기 위해 공개 커뮤니티에 'B매체에 기획안이 통과되었고, 작화가만 있으면 바로 연재에 들어갈 수 있다'는 내용이 포함된 구인게시물을 올렸습니다. 이에 웹툰 작가 지망생 C씨가 A씨에게 연락했고, A씨와 공동저작계약을 맺고 작업을 시작했습니다. 그런데 A씨는 젊은 여성인 C씨에게 나체사진을 요구하고 매시간 작업 보고를 요구하며 폭언과 욕설, 성희롱을 일삼았습니다. 지방에 거주하던 C씨가 회의를 하기 위해 서울에 올라오자 A씨는 밤샘회의를 핑계로 호텔에 동숙했고, C씨가 불

쾌감을 표시했음에도 C씨의 손이나 가슴을 만지는 등 불필요한 신체적 접촉을 했습니다. 견디다 못한 C씨는 SNS에 A씨와의 사이에서 있었던 일을 공개하는 한편 자신이 취할 수 있는 법적 조치가 무엇인지 알기 위해 상담을 요청했습니다.

A) 타인의 행위로 형사범죄에 해당하는 피해를 입었을 경우 가장 중요한 것은 피해 사실을 입증할 수 있는 객관적인 증거를 확보하고, 빠른 시일 내에 경찰에 신고하거나 변호사를 찾아가거나 믿을 만한 제3자에게 알리는 것입니다. 성폭력 피해의 경우 해바라기센터나 한국예술인복지재단에서 운영하는 문화예술 성폭력 상담센터(02-3668-0268) 등 법률상담과 심리상담, 의료비 지원을 함께 받을 수 있는 창구가 곳곳에 있습니다. 이 사건에서는 피해자 C씨가 A씨와의 대화나 통화 내용을 녹음하고, 시간 순서대로 A씨와의 사이에 있었던 일을 정리해둔 것이 빠른 대응을 하는 데 매우 유용하게 활용되었습니다. 한편 C씨가 불특정 다수에게 공개된 자신의 SNS 계정에 A씨와 있었던 일을 공개한 것은 법적으로는 A씨로부터 명예 훼손을 이유로 고소를 당할 위험이 큰 행동이었습니다. 범죄피해자가 되었을 때는 행동을 취하기에 앞서 증거를 정리하고 전문가에게 조언을 구하는 것이 올바른 방향을 잡는 데 도움이 됩니다.

결론

윤영환

이 책은 만화·웹툰 업계의 격동기였던 최근 5년 동안 업계와 작가들의 법률현안을 함께 해결하고 도움을 주기 위하여 노력해온 아트로의 실무 경험을 토대로 쓴 책이다. 법률이론과 제도에 근거를 두면서도 실제 사례가 주는 생생함을 더해 작가들에게 실질적인 도움을 주려는 마음으로 이 책을 썼다. 이 책은 아트로에 상담을 의뢰하고 당면한 법적 문제를 해결하기 위해 함께 노심초사하고 대형 플랫폼과의 분쟁을 마다하지 않았던 많은 작가들과 당사자들에게 가장 크게 도움을 받았고, 또 그만큼의 빚을 지고 있다.

만화·웹툰 창작자라면 누구나 쉽게 읽고 도움을 받을 수 있는 대중서를 지향하였지만 법률 분야의 논리적 경직성과 건조함으로 인하여 애초의 의도에 못 미쳤을지도 모르겠다. 그래서 아트로에서 다음에 만들 만화·웹툰 관련 콘텐츠는 더 쉽고 재미있는 새로운 형식과 내용의 창작물이 되었으면 좋겠다는 바람을 가져본다. 웹툰 분야의 핵심 법률쟁점을 알기 쉽게 정리한 콘텐츠를 웹툰으로도 만들어보고 싶다.

우리는 수년간 축적한 실무 경험들을 창작자들의 권리 보호와 실현이라는 목표를 두고 내용을 정리했다. 이후에는 만화·웹툰 분야의 법률이론 및 실무가 더 전문화될 수 있도록 내용을 더 보강하고 심화하는 방향으로 연구하고 사례들을 정리해나갈 생각이다.

만화·웹툰 관련 법률 분야는 산업의 급격한 변화와 성장으로 인하여 지속적으로 새로운 이슈와 법률이론과 사례가 생겨나고 있다. 우리는 이와 같은 새로운 영역에서 당사자들과 관계망을 맺으며 오랜 기간 법률실무를 함께 해오면서 경험을 축적하고 이론과 사례, 제도를 같이 숙고하고 발전시켜가는 행운을 누려왔다. 이는 더 많은 책임과 할 일이 있다는 의미이기도 하다. 우리는 이 책의 출판에 머무르지 않고 그 문제의식을 더욱 깊이 있게 벼리고 연구와 사례를 축적해 만화·웹툰 종사자들과 문화산업, 특히 창작자들에게 더 많은 도움을 주도록 연구하고 지원할 것이다. 많은 조언과 관심을 부탁드린다.

책을 마무리하면서 창작자 권리 보호와 문화예술산업의 성장과 발전이라는 우리의 사명을 함께 수행하고 있는 한국만화가협회와 한국웹툰작가협회, 그리고 이 책이 세상에 나올 수 있었던 동기이자 근거인 만화·웹툰 창작자들께 깊은 감사의 인사를 전한다.

찾아보기

ㄱ

계약
  계약 갱신 131 224
  계약 종료 122 130 147-148 157
  167-168
  계약 해제 132
  계약 해지 126 130 132-133 148
  157 164-165 184 222
공모전 30 32 41 67 82 185-187
  189-190 236
공정거래위원회 33 122 128 219-
  220 224 229 235-236 242
국민체육진흥법 266
근로계약 62 173 176-177 180-181
  183 199
근로기준법 175-176 184
기획만화계약 32-33 170-172
  매절계약 171

ㄷ·ㅁ

대금 지급 기한 16 127
도급계약 183
동업 91-96 202
  동업 해지 96
  에이전시와의 공동제작 159

웹툰 연재 동업계약서 91-92 96
명예훼손죄 268-270
  사이버명예훼손죄 270
모욕죄 269
민사소송 276 279
민사상 손해배상 239 254 257 268
  273

ㅂ·ㅅ

부정경쟁방지법 51 256 273
  부정경쟁행위금지 청구소송 51
불공정계약 31 117 211 237-238
불공정행위 31 223 233 236 240-
  243 245-246
블록체인 기술 193
비밀유지 조항 133-135 218
성폭력범죄 271 277-278
소셜 네트워크 서비스(SNS) 12 39 41
  134-135 262 275 278 280
수익 배분 34 94 100 130 134-135
  150 215 222-223 227 240-241
  244
실질적 유사성 42 45 66 68-70 77
  225

ㅇ

예술인복지법 240 242-245
외주 16 190-191
원고 마감 128-129
웹툰 불법복제사이트 262
웹툰 심의 32 87-88
웹툰 연재 대가 지급방식
　MG(최소수입보장) 15 119-121
　163 192
　RS(수익 배분) 15 119-120
　부가수입 120 191
　원고료 119 128 130 142 146
　163 165-166 131 136-137 143-
　144 147 153-154 157-158 165
　171-172 176 180 181 183 201
　219-220 222-224
웹툰 연재계약 16 27 33 96 109-111
　113 128 228-229
　이용허락계약 124 154 190 210
　212 215
　저작권 매니지먼트 위임계약 33
　제작투자계약 111
　제휴계약 111 154
　콘텐츠제공계약 111
웹툰 제공 전문 사이트 30
　레진코믹스 31 234 263
　케이툰 31 234
　코미카 31
의거성 42 45 65 66-67
이용허락 34 54 72-73 84 102 111
　113-115 117 122-125 127

136-137 155 159 167 181 208-
209 210-215 258
단순 이용허락 123
독점적 이용허락 124
이용허락계약 124 154 190 210
212 215 239
이미지 이용허락 조건 73-75

ㅈ

저작권
　저작권 등록 89-90 100 124 168
　257
　저작권 양도 101 114 124 141-
　142 186 188-190
　저작권 침해 28 34 39-47 53 56
　57 58 60 65-66 69 71 77-80
　82-83 85-86 90 104 126 153
　164 166 223 245 247 249 251-
　253 255 257 260-263 273
　저작권자 51 54 61 64-65 72-73
　84 101-102 109 117 123-125
　138-139 161-162 195-196 198
　200 202 252 255 256 258 260-
　261
　저작인격권 59 61-62 101 122
　125 169 183 186 191 196 199
　203 258-261 273
　저작재산권 16 46 54 56 61-65
　89 95-96 116-117 122-125 127
　136 137 144 154 155 157 159
　162 166-167 169 186-187 191-

192 194 196 200 203 217 221
224 225 234 251-253 255 260-
261 266
저작물 10 13 15 32 42-43 46-48
50 52-53 54-55 57-72 78 80-
83 85 89 90 97-104 115 117
119 122-124 127 129 130 136
143-146 152 154-156 159 160-
164 168-171 173 176 183 194
196-197 200 201 204 207-210
213 217 222 235 247-248 251
256-258 260-261 273
결합저작물 62-63 159
공동저작물 63-64 159 183 198
200-201 204
업무상 저작물 173
저작물 유통계약서 160
전송권 7 60 122 156-157
전자책 발행 표준계약서 149 152
전자책 발행계약 32 139-140 147
151
지식재산권 침해금지 가처분 신청
256-257

ㅊ

창작물 16 30 43-44 47-50 52-53
57-58 67 73 76 79-80 99 113
134 160 185 191 192 207 218
228 265 281
청소년보호법 267
초상권 86-87 272

초상권 침해 86-87
출판계약 16 27 33 137-138 140
142-146 148 149 171 183
매절계약 141-142 171 235
인세계약 138-140
해외출판권계약 235
출판권 122 124 138 141-142 144-
145 147-149 154 160 188 234
출판권 존속 기간 147
출판권 설정 144 145 148
출판권 설정 표준계약서 138
출판권 소멸 148
출판료 산정 149

ㅋ·ㅌ

캐릭터 164 193 195-200 210 212
219 222 226 241 244 256 259
279
캐릭터 상품화 219 226
캐릭터의 저작권 보호 127
캐릭터 표절 77-78 256
커미션 16 190-191
크라우드펀딩 192-193
와디즈 193
텀블벅 193
트레이싱 27 44-45 76-78
특수협박죄 275

ㅍ·ㅎ

폭행죄 269 274
폰트 32 83-85

무료 폰트 이용 조건 84
폰트 무단 사용으로 인한 배상 요구
　85
표절 12 14-15 32 39-47 67 69 72
　77-78 247 254-255
　표절 의혹 39 41-42 46
　표절 피하는 방법 72
프라이버시권 32 86 272-273
플랫폼 33-35 83 88 96-97 109-
　112 119-124 127 129-130 132
　134 136-137 151-158 161 163-
　164 173 181 183 192-194 202
　208 219 223-224 228-230 233
　235-240 259 262-265 281
해바라기센터 279-280
해외진출 30 34 163 263
　해외판권 27 32 222-224 243
협박죄 275
형사고소 239 253-254 269 273 276
　279

2차적저작물 10 16 34 74-75 77 81
　95-96 99 102 117 122-123 125
　127 141-142 144 160 163 168
　173 191 193-195 197 204 207-
　211 213 215-222 225-230 234
　253 266
2차적저작물 이용허락계약서
　210 215 221 228
2차적저작물작성권 81 123 125
　127 141-142 144 191 220-221
　224-226
해외출판 164 235 243-144

기타
2차적저작권 27 119-120 235
　게임 29 33 53 193 210 213 215
　219 279
　굿즈 29 193
　드라마 207-208 213 215 219-
　220 224-226 234 248 255
　영화 10 12 13 26 29 33 47 57
　67-68 71 102 193 203 207-220
　224-227 234 245-247 257 260

축전

성수현

연제원

김인정

화음조

AJS

권혁주

장경선

공정계약을 위한
더 나은 한 걸음을
응원합니다!
— 한국여성만화가협회 회장 성수현

《웹툰 작가에게 변호사 친구가 생겼다》발간을 축하드립니다.

　작가들이 이를 통해 건강한 작품 활동을 하는 데 많은 도움이 되었으면 좋겠습니다.

　저작권법 강의 제작에 힘써준 아트로 여러분의 노력에 깊은 감사를 드립니다.

연제원

《웹툰 작가에게 변호사 친구가 생겼다》 발간을 축하드립니다.
항상 고맙습니다!

김인정

웹툰 작가에게 변호사 친구가 생겼다

프리랜서 필독서
「웹툰 작가에게
변호사 친구가 생겼다」
출간을 축하드립니다!

전국여성노동조합
디지털콘텐츠창작노동자지회
경선 드림

웹툰 작가에게 변호사 친구가 생겼다
계약서에 사인하기 전에 알아야 할 것들

초판 1쇄 발행　　2020년 11월 25일
개정증보판 2쇄 발행　2024년 6월 28일

지은이　　　　윤영환 · 임애리 · 김성주 · 신하나
　　　　　　（법무법인 덕수 부속 문화예술법률그룹 '아트로'）
디자인　　　　고영선 정진혁

펴낸곳　　　　（주）바다출판사
주소　　　　　서울시 마포구 성지1길 30 3층
전화　　　　　322-3675（편집）, 322-3575（마케팅）
팩스　　　　　322-3858
E-mail　　　　badabooks@daum.net
홈페이지　　　www.badabooks.co.kr

ISBN　　　　　979-11-6689-082-6　03010